# L'Amérique des think tanks

*Un siècle d'expertise privée au service d'une nation*

# Questions Contemporaines
*Collection dirigée par J.P. Chagnollaud,
B. Péquignot et D. Rolland*

Chômage, exclusion, globalisation... Jamais les « questions contemporaines » n'ont été aussi nombreuses et aussi complexes à appréhender. Le pari de la collection « Questions contemporaines » est d'offrir un espace de réflexion et de débat à tous ceux, chercheurs, militants ou praticiens, qui osent penser autrement, exprimer des idées neuves et ouvrir de nouvelles pistes à la réflexion collective.

## Dernières parutions

Ludovic DUHEM, Eric VERDURE, *Faillite du capitalisme et réenchantement du monde*, 2006.
Jean VOLFF, *Un procureur général dans la tourmente*, 2006.
David LAWSON, *Alerte infectieuse*, 2006.
Yves-Marie LAULAN, *Peut-on se satisfaire de la natalité en France et en Europe ?*, 2006.
Alain GRIELEN, *Menace sur l'humanité*, 2006.
Christian BORROMÉE, *Souriez vous êtes en France. Les solutions*, 2006.
Cyril LE TALLEC, *Mouvements et sectes néo-druidiques en France, 1935-1970*, 2006.
Guy CARO, *De l'alcoolisme au savoir-boire*, 2006.
Adrien THOMAS, *Une privatisation négociée*, 2006.
Tidiane DIAKITÉ, *Mutations et crise de l'époque publique*, 2006.
Anaïs FAVRE, *Globalisation et métissage*, 2006.
Jean-Luc CHARLOT, *Le pari de la participation*, 2006.
Stéphane ENCEL, *Histoire et religions : l'impossible dialogue ?*, 2006.
Patrick GREPINET, *La crise du logement*, 2006.
Jacques RAYMOND, *Comprendre les crises alimentaires*, 2006.
Raymond MICOULAUT, *Tchernobyl*, 2006.
Daniel ARNAUD, *La Corse et l'idée républicaine*, 2006.

Evelyne JOSLAIN

# L'Amérique des think tanks

*Un siècle d'expertise privée au service d'une nation*

L'Harmattan
5-7 rue de l'Ecole polytechnique
75005 Paris

| L'Harmattan Hongrie | Espace L'Harmattan Kinshasa | L'Harmattan Italia | L'Harmattan Burkina Faso |
|---|---|---|---|
| Könyvesbolt | Fac..des Sc. Sociales, Pol. et Adm. ; | Via Degli Artisti, 15 | 1200 logements villa 96 |
| Kossuth L. u. 14-16 | BP243, KIN XI | 10124 Torino | 12B2260 |
| 1053 Budapest | Université de Kinshasa – RDC | ITALIE | Ouagadougou 12 |

www.librairieharmattan.com
harmattan1@wanadoo.fr
diffusion.harmattan@wanadoo.fr

© L'Harmattan, 2006
ISBN : 2-296-00983-2
EAN : 9782296009837

# Remerciements

Ce livre est un produit artisanal, écrit à la main, fruit de lectures abondantes et de recherches sur le terrain. C'est à la fois un travail de synthèse des livres, documents et brochures concernant les think tanks et de réflexion personnelle. Il a d'ailleurs fallu faire des choix cornéliens comme par exemple produire un livre extrêmement austère avec force statistiques ou bien un livre plus facile, abordable à tous et, je l'espère, le moins ennuyeux possible. Il faut savoir que le sujet est à la fois très ardu, très complexe, voire rébarbatif dans ses aspects les plus techniques, mais aussi fascinant et même passionnant.

Je remercie donc tous ceux qui ont bien compris quelle sorte de livre je voulais faire et bien voulu prendre sur leur temps déjà fort occupé pour me renseigner puisque j'ai très peu utilisé l'Internet, préférant multiplier les contacts directs.

Je remercie donc Karlyn Bowman du AEI qui m'a indiqué comment joindre des auteurs de livres sur le sujet, puis John O'Sullivan, journaliste et éditeur de plusieurs revues, grand habitué des think tanks, Kent Weaver, professeur à l'Université de Georgetown, Andrew Rich, professeur au City College de New York ; en France, je remercie Pierre Rigoulot, chargé de la recherche et des publications à l'IHS et Anna Stellinger, chargée d'études à l'IFRAP. Mais je dois remercier tout particulièrement Michèle Horaney, responsable des affaires publiques à Hoover, Sam Kazman du CEI, Mark Schoeff du CSIS, Hillel Fradkin de *Hudson* et John Lenczowski, fondateur de l'*Institute of World Politics* pour les longs et inestimables entretiens téléphoniques qu'ils m'ont accordés, ne manifestant jamais d'impatience mais bien au contraire beaucoup d'intérêt et de courtoisie.

# Prologue

## Pourquoi ce livre ?

C'est une litote de dire que les think tanks sont peu connus des Français. En fait, la plupart des gens qui ne s'intéressent pas spécialement à la politique n'en ont jamais entendu parler. Et ceux qui croient les connaître, à quelques exceptions près, les connaissent souvent mal.

On sait que les think tanks sont des groupes d'experts en sciences politiques qui se consacrent à l'exploration méthodique des problèmes que la société doit affronter et qui cherchent en général à faire prévaloir leur conclusion auprès des hommes politiques – dont ils sont indépendants.

On sait que les think tanks se différencient les uns des autres d'abord par leurs orientations idéologiques mais aussi par la taille de leur budget, par le prestige dont ils jouissent, par les membres célèbres ou obscurs qui les composent et par l'étendue et la variété des sujets traités.

On sait aussi que les think tanks sont théoriquement et le plus souvent réellement très différents des groupes de pression ou lobbies, qui, eux, défendent une cause précise et cherchent ouvertement à influencer les législateurs au cas par cas, sur tel ou tel projet de loi.

On sait moins que les experts privés des think tanks se différencient nettement de leurs homologues du secteur public et qu'ils ne font donc pas double emploi avec les experts attachés à la recherche dans les agences gouvernementales. La communauté politique privée que constitue l'ensemble des think tanks compte parmi ses experts des spécialistes en chaque domaine ayant toute latitude pour se concentrer sur des détails techniques, des analyses de coût et de rendement, l'assemblage de données ainsi que l'élaboration de statistiques. Ces experts parviennent en général à fignoler des propositions concrètes après beaucoup de recherche(s) abstraite(s). Les think tanks emploient en somme des hyperspécialistes. Les experts employés par le Congrès ou la Maison Blanche, à l'inverse, doivent traiter de plusieurs sujets à la fois, avoir une vue d'ensemble et aussi tenir compte des élections qui reviennent tous les deux ans et aussi entretenir des relations avec les partis politiques. C'est pourquoi les seconds, par la force des choses, doivent souvent avoir recours aux services des premiers.

On perçoit plus ou moins bien que depuis l'ère progressiste jusqu'à nos jours, les think tanks sont des outils de réforme. Eux-mêmes se considèrent du reste comme de véritables instituts d'intérêt public chargés d'éduquer politiquement le pays, les élites bien sûr mais également la base. Le phénomène a pris une telle ampleur que les think tanks apparaissent désormais comme des acteurs incontournables (comme aurait dit Sartre) de la vie politique américaine qui reste tout de même le privilège des élus – au point que l'on exagère parfois leur influence sur l'évolution politique. Il est vrai qu'ils se sont montrés capables de bousculer l'Amérique à plusieurs reprises, notamment dans les années 1970 et 1980 en faisant sauter quelques verrous idéologiques puis, plus récemment, en faisant prévaloir le bien-fondé de l'action militaire à une Amérique qui s'était quelque peu endormie sur ses lauriers après avoir gagné la Guerre Froide pour se réveiller brutalement le Onze Septembre 2001.

Et donc, tout naturellement, les think tanks fascinent les observateurs étrangers et éveillent leur curiosité. Que font-ils exactement ? Quelles sont leurs activités ? Quelles sont leurs sources de financement ? Quelle est la nature de leur personnel ? Qui décide de leur ordre du jour ? Quelles sont leurs relations avec le pouvoir ? Ce ne sont là que quelques-unes des questions que peuvent légitimement se poser les personnes qui s'intéressent au phénomène.

*Prologue*

Le but de ce livre est donc d'apporter des réponses à ces questions, tout simplement. Informer étant notre unique souci, il nous à paru inutilement prétentieux d'élaborer une quelconque problématique en dehors de celle qui est implicitement contenue dans ce titre.

Sur quoi ce livre s'appuie-t-il ? D'une part sur des sources primaires directes : visites, interviews, lecture attentive des brochures de plusieurs think tanks, conférences... D'autre part sur une bibliographie rassemblant des ouvrages consacrés à la politique américaine en général bien sûr et aux think tanks en particulier.

On ne peut qu'être frappé par la disproportion entre l'intérêt manifesté par le public américain et le petit nombre d'ouvrages existant sur le sujet, comme si les universitaires n'y avaient prêté que peu d'attention. Aussi bien, il n'existe qu'une douzaine de livres sur les think tanks à avoir été publiés de 1970 à 2004. Sur cette douzaine, les plus instructifs datent d'après 1990 :

- En 1991, un historien, James A. Smith, produit *The Idea Brokers : Think-Tanks and the Rise of the New Policy Elite*. Smith est sans conteste celui qui étudie le plus longuement et dans le détail l'histoire et l'évolution des think tanks. Il arrive à en donner une définition presque par défaut, en expliquant tout ce que les think tanks ne sont pas, et il inclut leur histoire dans celle, plus large, de l'expertise politique aux États-Unis depuis le début du XXe siècle.

- En 1993, David M. Ricci publie *The Transformation of American Politics : The New Washington and The Rise of Think-Tanks*. Ricci défend la thèse selon laquelle les think tanks auraient transformé la politique américaine – et Washington par la même occasion – et il insiste sur le caractère essentiellement américain du phénomène.

- En 1995, James Mc Gann publie *The Competition for dollars, Scholars and Influence in the Public Policy Research Industry*. Comme on le voit, tous ces éminents experts en sciences politiques donnent à leurs livres des titres et des sous-titres évocateurs. Celui choisi par Mc Gann est particulièrement éclairant : les think tanks constituent une industrie où la compétition règne.

- En 1996, dans *Capturing the Political Imagination : Think-Tanks and the Policy Process*, Diane Stone analyse les rapports de force entre l'expertise et le pouvoir.

- En 1996 aussi, Donald E. Abelson, dans *American Think-Tanks and their Role in U.S. Foreign Policy*, souligne que jusqu'à 1945 la politique étrangère était le parent pauvre de la recherche politique alors qu'elle figure aujourd'hui en première place dans les grands think tanks.

- En 2000, paraît le *Think-Tanks and Civil Societies : Catalyst for Ideas and Action*, de James Mc Gann et Ken Weaver. Ce livre se démarque des autres par son registre puisqu'il déborde très largement de son cadre de départ, les États-Unis, pour expliquer l'expansion du phénomène à l'échelle planétaire. Il passe en revue les think tanks de tous les continents, pays par pays. Toutefois, son mérite premier est sans doute son insistance à rappeler que les think tanks authentiques sont issus de la société civile et la représentent. La société civile, ils en sont d'accord, est ce "troisième secteur" bien distinct des premier et deuxième secteurs que sont respectivement le gouvernement et le monde des affaires. Le troisième secteur c'est l'espace des simples citoyens, responsables et désireux d'agir par eux-mêmes.

- Enfin, en 2004, Andrew Rich utilise sa propre thèse de doctorat pour en faire un livre : *Think-Tanks, Public Policy and the Politics of Expertise*. C'est à ce jour l'ouvrage le plus récent sur le sujet. Extrêmement sérieux et documenté, comportant de très nombreuses tables, des graphiques et une abondance de statistiques, le livre pose comme problématique la crédibilité des think tanks d'aujourd'hui. De tous ces ouvrages, celui de Rich est peut-être le plus caractéristique de l'érudition qu'exige l'étude rigoureuse des think tanks.

Ainsi la bibliographie consacrée aux think tanks peut paraître réduite. Toutefois, elle compense largement en qualité son déficit en quantité et suffit à répondre aux questions-clés, et même souvent de manière exhaustive. Par ailleurs, il existe beaucoup d'articles parus dans les revues ordinaires ou spécialisées au cours des trente-cinq dernières années.

L'une des raisons de cette rareté relative est peut-être que pendant longtemps les think tanks n'auraient pas souhaité attirer l'attention sur eux et qu'ils y auraient trop bien réussi. C'était eux qui menaient des recherches et il n'était pas dans leur nature d'être étudiés. Leurs recherches du reste, jusqu'aux années 1960, n'étaient pas destinées à faire les gros titres de la presse. Mais après 1970, la discrétion ne semblait plus de mise et la politisation des think tanks devenait inévitable du fait de la prolifération des lobbies, en majorité de gauche et très militants, et de la radicalisation des think tanks de gauche. Une véritable explosion démographique des think tanks, surtout de droite, s'ensuivit et les instituts de recherches devinrent ainsi eux-même sujets de recherche et d'analyse.

Ce livre propose donc une synthèse de la littérature consacrée aux think tanks et des informations recueillies par des recherches personnelles.

## Pourquoi ce titre ?

Au lendemain de la réélection triomphale de Bush, le 3 novembre 2004, on entendit un commentateur politique se lamenter sur CNN : "Mais où sont nos think tanks ?" Pourtant, la gauche américaine ne manque pas de think tanks et elle a beaucoup d'autres tribunes. Mais il est un fait indéniable, mathématique, c'est qu'il existe davantage de think tanks conservateurs que de think tanks non-conservateurs – dans la proportion de un pour trois.

De plus, les think tanks conservateurs dominent autant, sinon plus, par leurs idées que par leur nombre. Que cela plaise ou non, depuis 1970 et jusqu'à preuve du contraire, les idées novatrices sont à droites. Les think tanks, de gauche comme de droite, constituent une élite bien sûr et tous affichent la même détermination à préserver les textes fondateurs de la nation.

Toutefois, les think tanks de droite ne trahissent aucun mépris implicite pour les couches non-cultivées de la société et pour les gens simples. Bien au contraire, ils sont à l'écoute du pays profond et partagent ses valeurs. Ils offrent une orientation politique claire. Ils sont l'expression la plus élevée de ce qu'est la société civile et ce sont eux qui représentent le mieux cette nouvelle force institutionnelle, sorte de "cinquième pouvoir" dans la société américaine.

On ne peut comprendre l'Amérique d'aujourd'hui sans connaître ses think tanks.

# Chap. I - Réflexions autour du mot

## Le terme lui-même : traductions, périphrases et signification

Le terme *think tank* est composé de deux noms communs anglais : *think*, soit "réflexion"/"réfléchir", et *tank* qui, dans ses deux acceptions principales signifie "réservoir" ou bien "char de combat". Il n'est pas certain que l'expression soit américaine car si l'on en croit l'Oxford English Dictionary Supplement, elle apparaîtrait dès le début du XXe siècle en argot britannique pour désigner la "boîte à pensées" qu'est le cerveau humain. L'expression refait surface lors de la Deuxième Guerre Mondiale, cette fois-ci dans le jargon militaire américain pour désigner "un endroit sûr où penser et planifier bien à l'abri" – en opposition bien entendu au char blindé (*armored tank*) exposé aux tirs d'obus – ce qui exclut la notion de réservoir...

En 1946, fut créée la RAND Corporation. RAND est en fait un sigle formé à partir de Research-And-Development, expression désignant les activités de plusieurs organismes militaires en matière de recherche et développement, de l'armement en particulier. Le terme argotique *think tank* se trouve dès lors fréquemment associé à tout organisme s'occupant de recherches et d'analyses, comme RAND, mais dans les domaines de l'économie, du social et de la politique intérieure ou extérieure.

Avant cela, les groupes d'experts, regroupés ou non dans des instituts, étaient familièrement désignés par des termes divers : *braintrust* (durant le *New Deal*), *brain banks*, *think factories*, *eggheads row* et même *experts on taps* (durant la présidence Kennedy). Tout ceci donne respectivement en Français : cartel de cerveaux, banque de réflexion, usines à penser, groupe d'intellos, experts à la demande... Nous constatons que tous ces termes sont fortement marqués d'une note d'humour (toujours un peu péjorative), qui disparaît presque totalement à la traduction. Le terme de *think tank* lui-même est humoristique : aux États-Unis, le fait qu'un groupe puisse être constitué, ou pire, se constituer lui-même, comme élite intellectuelle et donc s'arroger une certaine supériorité par rapport au reste de la population ne peut être acceptable qu'avec la distance de l'ironie. En Amérique, si les intellectuels proposent, ce sont toujours les électeurs qui disposent.

Nul ne sait en fait pourquoi, de tous ces termes amusants, c'est celui de *think tank* qui, à l'usage, à fini par l'emporter. Toujours est-il que le terme est aujourd'hui totalement intégré dans le vocabulaire de l'Américain moyen et aussi de tous ceux, Américains ou non, qui s'intéressent au fait politique – si totalement intégré du reste que la note humoristique ne s'entend plus ! Le terme a son entrée dans tous les dictionnaires bilingues du monde entier. Ainsi, pour nous Français, le Harraps le garde tel quel et se contente d'en proposer une explication sobre : "groupe d'experts". Lorsqu'un terme ne trouve pas de traduction satisfaisante, mieux vaut en effet le garder dans sa version originale. Le terme *think tank* s'est révélé toutefois très adaptable aux langues germaniques, devenant tout naturellement *denk tank* en Néerlandais, par exemple. En Français en revanche, le calque est impossible, et toute traduction maladroite. Ont été tentés avec l'insuccès que l'on comprend aisément : cellule de réflexion (sinistre !), club de réflexion (la notion de club est fausse), cercle de pensée (prétentieux et la notion de cercle est tout aussi fausse), laboratoire d'idées (laborieux, ridicule et prétentieux, les sciences politiques et sociales ne nécessitant nullement des blouses blanches et les équipements d'un laboratoire) et ainsi de suite. Restent : "Institut de recherche politique" ou encore "Centre d'analyses politiques et sociales" qui ne sont guère plus satisfaisants car davantage des tentatives de définition que des traductions, sans parler de leur longueur...

En conclusion, il faut se résoudre à garder le terme *think tank* en français. Les adeptes de la francophonie à tout prix pourront se consoler en pensant que cet emprunt à la langue anglaise ne se fait pas sans dommage à celle-ci, la phonétique des deux mots composant le terme étant le plus souvent allègrement mutilée par les francophones...

Du reste, nous emploierons désormais le terme think tank sans italiques, le considérant comme intégré.

Observons à présent les appellations que se sont données les divers think tanks américains. Ces appellations, plus ou moins longues, comprennent presque toujours un noyau nominal désignant un ensemble d'individus. Les mots *institute* et *center* sont de loin les plus fréquents. Viennent ensuite : *association* (*National Planning Association*), *academy* (*The American Academy of Arts and Science*), *council* (*Council of Foreign Relations*), *committee* (*Committee for Economic Development*), *institution* (*The Alexis de Tocqueville Institution*), *corporation* (*RAND corporation*) avec le sens de comité ou association et non de S.A.R.L., *bureau* (*National Bureau of Economic Research*), *club* (*The Club for Growth*) ou encore *forum* (*The Bellwether Forum*). Pour nous Français, ces dénominations ne posent généralement pas de problème, le noyau nominal évoquant un groupe de personnes étant le plus souvent transparent.

À côté de cela, il existe des think tanks dont l'appellation officielle ne semble en rien les désigner comme tels puisque l'on y chercherait en vain un terme désignant un groupe humain : *Empower America* (cela ressemble à un slogan) ou encore *Reason for the Future*, *Project for the New American Century* – autant de noms qui évoquent davantage le fruit d'une réflexion que le groupe de personnes élaborant cette réflexion.

De plus, une certaine confusion peut s'installer lorsque le think tank s'est doté d'une appellation au noyau ambigu. Ainsi, les termes *endowment* (*The Carnegie Endowment for International Peace*) et *fund* (*The Twentieth Century Fund*) désignent d'ordinaire des modes de financement dont bénéficient les think tanks et qu'il ne faut surtout pas confondre. La confusion peut être portée à son comble lorsque intervient le terme *foundation* (*The John Locke Foundation*) qui évoque d'abord des organisations philanthropiques, les fondations qui constituent souvent la source de financement majeure des think tanks et non les think tanks eux-mêmes...

Ce qu'il faut retenir, c'est que toutes ces appellations ne sont jamais le fruit du hasard. Elles ont souvent une raison historique : liées au fondateur du think tank (*The Hoover Institution*) ou bien aux circonstances très particulières ayant mené à sa fondation (*The American Enterprise Institute*) ou encore en hommage à un personnage emblématique (*The Ayn Rand Institute*). Les noms des think tanks peuvent aussi être tout à fait explicites quant à leur sujet de recherche mais sans rien laisser deviner de leur appartenance idéologique : *The Institute for Justice* (conservateur) et *Citizens for Tax Justice* (socialiste) ou encore *Foundation for Economic Education* (conservateur) et *Economic Policy Institute* (socialiste).

Nous retiendrons donc que le terme think tank est purement générique. Il ne paraît du reste dans aucune désignation officielle. Il désigne d'une façon assez large tout organisme à but non lucratif dont la raison d'être est la recherche politique dans l'intérêt du bien public.

## L'impossible définition de la chose sinon du terme

Que l'on interroge l'Américain moyen, les élites ou le personnel des think tanks (les *think tankers*), tous avouent être bien en peine pour donner une définition commune claire et précise de ce qu'est un think tank. Tous s'accordent à dire que les think tanks sont des organismes à but non lucratif et qu'ils jouissent donc du statut fiscal 501 (c)3 qui les dispense de l'impôt. Ensuite les avis divergent.

Comme le dit si justement Ricci, "le problème, c'est que personne n'a encore décidé de ce qu'était exactement un think tank"

[Ricci, 1993 p. 21]. Effectivement, ces entités ne sont pas des ensembles définis comme la famille, l'armée ou encore une S.A.R.L. Leurs contours sont imprécis tout comme leurs fonctions et leur rôle. Leurs buts fluctuent avec le temps et leur nature évolue. Ricci, indirectement, en propose une définition floue : les think tanks sont des groupes de recherches privés, à but non lucratif, qui opèrent aux marges du processus politique de la nation. Mais en revanche, il affirme qu'ils ont une caractéristique commune capitale : ce sont des organismes non pas anglo-saxons mais quintessentiellement américains.

Mc Gann et Weaver ne proposent pas davantage de définition en 2000 et s'en tiennent aux critères essentiels des think tanks : organisations non-gouvernementales à but non lucratif, non partisanes (au sens : indépendantes des partis) et dédiées à la recherche politique. Elles sont censées "aider les hommes politiques à réfléchir" selon le mot de la journaliste Carol H. Weiss, et être en mesure d'offrir des alternatives politiques – même aux partis, dont elles sont pourtant indépendantes. Car les think tanks n'ont pas d'électorat à proprement parler mais un public – qui ne correspond pas forcément à un électorat identifiable. Du reste, plus un think tank est engagé idéologiquement, plus il doit veiller à la justesse de ses analyses et à l'impartialité de sa production car sa vulnérabilité est plus grande. Pour être pris au sérieux et donc pour maintenir une crédibilité indispensable, les think tanks doivent être absolument indépendants des partis certes, mais aussi des intérêts financiers divers – ce qui les différencie des lobbies ou groupes d'intérêts. Par ailleurs, il leur faut veiller à avoir accès aux média et aux acteurs politiques – ce qui les différencie cette fois des instituts de recherches politiques liés aux universités. En effet, le but premier des intellectuels des think tanks, c'est l'accès aux débats du Capitole, et non l'estime de leurs pairs.

En fait, la difficulté dans la recherche d'une définition vient de ce qu'il est de plus en plus difficile de tracer des frontières irréfutables entre les think tanks et les très nombreux types d'organisations qui cohabitent aux États-Unis. Pour ne prendre qu'un exemple probant, celui des lobbies, force est de constater que ceux-ci s'efforcent d'acquérir la respectabilité dont jouissent les think tanks en se dotant eux-même d'expertise politique, alors que de leur côté les think tanks ont emprunté aux lobbies leurs stratégies militantes depuis déjà trois décennies. Des syndicats, des groupes religieux, des organisations de consommateurs emboîtent le pas aux lobbies dans leur imitation des think tanks. Il en résulte que les frontières structurelles et organisationnelles se chevauchent ou se brouillent.

Andrew Rich, lui, insiste sur ce risque de confusion. Il maintient que les think tanks à eux seuls présentent une telle diversité qu'ils sont impossibles à définir, et donc à dénombrer. S'appuyant sur l'unique annuaire des think tanks qui existe, le *Hellebust Think-Tank Directory* (1996), il procède par élimination, gardant ou écartant les organismes se réclamant de l'étiquette think tank selon les critères suivants : le public auquel ils destinent leurs travaux, leurs sources de financement (privées, philanthropiques, etc...), la diversité et l'étendue des sujets traités, l'équilibre entre recherche et militantisme, la qualité académique ou non de leur personnel, les orientations idéologiques avouées, la taille et le budget, les catégories auxquelles ils appartiennent... James A. Allen semble partager entièrement l'opinion de Ricci et conclut que des quelque 1300 think tanks recensés par Hellebust en 1996, il n'y a en fait que 300 think tanks "authentiques" aujourd'hui. Cela s'explique par le fait que s'il considère comme authentiques les think tanks, désormais rares, qui sont toujours physiquement installés sur un campus, il exclut tout organisme de recherche affilié à une université, et également tous les think tanks contractuels qui vivent de fonds gouvernementaux, donc non privés, et tous les instituts à projet de recherche à court terme pour des intérêts particuliers, tous les instituts qui recherchent un profit et enfin les innombrables instituts dédiés aux nouvelles technologies. Rich apparaît donc comme un puriste : "Je définis les think tanks comme des organisations qui produisent de l'expertise et dépendent essentiellement de cette expertise et de leurs idées pour se maintenir financièrement et pour avoir une influence sur le processus politique." [Rich, 2004 -p.2] Nous partageons entièrement cet avis.

Alors à défaut d'une définition précise qui fasse autorité, peut-on avoir une idée assez juste de ce qu'est un think tank ?

Vus de l'extérieur, les think tanks offrent aux observateurs des images qui sont plus ou moins en prise avec le réel. Les Européens en particulier, tout comme le fermier du Nebraska, du fait sans doute de leur éloignement culturel ou géographique, ont souvent une image mythique du think tank. Le mot seul évoque des immeubles imposants, cossus, abritant des bureaux high-tech, confortables, et même luxueux, où s'affairent des dizaines d'experts et des aréopages de secrétaires. Les think tanks laissent supposer des milliers de personnes qui évoluent aux marges du pouvoir, qui analysent et conseillent, qui accordent leurs commentaires aux grands média et se voient parfois appelées à de hautes fonctions publiques. Bref, une nouvelle classe politique qui assure le lien entre le savoir et le pouvoir.

Cette image n'est pas fausse en ce qui concerne les plus renommés des think tanks comme la *Heritage Foundation*, l'*American Enterprise Institute*, le *Center for Strategic and International Studies* et quelques autres. Mais pour la plupart, les think tanks, même très célèbres, comme le *Manhattan Institute*, le *Cato Institute*, le *Brookings Institute*, n'ont rien d'extravagant. En majorité, les think tanks opèrent dans des bureaux loués et ne comptent qu'une poignée de chercheurs, une unique secrétaire et une standardiste. Enfin, tous les think tanks, qu'ils soient grands ou petits, riches ou pauvres, prestigieux ou peu connus, qu'ils aient des titres ronflants ou modestes, ont tous en commun des caractéristiques qui ne font pas rêver : leur futur est fait d'incertitude puisqu'ils sont en compétition féroce les uns avec les autres dans la course à la notoriété et surtout dans l'ardente et perpétuelle nécessité d'obtenir des sources financières disponibles – non illimitées – l'argent indispensable à leur survie. De plus, contrairement aux professeurs d'université détenteurs d'une chaire ou bien des chercheurs attachés aux agences gouvernementales, les experts des think tanks ne bénéficient d'aucune sécurité de l'emploi. Ils doivent donc être motivés par la force de leurs convictions, parfois par l'ambition personnelle mais plus souvent par un désir désintéressé de voir leurs idées triompher.

    Ce qui est indéniable, c'est que l'existence des think tanks dépend essentiellement du talent de leurs experts, mesurable à leurs productions et à leurs publications ; tout comme à la cohérence et la pertinence de la vision politique de ses gestionnaires.

# Chap. II - Historique des think tanks

L'histoire des think tanks peut être observée sous différents angles. L'approche la plus fréquente consiste à considérer les think tanks comme appartenant à des générations successives. Mais les vues divergent quant aux dates ou aux événements qui délimiteraient ces générations. Elles divergent aussi sur leur nombre : James Smith en compte trois mais Donald Abelson et Everett Lindquist parlent de quatre. Andrew Rich et David Ricci traitent le sujet à travers d'autres thèmes qui leur semblent avoir plus d'intérêt. Par exemple, Rich insiste sur un *avant* et un *après* : les premiers think tanks étaient neutres alors que ceux d'aujourd'hui seraient engagés.

Il est vrai que les responsables des think tanks sont confrontés depuis les tout débuts à la question cruciale de la bonne proportion entres recherches et analyses susceptibles d'influencer les élites politiques et méthodes de diffusion et de persuasion plus ou moins agressives. Autrement dit, les think tanks seraient passés de l'élégant détachement "scientifique" (et de la stricte neutralité) à des prises de positions tranchées et des stratégies militantes – "risquant par-là une perte de leur crédibilité". Rich en fait même sa problématique [Rich, 2004]. Il nous a semblé que c'était un faux problème car les premiers think tanks dits engagés se sont souvent créés en réaction contre l'action des think tanks existants, dont la neutralité officielle apparaissait de plus en plus comme un leurre. Ainsi, c'est sous couvert de neutralité intellectuelle que le keynésianisme fut imposé pendant des décennies. Ne valait-il pas mieux que les idéologies fussent défendues ou combattues dans la transparence ? La neutralité parfaite est-elle du reste possible aujourd'hui ?

Pour intéressante qu'elle soit, l'approche thématique ne nous a pas paru être la meilleure pour étudier l'histoire des think tanks.

Nous avons donc préféré une étude chronologique linéaire pour rendre les choses plus claires au lecteur, les bornes chronologiques situant les think tanks dans le temps. Nous avons considéré qu'il y avait véritablement trois générations de think tanks (car il ne faut pas confondre "génération" et "catégorie" même si celles-ci se chevauchent en partie) et nous avons jugé utile de faire quelques pauses et commentaires pour les événements politiques marquants, ayant eu une incidence sur l'évolution du phénomène des think tanks. De même, nous avons opéré quelques gros plans sur les think tanks qui ont apporté des innovations déterminantes.

Comme nous le verrons, il n'y a pas eu de génération spontanée. Tous les think tanks sont nés de la prise de conscience d'un besoin, du produit d'une volonté, commune ou individuelle, ou encore de la réaction à une conjoncture.

## La 1ère génération (1907 - 1932)

*Des pionniers aux idéaux progressistes*

Les think tanks n'ont pas surgi du néant au début du XXe siècle bien que leur émergence fût une nouveauté. Ils sont nés de l'idéal progressiste qui domina les politiques de McKinley et de Théodore Roosevelt ainsi que de l'enthousiasme pour les sciences sociales qui commençaient à s'affirmer. Il fallait appliquer au processus politique les nouvelles méthodes scientifiques qui avaient fait leurs preuves dans la sphère industrielle : expertise et recherche de l'efficacité devaient être employées pour professionnaliser le jeu politique.

Il est de fait que les grandes universités de l'époque favorisaient le professionnalisme en tous domaines et que l'amateurisme était de plus en plus dédaigné.

Cela s'expliquait aisément devant la multiplication de problèmes nouveaux liés à la fin de l'Amérique rurale et à la domination industrielle, avec pour conséquence un vaste prolétariat urbain. Les politiques adoptaient une conception du rôle de l'Etat qui s'éloignait du libéralisme économique classique hérité d'Adam Smith. Devant la gravité des problèmes sociaux, le traditionnel laissez-faire semblait inhumain. Les réformateurs, avec une foi que nous jugeons aujourd'hui naïve, pensaient que la méthode scientifique qui avaient produit le télégraphe, la réfrigération ou encore les progrès en médecine pouvaient être appliqués avec bonheur aux problèmes humains. On ne doutait guère de pouvoir éradiquer un jour chômage, pauvreté, insalubrité, alcoolisme et autres fléaux sociaux. La science devenait la panacée universelle et l'état, de l'avis de beaucoup, devait prendre sous sa responsabilité les problèmes sociaux demeurés jusque là fief quasi exclusif des associations caritatives. On pourrait difficilement parler de consensus général, aucune étude n'ayant été faite à ce sujet, mais la plupart des hommes politiques y avaient été sensibilisés.

Cet air du temps était donc propice à l'éclosion des think tanks, d'autant qu'une tradition philanthropique était déjà anciennement et solidement établie dans le pays – et pas seulement en Nouvelle Angleterre.

C'est donc dans cet esprit de progrès social que le gouvernement fédéral avait créé un bureau des statistiques dans les années 1880, lors des grandes émeutes ouvrières et qu'à la même époque, les universités avaient commencé à former de véritables experts, futurs professionnels de la politique – suivant en cela l'exemple des universités allemandes avec leur éminents 'Doktoren' qui avaient des liens privilégiés avec les grands fonctionnaires au service du chancelier Bismarck. On décèle donc chez les premiers experts politiques américains cette fascination pour le statut des professeurs d'université allemands, mêlée d'un peu de vanité peut-être dans la recherche de titres prestigieux, et ce sentimentalisme social qui était au goût du jour.

Précisons que le terme "expert" qui apparaît à l'époque (issu du verbe latin *experiri* : expérimenter, essayer) signifiait surtout "celui qui tente quelque chose de nouveau" – sans rapport donc avec les experts d'aujourd'hui et plus proche de l'amateurisme, même éclairé, que l'on prétendait bannir.

Notons également que pour être grand, l'enthousiasme pour les sciences sociales n'était cependant pas général. Déjà, certains mettaient les réformateurs en garde contre les conséquences négatives qu'auraient nécessairement les interventions étatiques dans le domaine social. Parmi les sceptiques ou opposants, on retrouvait pêle-mêle les tenants traditionnels d'un état restreint, les darwinistes sociaux représentés par William Graham Summer et les purs et durs du laissez-faire. Ils dénonçaient l'utopie derrière l'élan philanthropique et craignaient que l'on n'ouvrît la boîte de Pandore, prévoyant des retombées incontrôlables. Quant à voir le processus législatif comme un laboratoire, c'était tout bonnement risible.

Entre les deux tendances, utopisme ou scepticisme, le rôle de l'expert, nouveau venu dans le monde politique, s'affirma néanmoins. Ce rôle, toutefois, se limita pendant longtemps à faire bénéficier les élus et les leaders politiques de résultats d'expertises et à suggérer respectueusement telle ou telle proposition, tout cela dans la discrétion et sans chercher à infléchir les décisions politiques. Il était encore moins question de court-circuiter les politiques et de séduire leur électorat avec des idées inédites ! Ce qui est courant aujourd'hui.

En somme, il s'agissait d'un rôle effacé, voire ingrat, dépourvu du prestige que pouvait offrir une carrière universitaire aux cerveaux bien faits. Rien d'étonnant alors à ce que ces experts ne fissent point carrière à Washington. Jusqu'au premier conflit mondial, ils se contentèrent de louer leurs services au Congrès ou à la Maison Blanche pour des contrats à durée déterminée, sur des projets précis. Le plus souvent, il s'agissait de rassembler des statistiques et de les examiner en fonction des propositions de lois. Les experts pouvaient ainsi être requis pour des "études d'opinion" ou des "enquêtes sociales" en vue de présenter des rapports concernant l'immigration, la législation du travail, les conditions de vie des ouvriers, tout ceci dans la plus parfaite neutralité et la plus parfaite objectivité. La démarcation entre les 'intellectuels' et les 'leaders' politiques semblait donc assez nette.

Pourtant, les intellectuels de l'époque ne manquaient ni d'ambition politique ni même d'esprit d'entreprise (exactement comme ceux d'aujourd'hui) et donc certains tentèrent de créer des instituts de recherche ayant pignon sur rue – sans succès à vrai dire car au premier fléchissement dans l'énergie, l'enthousiasme ou les finances, ces instituts disparaissaient.

## *Le rôle des fondations philanthropiques*

Ce qui vint changer la donne et transformer ces instituts éphémères en institutions stables, c'est l'avènement de la fondation philanthropique, nouvelle institution américaine. Ces fondations philanthropiques, au début du XXe siècle, financèrent de nombreux instituts de recherche, en fondèrent même quelques-uns, et fournirent aux chercheurs issus des universités un cadre respectable et des ressources leur assurant la stabilité indispensable pour seulement exister. Ces conditions étaient d'autant plus appréciables qu'elles satisfaisaient les experts, qui se sentaient chez eux dans leurs instituts, et de nombreux élus qui ne se faisaient pas à l'intrusion des universitaires dans la vie politique. Car ces 'experts' étaient bien sûr avant tout des produits des grandes universités.

Les grandes fondations philanthropiques, les plus connues et dont la plupart existent toujours, avaient souvent pour nom le patronyme de leur initiateur, généralement des géants de l'industrie ou de la finance :
- la *Carnegie Foundation* (1911) de Andrew Carnegie.
- la *Rockefeller Foundation* (1913) de John D. Rockefeller, Sr.

Dans leur sillage suivirent E.H. Harriman, J.P. Morgan ou encore Fulton Cuttings, le banquier philanthrope. Ces fondations naquirent elles-mêmes du capital acquis au cours de la Révolution Industrielle.

Mais la première, celle qui donna l'impulsion, fut la *Russell Sage Foundation*, créée dès 1907, dans le but de former une nouvelle élite politique capable d'amener le gouvernement fédéral à se charger des problèmes sociaux, les associations caritatives étant débordées par le nombre et la complexité de ces problèmes. L'esprit progressiste ayant gagné les deux partis, la classe politique, il est vrai, offrit une oreille réceptive aux arguments des réformateurs.

La *Russell Sage Foundation*, à la fois fondation philanthropique caritative et institut de recherche (on ne parlait pas encore de think tank) fut donc fondée à New York en 1907 par Margaret Olivia Sage. Mme Sage dota la fondation d'une part importante de l'immense fortune que lui avait laissée son défunt mari. Les méchantes langues dirent que Madame Sage se vengeait ainsi de l'avarice et de la dureté de cœur de son conjoint... La mission initiale, toutefois, était l'amélioration des conditions de vie des pauvres en utilisant de grands moyens, à la hauteur du défi à relever, c'est à dire des méthodes "scientifiques" propres à convaincre le gouvernement de l'urgence à agir : données, analyses, rapports.

Toujours à New York en 1907, naquit également le *Bureau of Municipal Research*, animé du même esprit mais tourné vers une réforme des méthodes de gouvernement local. Le bureau rassemblait des hommes d'affaires influents et des universitaires issus des sections de droit et des finances des plus prestigieuses universités (Ivy League Universities). Le Bureau avait reçu dans son berceau une dotation initiale de 10,000 dollars du banquier Fulton Cuttings.

Ces deux proto-think tanks, en dénonçant les scandales divers et les rivalités stériles qui jetaient le discrédit sur le monde politique et en s'appliquant à transformer l'action gouvernementale en faveur du bien public reflétaient un principe fondamental de l'idéologie progressiste : ne pas/ne plus laisser aux seuls politiques la gestion des affaires publiques. Le but de ces experts en sciences sociales était, sous couvert de neutralité, de casser le monopole des machines politiques officielles, corrompues et partisanes, qui dominaient le gouvernement fédéral comme celui de tous les états de l'Union, et ceci depuis la fin de la Guerre de Sécession. Les réformateurs et les experts voulaient ainsi amener le gouvernement non seulement à prendre des responsabilités nouvelles mais aussi à partager ces responsabilités nouvelles avec des experts forcément non partisans puisque non élus, pensait-on. Le raisonnement n'était pas imparable mais la volonté des réformateurs suivait en tout cas une directive claire : une dépolitisation du processus politique allant de pair avec une professionnalisation des membres du gouvernement !

Conformément aux vœux de leurs fondateurs ou bienfaiteurs, ces premiers think tanks étaient véritablement neutres vis-à-vis des partis politiques et ne cherchaient aucune gloire pour eux-mêmes, se contentant d'œuvrer à l'écart des responsables politiques tout en observant une distance respectueuse. Ils gagnèrent ainsi une autorité indiscutable auprès des élus qui eurent de plus en plus recours à leurs ressources intellectuelles.

La technicité grandissante des problèmes modernes dans un pays devenu puissance mondiale requérait en effet une expertise que les membres du gouvernement, *a fortiori* les élus régionaux, ne possédaient pas forcément. De leurs côtés, experts et spécialistes reconnaissaient qu'une indépendance totale du gouvernement, du monde de la finance et de l'industrie, des partis ou encore des intérêts particuliers étaient les conditions sine qua non de leur crédibilité. Ils n'avaient à émettre des avis que s'ils en étaient priés...

La philanthropie apparaissait donc comme la nouvelle force émergente dans la vie politique américaine, celle qui permettait l'existence d'instituts d'expertise totalement libres de toute allégeance, y compris vis-à-vis de leurs fondateurs- bienfaiteurs alors que, pourtant, c'est à ces maîtres du grand capitalisme qu'ils devaient leur existence. Ce paradoxe apparent est du reste un aspect éminemment respectable de ces premiers think tanks, d'autant que les banquiers et les capitaines d'industrie se révélaient être des alliés de poids et pas seulement des pourvoyeurs de fonds. Dans la gestion des affaires publiques, leur credo tenait en deux mots : expertise et efficacité.

## Le culte de l'efficacité

Au début du siècle, les politiques aimaient à considérer – ou parfois à tourner en dérision – les spécialistes qui opéraient à la périphérie du gouvernement comme des médecins chargés d'établir des diagnostiques et de rédiger des ordonnances. Le journaliste satirique Henry Mencken, bien qu'admirateur béat des avancées scientifiques, resta toujours sceptique quant aux méthodes dites scientifiques appliquées à la politique, alimentant régulièrement ses chroniques de son mépris amusé pour cette nouvelle classe qu'étaient les experts – au grand plaisir de son électorat...

La métaphore médicale de l'expert-médecin des problèmes de la santé politique prévalut pendant une dizaine d'années puis s'effaça avec les premiers think tanks au profit de la notion d'efficacité. Peu à peu en effet, les experts en vinrent à se considérer moins comme des "experts sociaux" que comme des "théoriciens de l'efficacité". Les analystes du *Bureau of Municipal Research* par exemple, considéraient que la gestion des grandes villes était parfaitement comparable à celle d'une entreprise : une mégalopole n'était rien d'autre qu'une grosse compagnie dont les actionnaires étaient les habitants... Les méthodes de rentabilité et d'efficacité qui avaient fait leurs preuves dans l'industrie devaient pouvoir s'appliquer à la gestion de n'importe quel secteur : éducation, problèmes sociaux, urbanisme... On vit alors proliférer les écoles d'administration et de gestion.

Quelles étaient ces méthodes rationnelles, applicables à toutes choses, que l'on admirait tant ? Citons un seul exemple : la division du travail prônée par l'industriel Taylor selon laquelle la distribution des tâches dans la manufacture d'un produit devait amener un accroissement de la productivité par gain de temps mais aussi et surtout des relations harmonieuses au sein de l'industrie puisque les gains de productivité permettaient une répartition des bénéfices entre patronnât et ouvriers, éliminant ainsi tout risque de grogne prolétarienne. Il est facile aujourd'hui de dénoncer l'utopie qu'était le taylorisme. Taylor, bien qu'animé d'intentions louables, n'avait tout simplement pas prévu que la recherche effrénée de la productivité, qui impliquait la monotonie des gestes répétés à l'infini, pouvait conduire les ouvriers aux limites de l'endurance physique et morale. Le taylorisme n'était que l'une de ces méthodes dites scientifiques et rationnelles. En fait, on était en pleine expérimentation sociale et, manquant de recul, peu de personnes étaient conscientes que l'on faisait fausse route. Dans son livre, *Drift and Masters*, le grand journaliste Walter Lippman, écrivait lui-même que "la gestion d'une grande démocratie exigeait une discipline stricte s'appuyant sur de nouvelles techniques d'administration, seules capables d'efficacité".

Le taylorisme évoqué ci-dessus n'est évidemment pas représentatif de toute recherche d'efficacité ; il en est même devenu une caricature. Ce qu'il faut retenir de cette foi en l'efficacité des sciences nouvelles – pourtant non-exactes – qu'étaient la sociologie, les statistiques et les sciences politiques, entre autres, c'est l'aspiration profonde à améliorer le fonctionnement du gouvernement et à éduquer les élus certes mais aussi les citoyens sur la chose politique.

Cet enthousiasme pour les méthodes scientifiques et la notion d'efficacité incita la création de nouveaux think tanks, d'autant plus que l'Amérique, grande puissance industrielle, avait désormais à affronter des problèmes trop complexes pour pouvoir se passer d'expertise. Sur ce point, il y avait consensus. Ce besoin d'expertise se fit d'abord sentir en matière de budget fédéral.

Corruption et gaspillage étaient des maux installés. Le président républicain William Taft créa en 1910 une commission sur l'économie et l'efficacité, sorte de think tank ad hoc qui produisit en 1912 un rapport de 600 pages sur la nécessité d'élaborer un budget national. Cela semble aller de soi aujourd'hui mais c'était tout à fait novateur à l'époque. De plus, conformément au désir de Taft, le rapport proposait de limiter les dépenses fédérales – ce qui allait devenir une constante chez les Républicains.

Bien qu'acquis à l'idée d'une réforme budgétaire, Woodrow Wilson, le démocrate qui succéda à Taft, montra peu d'ardeur à adopter le projet, aussi les défenseurs de ce projet réagirent-ils en créant en 1916 à Washington un nouveau think tank : l'*Institute of*

*Governmental Research*. Le nouvel institut put voir le jour grâce aux dons de fondations philanthropiques nouvellement créées. À l'insistance de ce parrainage, le nouvel institut, spécialisé en recherche gouvernementale, se dota d'un conseil d'administration "équilibré", c'est à dire rassemblant des conservateurs et des progressistes, des hommes d'affaires et des universitaires et même des représentants de l'Est et aussi de l'Ouest du pays. Ce souci de diversité offrait, pensaient-ils, une garantie de neutralité inattaquable, rendant l'institut apte à servir n'importe quelle administration et n'importe quel président.

Toutefois, fait nouveau pour l'époque, le premier président de l'institut, William Willoughby, engagea un agent de relations publiques chargé de communiquer à la presse ce qu'il jugeait bon que l'on sût des travaux de ses chercheurs. L'institut se vit récompensé de sa bonne utilisation des méthodes d'efficacité lorsque le président Harding signa enfin, en 1921, le projet de réforme budgétaire lancé dix ans plus tôt par Taft . Cet exemple montre qu'il fallait souvent des années à une idée pour aboutir et à un think tank pour voir ses méthodes justifiées. Il en est toujours ainsi de nos jours.

Entre temps, en 1917, la *Carnegie Foundation* avait aidé à la création de l'*Institute of Economics* qui devait fusionner avec l'*Institute of Governmental Research* en 1927 pour devenir la *Brookings Institution*, "dédiée à la recherche impartiale et à l'éducation politique des élus et du public". Puis, en 1919, le magnat des grands magasins, Edward Filene transforma sa *Cooperative League* (fondée en 1911 à New York) en un nouveau think tank, le *Twentieth Century Fund* qui devait accéder à la célébrité internationale au milieu du siècle grâce, entre autres, aux travaux de Gunner Myrdal. Tous ces think tanks sans exception avaient été conçus, et se considéraient, comme des instituts dévoués au bien public.

## La Première Guerre mondiale et les think tanks

La guerre fournit aux experts l'occasion de montrer ce qu'ils pouvaient accomplir au niveau national et de rapprocher le monde des affaires des sphères académiques. Rappelons que Woodrow Wilson fut le premier "président-professeur" : on peut penser que cela ne fut pas sans incidence sur le regard souvent condescendant que les professeurs d'université portaient et sur les hommes politiques et sur les hommes d'affaires – deux groupes qui, eux, avaient toujours entretenu de bonnes relations entre eux deux mais pas avec le monde universitaire.

En 1920, l'enthousiasme pour les sciences sociales était quelque peu retombé.

L'expérience en avait montré les limites mais les notions de rigueur, de précision et d'efficacité demeuraient les clés de la "démocratie intelligente", selon le mot de Wesley Mitchell, fondateur en 1920, à New York, du *National Bureau of Economic Research* qui connut un succès rapide grâce à ses travaux sur les cycles économiques et la croissance économique à long terme, montrant par-là l'utilité des économistes professionnels dans l'élaboration de la politique nationale. Ces économistes pensaient que les cycles économiques pouvaient être maîtrisés et l'économie manipulée plutôt que laissée à la "main invisible" du libre marché, chère à Adam Smith. Ce think tank, lui aussi, existe toujours.

Dans le même esprit, Herbert Hoover, secrétaire du commerce et futur président des États-Unis, créa en 1919 un nouveau think tank, la *Hoover Institution on War, Revolution and Peace*, en Californie, au sein même de l'Université de Stanford. Hoover fit un don important pour créer la Hoover War Library qui devait rapidement devenir une des plus grandes bibliothèques et la collection d'archives militaires les plus célèbres du pays. Ses archives sur les causes et les conséquences de la Première Guerre Mondiale puis, sur les révolutions communistes (russe et chinoise) sont à ce jour sans égal.

Mais en 1920, le souci premier de Hoover était d'éviter les ratés du capitalisme comme le chômage...

## Le Krach de 1929

Ce n'est qu'avec le recul et les analyses postérieures des causes du Krach de 1929 que l'on peut mesurer toute l'ironie contenue dans les projets optimistes du *National Bureau* et de la *Hoover Institution*. Il faut noter tout de même que la débâcle boursière, survenue pendant son mandat présidentiel, n'ébranla jamais la foi du président Hoover ni dans le capitalisme ni dans les sciences sociales qui se disaient capables de le réguler. Dans le public en revanche, et chez les élus, on connut des sommets d'hostilité contre les technocrates et les planificateurs qui n'avaient pas su prévoir la crise.

La Grande Dépression marqua une rupture dans l'histoire des sciences sociales : les statistiques s'étaient révélées peu fiables ou erronées, au mieux inutiles, les études des mouvements sociaux inadéquates et, en conséquence, on remettait en question la valeur de toute expertise. Et bientôt, on put même maudire les coupables qui, après s'être si lamentablement trompés, avaient le front de vouloir imposer des méthodes socialistes pour remédier à la crise. Tel était l'état d'esprit de la nation avant l'élection présidentielle de 1932.

Ce n'était pas la fin des experts en sciences politiques pour autant de toute façon. La technicité des problèmes rendait le personnel politique dépendant des experts. Si les experts utilisés jusque là avaient failli, il suffisait d'en trouver d'autres plus compétents ; et peut-être aussi fallait-il remplacer les connaissances "désintéressées" par des analyses étayées d'arguments politiques. Bref, peut-être convenait-il d'en finir avec la sacro-sainte neutralité des experts et permettre à ceux-ci de dire ce qu'ils pensaient être des choix politiques bénéfiques. Après tout, cela n'avait pas été essayé.

## FDR et la neutralité détournée (1932-1945)

Le candidat Franklin Delano Roosevelt avait promis au pays une 'Nouvelle Donne', le *New Deal*, pour le sortir de la crise. Dans cet esprit et dès la campagne électorale, il forma son fameux *brain trust*, ou cartel de cerveaux, c'est-à-dire le groupe d'experts qui lui fournissait les connaissances nécessaires sur tous les problèmes – mettant ainsi quelque peu en veilleuse les think tanks existants. En somme, Roosevelt avait formé un think tank de facto, entièrement dédié au service de la présidence et du gouvernement et qui avait un rapport bilatéral en quelque sorte avec les hauts cadres politiques.

Toutefois, ce *brain trust* ne dura que jusqu'en 1933 et eut surtout un rôle symbolique : montrer d'en haut la refonte du rôle public de l'expert en sciences politiques. En s'entourant d'experts mais en sélectionnant les avis émis, guidé en cela par son seul instinct de chef suprême, le président voulait faire comprendre à l'opinion que bien que les experts fussent devenus indispensables, ils ne décidaient de rien.

Il n'en demeure pas moins que le scepticisme des masses envers les experts grandit encore et que Roosevelt fut perçu par beaucoup comme manipulé par ses conseillers. Comment, par exemple, pourrait-on dissocier la politique du *New Deal* de l'influence incontestable du théoricien John Maynard Keynes ; ou bien encore de l'éminent juriste (et futur membre de la Cour Suprême) Felix Frankfurter qui recrutait parmi ses étudiants à la Harvard Law School les jeunes talents que l'on appelait ses 'mignons' (honni soit qui mal y pense), que lui jugeait aptes à servir F.D.R. et le *New Deal* ?

Ce qui accrédita la thèse de la manipulation de F.D.R. c'est à la fois la personnalité trop marquée pour être sans influence de ses grands conseillers et le fait qu'il "recasa" les experts du défunt brain trust dans les cabinets ministériels.

Hoover avait trop fait confiance aux sciences sociales et n'avait pas agi – alors même qu'il se disait favorable à un frein au laissez-faire en économie. F.D.R. n'était pas certain que les théories nouvelles proposées seraient les bonnes mais il pensait qu'il fallait tout essayer, opposant à la passivité prudente de Hoover "l'action à tout prix et tout de suite", une action audacieuse et soutenue montrant au pays qu'il y avait un capitaine à la barre. C'était psychologiquement plutôt habile à l'égard des masses désœuvrées, en proie au doute et à un profond désarroi.

Politiquement, c'était une aubaine pour les experts qui se sentirent attirés par Washington, la capitale politique. "Les think tanks existants répondirent si bien à la demande gouvernementale qu'en 1938, avec le gros des plans du *New Deal* en place, on comptait quelque 5800 chercheurs en sciences économiques, juridiques et sociales dans le gouvernement fédéral. Sur ce nombre, plus de 5000 étaient des économistes professionnels." [Washington, D.C. : US Department of Commerce, 1975]

## *Le revers de la médaille*

Si l'ambition avait attiré les talents à Wall Street dans les années 1920, c'était Washington qui les attirait à son tour dans les années 1930. Le gouvernement fédéral ressemblait à une machine emballée : il fallait toujours plus de statisticiens, de démographes, d'économistes... Et surtout, avec F.D.R., ces experts sortaient de l'ombre si bien qu'une large fraction des élites s'inquiétait de cette prolifération de planificateurs économiques ou de la célébrité de certains conseillers comme de l'obésité naissante de l'État. On s'inquiétait de la perte de liberté du marché et de la puissance du pouvoir fédéral qui se construisait au détriment des états.

Tout naturellement, la politisation des experts, associée à la dérive de l'état fédéral, entraîna des réactions vives et des contre-expertises, organisées spontanément, dénonçant les experts en général. Il est significatif que la très progressiste *Russell Sage Foundation* se fit critique à l'égard des programmes sociaux du *New Deal*, tout comme *Brookings* qui n'avait pas encore entamé son virage à gauche...

Mais les désillusions étaient peut-être plus profondes encore chez les responsables des grandes fondations philanthropiques qui avaient tant fait – et tant donné – pour établir le rôle de l'expert neutre et indépendant. Les membres des conseils d'administration étaient taraudés par le sens aigu de leur échec intellectuel. L'amertume les gagnait.

Les experts au service du gouvernement utilisaient de plus une rhétorique nouvelle, assez proche de ce que l'on devait appeler plus tard la "langue de bois", destinée à mieux faire accepter les concepts de plans bi-annuels ou quinquennaux et de nationalisation. Plus que seulement nouveaux, ces concepts étaient totalement étrangers au système américain. Les mots récurrents à la mode "d'équilibre" et de nécessaire "adaptation" n'aidèrent en rien. Par exemple, le plan biennal appelé *National Recovery Administration Act*, dénoncé par le groupe de presse Hearst comme "du socialisme étatique absolu" fut déclaré inconstitutionnel en 1935, puis aboli par le Congrès en 1943. Ce plan visait tout bonnement à contrôler la production de quelque 500 industries et à décider des chiffres de l'emploi !

F.D.R. avait même approuvé en 1934 un *Plan For Planning* (c'est à dire un plan de planification !). Rien ne pouvait être plus aux antipodes du caractère américain. L'opinion publique dans son ensemble y voyait clairement l'introduction subreptice d'idées socialistes. Ceci fut confirmé plus tard sur le plan de protection sociale appelé *Security, Work and Relief Policies* qui présentait une ressemblance troublante avec le Rapport Beveridge, paru en Angleterre en 1942, et bâti à partir des théories de John Maynard Keynes, le concepteur de l'État Providence.

Les raisons de l'échec du *New Deal* se trouvent dans cette dérive socialisante, si contraire dans son essence au credo américain. On ne peut cependant pas dire que les membres de la nouvelle élite politique étaient uniformément inconscients du rejet dont ils étaient l'objet.

En 1939, Rober Lynd, professeur de sociologie avait fait paraître *Knowledge for what* ? (L'Expertise, pourquoi faire ?), livre dans lequel il exprimait ses doutes sur les prétentions des sociologues, anthropologues et autres économistes. Il remettait en cause l'utilité de ces sciences qui se disaient "humaines" mais qui répondaient aux angoisses et aux aspirations par la sécheresse technocratique, l'arrogance scientifique et un jargon qui accusait l'écart entre une élite prétentieuse et les masses dont elle prétendait faire le bien.

Le bilan du *New Deal*, c'est son legs durable en matière de couverture sociale et de redistribution, notions qui comptent encore de fervents adeptes aujourd'hui, presque autant que de contempteurs. Mais il faut retenir que les mesures du *New Deal* ont toujours été vivement critiquées, dès le début, et surtout que ce ne sont pas elles qui ont sorti l'Amérique de la Grande Crise, mais bien l'effort de guerre commencé vers la fin de la décennie.

## De l'Après-Guerre aux années 1960 : la 2ème génération de think tanks

Déjà très engagé dans les affaires intérieures, le gouvernement fédéral intensifia sa demande en experts lors du conflit mondial. Le concept de planification trouva sa raison d'être et prouva son utilité dans la gestion de la politique militaire. Autrement dit, la planification, si étrangère au tempérament américain et à la tradition établie, ne pouvait devenir acceptable que dans des domaines précis comme la stratégie militaire et la production d'armes et de matériel de guerre, avec un but fixé, la victoire. Il allait de soi que sitôt la victoire acquise, tout cela devenait caduc.

Tous les experts, y compris les experts sociaux, bénéficièrent directement des nouvelles avancées technologiques – et notamment des balbutiements de la science informatique. Le complexe militaro-industriel, si honni par ce qui commençait à s'appeler la Nouvelle Gauche, fut conçu par les experts attachés à l'effort de guerre. Ironie de l'histoire, c'est la guerre qui restaura la confiance du pays dans les sciences humaines, indirectement, grâce aux progrès réalisés dans les sciences "dures" ou exactes – progrès dus aussi, il est vrai, à des budgets énormes. Les économistes démontrèrent leur utilité en gérant l'économie de guerre : prix stabilisés, inflation jugulée, chômage résorbé. Même si ces bienfaits cessèrent avec la fin de la guerre, l'Amérique ne connut pas d'inflation comme après la Première Guerre Mondiale.

Admirés ou décriés, les analystes politiques et économiques étaient devenus partie intégrante du processus politique, à l'intérieur comme à l'extérieur du gouvernement. À l'extérieur bien sûr, on les trouvait dans les universités ou dans les instituts de recherche, leurs repaires naturels en quelque sorte.

Ironie supplémentaire, c'est l'armée qui donna alors une impulsion marquée aux instituts de recherche – qui, rappelons-le, n'avaient nullement été créés pour répondre aux besoins de l'armée ! C'est là un phénomène que l'on peut aisément expliquer : en 1945, l'Amérique était devenue première puissance mondiale, avec des responsabilités nouvelles écrasantes (pour beaucoup héritées du déclin des puissances coloniales européennes...). Par conséquent, ses besoins militaires se révélaient énormes, sans comparaison possible avec ce que les divers corps d'armée avaient l'habitude de réclamer avant le dernier conflit mondial.

L'ampleur et la complexité de la tâche s'ajoutant à l'urgente obligation de se montrer à la hauteur de ce nouveau rôle international, favorisèrent la création quasi spontanée de plus de 300 think tanks qui offraient tous des choix tactiques et stratégiques possibles et organisaient des séminaires d'information sur les régions du monde où l'Amérique devait agir.

## *Un nouveau type de think tank – Des liens contractuels avec l'État*

Toutefois, les besoins militaires étaient tels que la RAND Corporation, créée dans l'immédiat après-guerre à l'initiative des responsables de l'armée de l'air, prit un essor considérable autant qu'imprévu et devint un think tank très particulier : comme les autres organismes de recherche à but non lucratif et autonome, comptant toutefois presque exclusivement sur des contrats gouvernementaux pour son existence. Autrement dit, l'armée subventionnait des experts sur des dossiers spécifiques. RAND fut le prototype des quelques 300 think tanks qui se créèrent dans son sillage et ce fut avec l'émergence de RAND que le terme de think tank passa dans le vocabulaire, très nettement devant les autres désignations. Détails intéressant : RAND, au contraire de ses concurrents, devint très vite le think tank le plus riche. Elle continue de l'être...

Notons que l'arrangement contractuel plaçait le chercheur dans une situation hybride : libre de toute contrainte gouvernementale ou administrative certes, mais pas totalement indépendant comme l'affirmait son statut puisqu'il lui fallait travailler sur des dossiers imposés, ce qui explique que les contrats fussent généralement courts.

Autre fait notable, c'est à cette époque que commença à poindre l'esprit de compétition entre les divers think tanks car les "clients" ou demandeurs lançaient d'abord des propositions de travaux et se décidaient ensuite après avoir examiné les offres d'expertise, sélectionnant le plan de recherche leur semblant réunir la meilleure qualité pour le meilleur prix. Le marché de l'expertise commença ainsi à prendre forme dans les années 1950. La compétition allait de pair avec la publicité et les techniques (nouvelles) de marketing. Cet aspect des think tank n'est pas le moindre des éléments qui font des think tanks un phénomène quintessentiellement américain : les services et les idées, comme n'importe quel autre produit, devaient être offerts au consommateur.

La sophistication sans cesse accrue des problèmes accentua considérablement la demande en expertise : informations, études de marché, techniques d'anticipation des adversaires... faisaient partie des outils utilisés pour pallier la vulnérabilité derrière la puissance héritée de la guerre et pour remédier aux incertitudes du marché économique et du jeu politique. En politique extérieure comme en politique intérieure, il fallait d'abord cerner les problèmes, les définir puis les analyser avec les méthodes scientifiques disponibles pour pouvoir enfin présenter des rapports très documentés, avec cartes, graphiques et statistiques. Ces rapports devaient ne pas être trop longs tout de même pour rester accessibles aux décideurs qui n'étaient pas, eux, des spécialistes. C'était le travail des think tanks et, comme on entend dire partout aujourd'hui, ce n'était pas "évident".

Dans les années 1950, RAND et les autres think tanks apportèrent des compétences indéniables et reconnues en matière de croissance économique et de stratégies nucléaires. Le prestige des penseurs en fut naturellement grandi – en tout cas pour un temps – et la présence des think tanks dans l'arène politique ancrée pour le long terme.

## Modernisation de la politique et modernisation des think tanks : AEI et Hudson

Cette période de concorde entre le monde des spécialistes d'une part et les élus et l'opinion d'autre part ne devait pas durer. Bien que théoriquement apolitiques, les think tanks existants étaient en fait tous en parfait accord avec l'idéologie keynésienne alors dominante. Ceux qui avaient prédit dès le début les risques du keynésianisme furent rejoints par un nombre croissant de mécontents et, dès 1942, un nouveau think tank vit le jour, totalement à contre-courant du keynésianisme triomphant et de l'effort de guerre planifié. Anticipant la fin du conflit, le *Committee for Economic Development* (CED) travaillait déjà à prévenir le problème majeur de l'après-guerre : trouver quelque 8 à 9 millions d'emplois de plus qu'il n'en existait avant 1940. Et cela, affirmait le CED, c'était l'affaire du monde industriel, pas du gouvernement fédéral. Cette conception économique en fait classique, parce qu'elle était à l'opposé de la philosophie ambiante, donna au CED l'image d'un think tank marginal. En 1943, le CED, qui avait pu démarrer grâce à l'aval financier du grand capital, se rebaptisa *American Enterprise Association* (où AEA) en l'honneur de l'idéal de l'entreprise qui animait ses bienfaiteurs, qu'ils fussent grands capitaines d'industrie ou petits entrepreneurs.

Dans cette conjoncture peu favorable pour lui, le nouveau think tank parvint tout juste à se maintenir en vie durant ses deux

*L'Amérique des think tanks*

premières décennies. Mais après 1960, il gagna enfin une crédibilité auprès des élites politiques et des média. Il prit alors un autre nom, cette fois-ci pour ne plus en changer, l'*American Enterprise Institute* (AEI).

AEI marque une étape importante dans l'histoire des think tanks américains. Il fut le premier think tank créé *en réaction* au quasi-monopole de l'idéologie de l'économie dirigée. Il fut le premier à proposer des solutions non-étatiques et le premier à être véritablement indépendant puisqu'il ne chercha jamais à "s'adapter" aux gouvernements successifs, s'en tenant à des principes inébranlables et travaillant sur les dossiers que son conseil d'administration jugeait urgent de traiter. Bref, on était à l'opposé des "commandes" imposées et des contrats gouvernementaux. AEI était une entreprise qui offrait des idées sur le marché. AEI est aujourd'hui l'un des think tanks les plus éminents. Nous y reviendrons donc.

Dans le sillage d'AEI, un autre think tank "non aligné" se créa en 1961, l'*Hudson Institute*. Fondé par Herman Kahn, mathématicien et physicien issu du Massachusetts Institute of Technology, transfuge de RAND et génie visionnaire en matière de défense militaire, le nouveau think tank fut d'abord très axé sur les questions de défense, tout comme RAND, et obtint lui aussi des contrats gouvernementaux pour commencer. Toutefois, Kahn avait ses idées à lui, non conventionnelles, sur les risques de conflit nucléaire. Il serait même à l'origine du stéréotype de l'intellectuel marginal, brillantissime mais un peu fou ! Il n'avait pas achevé son doctorat et dédaignait ceux qui peinaient pour obtenir cette distinction qui les classerait enfin. Les dons prodigieux de Kahn, il est vrai, le plaçaient au-dessus de toute vanité académique.

C'est après le succès de son livre *On Thermonuclear War* en 1961 qu'il quitta RAND, trop contraignante et bureaucratique pour son esprit bouillonnant. Il publia en 1962 *Thinking about the Unthinkable*, où il prévoyait l'impensable en matière de guerre nucléaire. Kahn inquiétait un peu et fascinait beaucoup. Son think tank n'eut aucun mal à obtenir des contrats non seulement du Département de la Défense (pour la moitié de son budget), mais aussi d'autres agences gouvernementales et de donateurs privés. Son écurie de chercheurs compta vite quarante membres-maison et une centaine d'experts travaillant de l'extérieur. Kahn les avait tous choisis "à l'instinct", pour leurs qualités d'imagination et leurs conceptions originales. La mission de *Hudson* était avant tout de faire voler en éclat les idées figées. Kahn n'hésitait pas à provoquer pour faire évoluer les mentalités : "La sagesse conventionnelle a toujours tort", répétait-il.

Mais Kahn avait des défauts. C'était un piètre administrateur – ce qui est déjà un handicap sérieux pour gérer un think tank. Pire, dans son propre think tank comme à RAND, il prenait du retard dans ses travaux ou alors remettait un travail bâclé. Cela n'était pas systématique mais fréquent, si bien que les clients se lassaient. À la longue, les contrats se raréfièrent et donc les fonds se tarirent si bien que lorsque Kahn mourut prématurément en 1983, l'institut était lourdement endetté.

Aucun think tank, avant *Hudson*, n'avait été aussi intimement identifié à son créateur. Avec Kahn à la barre, l'institut fascinait par les visions spéculatives qu'il élaborait, se projetant 25 ans, voire 50 ans dans l'avenir. *Hudson*, think tank futuriste et non conformiste, devint célèbre en se spécialisant dans l'évolution des tendances mathématiques quantifiables.

Avec le recul, on a pu constater que la vision de l'avenir qu'offrait l'institut s'est révélée bien plus proche de ce qui s'est passé que celles d'autres instituts futuristes comme le *Club de Rome* par exemple. Cela permit aussi de constater de nouveau qu'il faut des années aux idées novatrices pour s'imposer et que les think tanks qui réussissent et perdurent sont ceux qui persistent dans une ligne de pensée cohérente.

Le lien qui assurait la cohérence dans les travaux de Hudson, ce qui explique que le think tank ait pu survivre à son créateur, c'est que Kahn, ce scientifique du plus haut niveau, ne se fiait pas aux froids calculs électroniques mais à la discussion, d'où jaillissaient les idées, et à la force de l'imagination humaine. En cela, Kahn annonçait la tournure intellectuelle des néoconservateurs : toujours évaluer l'humain sur le long terme et accepter que ce qui concerne l'humain ne puisse pas toujours être démontré ou quantifié.

Avec cet humanisme scientifique, Kahn et *Hudson* étaient un défi lancé à la classe des technocrates et *Hudson* apparut vite comme pas neutre du tout mais orienté du côté conservateur.

Si AEI et *Hudson* ont pu s'imposer dans les années 1960 et accéder à la célébrité, c'est parce que ces deux think tanks pourtant si différents dans leur structure et dans leurs mission respectives, surent exploiter la soif de libération qui commençait à sourdre. Lorsque John Fitzgerald Kennedy arriva au pouvoir, une partie des élites et du public exprimaient de nouveau des doutes profonds sur les agissements du gouvernement. Celui-ci débordait de son cadre traditionnel dans des proportions inquiétantes sans pour autant résoudre les problèmes de société. Tous ceux qui souffraient du carcan étatique et du conformisme ambiant pensaient déjà, comme Reagan l'exprimerait avec humour bien plus tard, "que le gouvernement était en fait le problème, non la solution."

De plus, la nation se trouvait confrontée à la question des droits civiques à accorder à la communauté noire. C'est dans ce contexte tendu que l'opinion publique commença à se scinder bien plus qu'auparavant en droite et gauche. Il y avait toujours eu une opposition générale aux idées socialisantes issues d'une dérive du progressisme et qui s'était fortifiées pendant et grâce au *New Deal*. L'opposition avait connu son apogée avec le Mac Carthysme. Ainsi, durant les trente années précédant l'arrivée de Kennedy, la gauche américaine avait cessé d'être minoritaire et était devenue une force politique en mesure de dominer le pays. Il convient ici de faire la différence entre le parti démocrate de Franklin Roosevelt à Johnson et le parti démocrate de Carter à aujourd'hui. Jusqu'à Johnson inclus, le parti démocrate affichait un anticommunisme égal à celui du parti républicain. Bien que Johnson avec son projet socialiste de Grande Société eût consolidé l'ancrage de son parti à gauche, il continua une politique "de droite" en politique extérieure dans le cadre de la Guerre Froide. Ceci le mettait en porte à faux avec son propre parti sans l'avantager auprès du parti adverse qui jugeait sa conduite de la Guerre du Vietnam calamiteuse.

Comment les think tanks auraient-ils pu rester neutres dans un tel climat ? La situation intérieure déjà divisait l'Amérique : à gauche, les "penseurs" convenaient que des milliards de dollars avaient été gaspillés depuis le *New Deal* et que les fameuses analyses des coûts et rendements n'avaient pas apporté les brillants résultats promis. La solution, assuraient-ils était d'accroître l'expertise technique – ce qui exigeait davantage de "moyens"... Cette perspective (toujours plus de technocrates, plus d'impôts, plus de redistribution) inquiéta la droite assez pour qu'elle en vînt à favoriser l'éclosion de AEI et de *Hudson*, destinés à contrer le courant, comme nous avons vu. Cette même perspective incita aussi à la création de think tanks de gauche, sûrs de pouvoir offrir des alternatives aux méthodes faillies et de faire enfin triompher en Amérique les idéaux socialistes.

Les démocrates de 1960, renforcés dans leurs convictions par l'élection de Kennedy, se considéraient alors comme le parti "intellectuel" face à des républicains obligatoirement ploutocrates et populistes ; le parti "éclairé et humain" face à des républicains "primaires" par leur anti-communisme viscéral et leur détestation du rôle social de l'état.

Les think tanks continuèrent de se dire neutres et indépendants ; de fait, ils ne travaillaient ni pour le gouvernement ni pour les deux grands partis. Cependant, les années 1960 virent une politisation des think tanks. Comme cette décennie fut cruciale à beaucoup d'égards et notamment pour l'évolution des think tanks, il nous faut faire un gros plan sur cette période tumultueuse.

## *Dans le sillage de FDR : JFK, LBJ et les experts 'engagés'*

JFK lança la mode de l'intellectuel "militant" ou "actif" et se voulut autant homme d'action que chef d'état, renouant un peu en cela avec la rhétorique de FDR. N'oublions pas non plus que Jackson Pollock avait mis l'action à l'honneur auprès des "intellectuels" avec son *action painting* – c'est à dire une peinture due peut-être plus à une gestuelle violente qu'à une idée artistique préalablement conçue. L'action pour l'action, en quelque sorte. On vit apparaître les *action intellectuals* ou intellectuels "engagés".

JFK rompit avec les schémas traditionnels en nommant Dean Rusk, président de la *Rockefeller Foundation*, au poste de Secrétaire d'État. Ils nomma aussi plus d'universitaires à des postes-clés dans les cercles restreints du pouvoir qu'aucun de ses prédécesseurs. *Brookings* fut souvent sollicité et Kennedy nomma ses "intellectuels actifs" à de nombreux postes de deuxième et troisième niveau, décuplant le poids de son administration et s'entourant de technocrates partageant ses vues et ayant aisément accès à lui, le président des États-Unis. Dans ces conditions, la neutralité supposée des experts semblait compromise.

Mac Namara, Secrétaire à la Défense, avait pour sa part recruté ses propres experts à la RAND et ceux-ci, particulièrement visibles, formaient une écurie et furent vite surnommés les *whizkids* (les *petits génies*). Ils avaient pour mission d'élaborer des stratégies et de procéder à des analyses de coûts et rendements pour tout projet relatif à la défense.

Dans le même temps, les fondations *Rockefeller* et *Ford* avaient émis des doutes sur la qualité des intellectuels engagés par les think tanks. Elles exigeaient des cerveaux de tout premier plan – ce à quoi les présidents des think tanks se plièrent diligemment. Par ailleurs, durant cette même décennie les sujets d'études devinrent plus nombreux et plus variés (ONU, droits civiques) alors qu'ils avaient jusque là été plutôt confinés à l'économie. Il apparaissait nettement aux politiques, comme aux think tanks, que l'Amérique devait tout traiter de front.

Les "intellectuels bureaucratiques" s'ajoutèrent aux "intellectuels d'action" pour grossir encore une bureaucratie déjà hypertrophiée, et l'on peut dire qu'à l'exception du cas de *Hudson*, étudié plus haut, la décennie fut propice à la création de think tanks de gauche.

## La gauche américaines et ses think tanks

En 1963, l'*Institute for Policy Studies* (IPS) fut fondé par Marcus Raskin et Richard Barnet, deux anciens de l'administration Kennedy (les fameux *action intellectuals*). Tous deux se donnaient pour mission de promouvoir l'égalité par des changements sociaux à l'intérieur et de mettre fin et à la course aux armements et à la Guerre Froide elle-même à l'extérieur. Le nouveau think tank se démarquait de ses collègues car il se lançait dans le militarisme avoué en faveur du "désordre créatif", moteur des très nécessaires bouleversements sociaux selon Raskin et Barnet. Remarquons que IPS était en parfaite concorde avec l'aide radicale du parti démocrate et que, du reste, un groupe d'élus socialistes (*liberal*) voulaient lancer ce qu'ils avaient appelé *The Liberal Project* (comprendre : le projet socialiste)qui devait faire revivre, renforcer et élargir les plans sociaux du *New Deal* laissés en jachère par l'administration Eisenhower.

Malgré les affinités troublantes entre IPS et une partie du personnel politique de l'époque, le nouveau think tank se voulut totalement libre de tout engagement contractuel avec le gouvernement (à la différence de RAND et *Hudson*). Pour réunir les fonds suffisants pour commencer à fonctionner, Raskin et Barnet firent la tournée des fondations, devenues moins généreuses nous l'avons vu, expliquant aux présidents des fondations le besoin vital de créer un institut aux orientations clairement identifiées comme celles d'IPS mais véritablement indépendant de la bureaucratie fédérale (dont eux-même étaient issus...)

Ni Raskin ni Barnet n'avaient de Ph.D., c'est à dire le degré universitaire le plus élevé, jusque là apanage naturel du personnel des think tanks et condition exigée par les financiers des think tanks. Aussi IPS s'inspira-t-il de *Hudson* qui, comme nous l'avons vu, avait su se doter d'un personnel dont le niveau intellectuel, couronné ou non par un doctorat, rassurait les investisseurs. Les membres de IPS en vinrent donc vite eux aussi à se considérer comme des *publics scholars*, c'est à dire des cerveaux universitaires travaillant dans le secteur public et non au sein d'une université.

Raskin et Barnet trouvèrent l'argent auprès de grandes familles juives connues pour leurs sympathies à gauche et membres de la Nouvelle Gauche ou "aile radicale" du parti démocrate, très à gauche de JFK et même de LBJ. En effet, et c'était le début de la mutation du parti démocrate, cette Nouvelle Gauche se distinguait de ce qu'elle-même appelait la Vieille Gauche, engluée dans le "mythe" de l'anticommunisme. Les adhérents de la Nouvelle Gauche étaient les survivants de la gauche marxiste et trotskiste anéantie, en apparence seulement, par des années de Mac Carthysme ; le Mac Carthysme était, rappelons-le, le volet interne de la Guerre Froide. Tel le phénix, l'ultra gauche revivait de ses cendres et cela avec une violence qui allait ravager la décennie. Son arme, redoutable, le politiquement correct. Nous y reviendrons. Pour l'heure, la Nouvelle Gauche offrait une vision "révisionniste" de la Guerre Froide qu'elle condamnait comme injustifiée et dévoreuse d'un budget qui aurait dû aller à la politique sociale. Elle était donc anti-interventionniste à l'extérieur et même violemment anti-nationaliste, et réclamait des transformations sociales radicales sur le front domestique.

IPS fit vite figure de think tank marginal, ne serait-ce que par la nature de son personnel : des universitaires militants, des écrivains et réalisateurs de documentaires politiques orientés – presque tous membres du PCUSA – le parti communiste américain avec ses compagnons de route que le sénateur Eugène Mac Carthy s'était tué – littéralement – à vouloir éradiquer. L'institut se disait "centre éducatif" pour le grand public, organisant des séminaires à l'intention des adultes, mais aussi des enfants ( !) sur des sujets aussi variés que les violations des droits de l'homme, le rôle des multinationales, les mouvements révolutionnaires en Amérique Latine, avec lesquels l'institut était en profonde sympathie... Malheureusement pour IPS, la gauche américaine se balkanisant en divers groupes de militants (femmes, minorités ethniques et *gays* pour commencer), les apports financiers qui n'étaient pas illimités se fractionnèrent en conséquence. Les intérêts catégoriels prospérèrent ainsi au détriment d'une ligne politique commune.

Malgré ces restrictions monétaires, IPS put aller jusqu'aux limites du "libéralisme" radical (comprendre : *socialisme*). C'est lui qui est à l'origine, entre autres influences, des expérimentations sociales telles que les "coopérative alimentaires" et le développement des "communautés", c'est à dire de groupes de personnes mettant tout en commun depuis les biens matériels jusqu'aux membres de ce qui auraient été autrement des familles. On sent là du reste l'influence du *Kinsey Sex Institute* qui fut longtemps parrainé par la très respectable *Rockefeller Foundation*, jusqu'à ce que Kinsey fût discrédité pour ses méthodes non scientifiques.

Ces expérimentations sociales, à une époque où le mouvement conservateur affirmait son ascendance nouvelle, aidèrent IPS à accéder à la célébrité, même si cette célébrité devint vite négative. IPS fut accusé de suivre le modèle économique soviétique et le terme "communophilisme" lui fut fréquemment accolé. IPS apparaissait aussi comme associé aux philosophes existentialistes, aux intellectuels dits "engagés" et aux théoriciens marxistes de l'époque. Raskin s'enorgueillissait du reste d'avoir été le premier des "chercheurs sociaux" à défier l'autorité. Adepte convaincu de Noam Chomsky, il dénonçait lui aussi la "classe des mandarins", coupables de l'exploitation des faibles dans la société américaine. Les "inventions sociales" d'IPS, affirmait-il, en combinant expérimentation et engagement politique, visaient à bouleverser l'ordre établi dont les autres penseurs de gauche avaient le tort de s'accommoder.

L'extrémisme d'IPS ne pouvait que provoquer des réactions. Celle des conservateurs fut particulièrement marquée comme nous allons le voir car les conservateurs avaient les premiers compris que la Guerre Froide entre l'Est et l'Ouest se prolongeait à l'intérieur par une Guerre Culturelle sans implication nucléaire certes mais tout aussi féroce et aux racines peut-être plus difficiles à extirper. IPS et toute la Nouvelle Gauche avaient tout simplement déclaré la guerre à l'Amérique traditionnelle et aussi à toute la civilisation occidentale et à ses valeurs. Trouvant que l'étiquette "progressiste" ne les représentait pas, ils se déclarèrent "libéraux" dénaturant ainsi le sens premier de ce terme. "Liberal" aux États-Unis signifie depuis lors "de gauche".

En fait, IPS n'aurait pas eu besoin des Conservateurs (la droite américaine) pour s'attirer le discrédit dont il ne se remit jamais vraiment. Le parti démocrate de JFK et LBJ ne fut guère plus étonné que le parti républicain d'Eisenhower et de Nixon de découvrir que ce think tank d'ultra-gauche était en fait une façade pour un groupe communiste actif ! Comment en ces conditions IPS a-t-il pu maintenir son statut juridique de think tank ? Le monde des think tanks a ses mystères...

## Lyndon Johnson et The Urban Institute

La décennie vit toutefois la création d'un autre think tank, l'*Institute of Urban Development*, à l'instigation pressante du président Johnson lui-même. Ce nouvel institut, spécialisé dans les affaires de politiques intérieure et surtout dans les questions d'urbanisme, était calqué à cent pour cent sur le modèle de RAND. Il fut vite décrit comme le "RAND pour les affaires intérieures" ; organisme à but non lucratif travaillant exclusivement sur des contrats gouvernementaux avec plusieurs ministères.

Ironiquement, ce think tank ne vit officiellement le jour qu'en 1969 alors que Johnson quittait la politique, amer car se sentant désavoué de tous côtés. L'*Urban Institute*, selon l'appellation familière, était censé opérer dans le cadre du projet de "Grande Société" cher à Johnson. Le think tank survécut à son initiateur mais réussit surtout à faire découvrir les échecs de l'État Providence, les nouvelles mesures sociales prônées n'étant que des avatars d'anciens programmes qui avaient échoué.

Le terme de Grande Société était apparu pour la première fois en 1964 dans la rhétorique johnsonienne, laborieuse et ampoulée. L'idée et le terme provenaient directement des "ingénieurs sociaux" engagés par la toute nouvelle administration Johnson. L'ensemble recouvrait un train de mesures sociales destinées à "livrer un combat militaire" à la pauvreté. Empêtré dans le bourbier vietnamien à l'extérieur (malgré ou grâce à Mc Namara et son "écurie de petits génies"), Johnson se trouva vite absorbé dans une spirale tout aussi infernale à l'intérieur : les experts au sein de son administration étaient en compétition permanente pour élaborer des idées sociales qui plaisaient au président. Immanquablement, plusieurs de ces idées séduisaient Johnson au point qu'il se les appropriait puis ne résistait pas au plaisir de les communiquer à la presse ou au public. Autrement dit, qu'il fût victime de ses cohortes d'analystes ou de lui-même, Johnson prit la dangereuse habitude de faire des effets d'annonce rhétoriques, galvanisé par les ovations que lui valait ses promesses : il allait résoudre les problèmes de sécurité, d'analphabétisme, de détérioration urbaine et rurale... Inouï mais vrai, les experts devaient ensuite fournir coûte que coûte un argumentaire à des mesures législatives déjà proclamées ! Johnson d'ailleurs se disait sûr de faire voter par le Congrès tout projet présenté comme viable...

Johnson enregistra du reste plusieurs succès : l'adoption de la loi sur l'Opportunité Économique, les droits civiques, une loi sur l'éducation et la création de Medicare et de Medicaid, c'est à dire les programmes concernant les remboursements des médicaments et l'assistance médicale aux personnes âgées. Mais, en plus de ces avancées non négligeables, son successeur trouva un legs de quelque quatre cents mesures sociales, toutes issues de ce que les nombreux critiques de Johnson avaient appelé "la politique de la hâte et de l'urgence".

## *L'expertise politique à la fin des années 1960 : bilan*

Alors quel bilan dresser des années 1960 pour ce qui concerne l'expertise politique et donc les think tanks ? La décennie est évidement marquée par les turbulences sociales, la contestation sur les campus, le virage des média et de nombreuses élites vers la gauche et en conséquence par la méfiance générale en fin de compte à l'égard des experts qui n'avaient pas été à la hauteur des circonstances ou, pire, qui en étaient peut-être responsables.

En politique extérieure, la Guerre du Vietnam tournant au désastre, Mc Namara et ses brillants génies se trouvèrent en butte à la colère et au mépris des militaires. Des chefs militaires de haut rang, amers de ne pas avoir eu voix au chapitre, furent de plus en plus nombreux à montrer du doigt les "soi-disant intellectuels professionnels de la défense". Leur présence même était une insulte aux militaires de carrière qui leur reprochaient d'être dépourvus d'expérience militaire véritable, et d'expérience tout court du reste, puisque leur prétendu savoir était purement académique ; pour comble, ils se montraient insupportablement suffisants du haut de leurs analyses abstraites et osaient afficher leur dédain pour tout ce qui portait uniforme.

À l'occasion de sa retraite, le Général Thomas White, commandant en chef de l'armée de l'air, fit un discours d'adieu en forme d'accusation cinglante : "Le terme même d'intellectuel de la défense traduit bien ce sentiment de confort douillet, anti-militaire et anti-guerrier, comme si la guerre moderne pouvait se jouer sur un échiquier..." [Theodore H. White. *The Action Intellectuals* Life (June 9, 1967) pp. 43-58]

Avec le recul, il apparaissait clairement que, de Roosevelt à Johnson, les administrations successives semblèrent accorder une foi candide à la toute puissance du rationnel. Pendant trois décennies, l'Amérique se livra à la culture de l'hyper rationnel, seuls le quantitatif et le mesurable étant pris au sérieux. Ainsi s'explique l'essor des politiques abstraites et des théories économiques dites novatrices. Tout ceci culmina sous Johnson dont le projet de Grande Société portait en lui le germe du rejet populaire, et des experts et de leur credo tant économique que social et moral.

À l'exception de AEI qui avait affirmé la supériorité de l'homme sur les théories rationnelles en démontrant que l'esprit d'entreprise n'avait besoin que de liberté, et de *Hudson* qui avait plus haut et de façon plus sensationnelle dénoncé aussi le culte du tout rationnel, les experts des think tanks comme ceux de l'establishment n'avaient tout simplement pas vu s'ouvrir le gouffre entre eux et le public. Ce fut donc Lyndon Johnson qui révéla – bien involontairement – les tares des experts par l'usage immodéré qu'il en fit, au point que le terme de "déficit de crédibilité" fut inventé durant sa présidence pour commenter la démagogie des leaders politiques et la méfiance suscitée par les déviances de l'expertise professionnelle en général.

## *Le renouveau*

On aurait pu penser que les think tanks n'avaient plus guère d'avenir tant l'Amérique de 1969, au départ de Johnson, était en proie à un désarroi égal en intensité à celui de 1929, bien que pour d'autres raisons. L'Amérique profonde ne cachait pas son scepticisme à l'égard des "expérimentations sociales", considérées comme négatives et même destructrices. Tout naturellement, elle commençait à prêter une oreille attentive à tous ceux qui avaient toujours dénoncé l'utopie derrière les idées abstraites. Dans *La Route de la servitude* publié dès 1943, Hayek avait expliqué que ces abstractions utopiques ne pouvaient pas apporter les bienfaits très concrets promis ; au contraire, l'État providence et l'ingérence étatique dans l'économie et dans la vie des citoyens menait au servage. Devant la faillite avérée de beaucoup de programmes sociaux, Hayek et les autres théoriciens de l'université de Chicago, que l'on appela plus tard l'École de Chicago, trouvaient un nombre sans cesse croissant d'adeptes. L'Amérique profonde, déstabilisée par la montée de minorités exigeantes et par la confusion générale qui dominait la politique extérieure et intérieure, aspirait à retrouver une direction nationale claire. Les conservateurs, qui avaient commencé depuis déjà une quinzaine d'années à construire une infrastructure intellectuelle solide face à un milieu médiatique hostile, semblaient offrir des solutions pour sortir des incertitudes et de la dépression morale. Ils surent exploiter le malaise général en proposant tout simplement de contrer les "mauvaises théories" expérimentées jusque là par des idées simples et une philosophie anti-étatique qui renouaient avec les valeurs traditionnelles de l'Amérique. Surtout, bien qu'ils fussent eux-même de grands intellectuels, les leaders du mouvement conservateur trouvèrent une base indispensable dans l'électorat populiste si méprisé par les élites, traditionnelles et nouvelles confondues, qu'étaient les grandes universités, l'establishment politique de la Côte Est et désormais les grands réseaux médiatiques. Ces leaders démontrèrent ainsi que des masses populaires plus ou moins éduquées pouvaient parfaitement comprendre la chose politique pour peu que les leaders politique et leur base eussent en commun de partager les mêmes valeurs.

Tout le monde s'accorde à dire que 1970 marque un tournant décisif dans l'histoire des think tanks. C'est à partir de cette date que l'Amérique vit se développer, surtout à Washington il est vrai mais aussi sur tout le territoire, une pléthore de nouveau think tanks, en majorité conservateurs. Il est d'ailleurs remarquable que cette tendance n'a cessé de se confirmer jusqu'à aujourd'hui et il existe plusieurs raisons à cela que nous examinerons bien sûr.

Cette troisième génération de think tanks est donc due – et c'est là un fait irréfutable – à la poussée conservatrice. Les directeurs de nouveaux think tanks trouvèrent l'argent, le nerf de la guerre, auprès des fondations et d'entrepreneurs acquis à la même philosophie. Ils surent convaincre que les idées étaient des armes et que, comme tout autre produit, ces armes devaient être commercialisées. Ce "marketing" des idées, lancés par les conservateurs de la *Heritage Foundation* fut repris par presque tous les think tanks, y compris ceux de gauche et ceux qui se disaient neutres.

En fait, dans un monde de compétition féroce, les conservateurs appliquèrent au débat politique les recettes du marché. Et c'est ainsi que les think tanks américains s'affirmèrent au niveau national et s'installèrent dans la durée.

## Les think tanks de la 3ème génération et la prééminence conservatrice

Pour bien comprendre les enjeux de la Guerre Culturelle qui fait rage aux États-Unis (ce volet interne de la Guerre Froide) il faut revenir sur la vague de fond conservatrice qui a changé le paysage politique du pays et produit tant de think tanks, ces agents fascinants de la vie politique.

### La renaissance conservatrice

Le mouvement conservateur avait connu une résurgence dès l'après-guerre et une véritable renaissance au milieu des années 1950. Toutefois, si les conservateurs de l'époque manifestaient pour le consensus mou du parti républicain d'Eisenhower un mépris presque égal à celui qu'ils ressentaient pour la dérive socialisante du parti démocrate, eux n'étaient guère pris au sérieux par l'ensemble de la population et faisaient figure de "frange radicale" du parti républicain.

L'élection présidentielle de 1964 changea la donne. Le monde des affaires, ulcéré par les contraintes économiques multiples, retombées du *New Deal*, fut le premier à chercher des contre-pouvoirs aux ingérences étatiques. Après tout, ces conservateurs qui parlaient des valeurs fondatrices étaient aussi ceux qui prêchaient un retour à l'économie traditionnelle. La campagne du sénateur Barry Goldwater se solda par un fiasco mais beaucoup d'Américains, et pas seulement des entrepreneurs, sentirent que quelque chose de décisif pour l'avenir du pays s'était produit. C'était la première fois que trois décennies "d'ingénierie sociale" faisaient l'objet d'un rejet vigoureux au plan national.

Dès lors, les conservateurs apparurent pour une force politique avec laquelle il fallait désormais compter. On se mit alors à lire ou à relire le livre que Goldwater avait fait paraître en 1960,

*Conscience d'un conservateur*, véritable manifeste électoral écrit en fait par Brent Bozell de la *National Review*, le magazine lancé en 1955 par William F. Buckley, Jr.. Dans ce livre, Goldwater affirmait que les lois de Dieu et de la nature étaient intemporelles et transcendantes – condamnation implicite de l'internationale communiste dont les infiltrations dans la société américaine n'étaient plus à démontrer.

Goldwater réunissait autour de lui les représentants de la droite américaine traditionnelle, que l'on appela vite la "Vieille Droite" ou encore les "Paléoconservateurs", et des républicains opposés à la mollesse des convictions de leur parti. Ainsi, en plus de l'empiétement croissant de l'État fédéral sur les droits des états et des individus, ces groupes reprochaient aux leaders l'endiguement du communisme à l'extérieur comme un compromis douteux.

Il faut mentionner ici les penseurs du mouvement conservateurs. Il est impossible de les énumérer tous. Les plus connus à l'échelle nationale furent sans doute Russel Kirk, William Rusher, Richard Weaver ou encore Peter Vierick. A ces théoriciens du "conservatisme moderne", il faut ajouter les économistes, penseurs et philosophes de l'École de Chicago ; les Autrichiens Friedrich von Hayek et Ludwig von Mises ainsi que l'Américain Milton Friedman (qui vit toujours et reste actif et brillant malgré son grand âge) sont des noms connus, eux, à l'échelle mondiale. Tous sont des économistes "libéraux" au sens européen c'est à dire "classiques" ; l'économie étant le seul domaine en France où le terme "libéral" soit resté préservé de toute perversion linguistique [Les socialistes européens comme leurs homologues américains ont accaparé le terme "libéral", le vidant de son sens originel pour désigner en fait la gauche. Pourtant, curieusement, en Europe, "libéral" signifie désormais capitaliste ! Aux États-Unis, ceux que les Européens appellent des "libéraux" sont des "libertariens", c'est à dire des conservateurs en économie].

Les Conservateurs voulaient enterrer le *New Deal* de FDR, le *Fair Deal* de Truman et le "*New Deal*-au-rabais" d'Eisenhower. Ils savaient bien qu'un retour aux strictes fonctions régaliennes de l'État n'était pas réalisable. Cela n'en était pas moins un idéal vers lequel tendre. De même, un retour à une interprétation "sensée" des textes constitutionnels leur semblait urgent. Ils voulaient également une limite aux pouvoirs des syndicats dans le monde du travail, une action ferme contre la dérive que semblait prendre l'organisation des Nations Unies et une attitude plus ferme encore à l'égard de l'Union soviétique. C'est à cette époque que naquit le terme de "cold-warrior" désignant tous ceux qui s'engageaient dans la Guerre Froide politiquement et idéologiquement. Les think tanks conservateurs, établis ou juste nés, avaient donc une immense variété de sujets à traiter, à l'inverse du passé.

Le projet fort du conservatisme moderne, c'était de se situer dans la ligne philosophique d'Edmund Burke et des Pères Fondateurs. La Constitution et les valeurs fondatrices comme socle commun idéal à préserver et référence absolue pour tout sujet de politique. C'est probablement cette présence d'une référence absolue – c'est à dire non discutable – qui fait la force des think tanks américains. Plusieurs think tanks de gauche d'ailleurs se disent également tenus par cette référence absolue, même si leurs interprétations divergent de celles de leurs concurrents...

Quoi qu'il en soit, il était trop tôt en 1964 pour le discours conservateur puisqu'il faut compter une quinzaine d'année entre le moment où de nouvelles idées apparaissent et celui où elles parviennent à s'imprimer dans les esprits. Il fallut surtout multiplier des efforts tous azimuts pour construire l'infrastructure permettant à ces idées de se diffuser.

## *L'infrastructure conservatrice*

Venant s'ajouter aux publications conservatrices récentes et déjà influentes, les think tanks conservateurs existants apportèrent à cette construction un apport précieux : *Hoover* et AEI, séduits par la force des convictions conservatrices furent les premiers bénéficiaires des largesses philanthropiques de droite – tout comme le seraient bientôt *The Heritage Foundation* en 1973 et le think tank CATO.

Il est donc temps de revenir sur le parcours d'AEI. Lorsque les think tanks sont idéologiquement orientés, la personnalité de leur président est primordiale. AEI n'échappe pas à la règle. Avant d'être président de AEI, William J. Baroody fut l'homme qui fit décoller le think tank. Collecteur de fonds infatigable, il sut harceler et convaincre les contributeurs et élargir la base de l'association, lui assurant ainsi un avenir. Le tour de force de Baroody, c'est d'avoir convaincu la *Ford Foundation* considérée comme forteresse des valeurs "progressistes", de financer aussi AEI – ceci après des années de tentatives infructueuses. Tout naturellement, les portes des autres fondations s'ouvrirent...

En 1964, Baroody s'impliqua personnellement dans la campagne de Goldwater, ce qui lui valut d'être appelé à comparaître devant un comité inquisitorial de la Chambre des Représentants, en tant que président d'AEI. L'enquête prouva que AEI n'avait pas été mêlé à la campagne et donc n'avait pas violé son statut fiscal d'exemption d'impôt. Ce fait est crucial car Baroody, conscient d'avoir mis AEI en péril par son engagement personnel, sortit de l'épreuve échaudé et scrupuleux à l'extrême, décidé d'éviter tout soupçon d'engagement politique à l'avenir...

En même temps, Baroody voyait le conservatisme engagé dans une impasse : à quoi bon avoir une institution crédible et respectable si l'on ne pouvait afficher ses idées ? Le dialogue politique n'était-il pas verrouillé ? En véritable entrepreneur qu'il était lui-même, Baroody entrevit la solution : les idées étaient des produits comme les autres et donc, pour les promouvoir, il fallait organiser la compétition et briser le monopole idéologique qui pesait sur la vie politique américaine et créer "un marché des think tanks". Cela semble aller de soi aujourd'hui, mais il fallait tout de même le concevoir !

À ce propos, il convient d'expliciter quelque peu le mot "idée" et ce qu'il recouvre dans la culture politique américaine. Selon David Ricci, il faut prendre le mot au sens large, c'est à dire : données, informations, expertise, idéologie, vision, conviction, ligne directrice... Bref, tout ce qui sort de l'imagination, de l'observation, du raisonnement, de la recherche intellectuelle. Pour que ces "idées" se traduisent en pouvoir politique, il faut savoir les "vendre" sur le marché des idées et cela, c'est justement une tâche qui revient aux "entrepreneurs politiques" et en particulier aux think tanks. Notion liminaire : une "bonne" idée est nécessairement marquée au coin du bon sens...

Après s'être assuré des bases financières solides et un personnel de très haut niveau académique, Baroody s'attacha des experts en relations publiques chargés de commercialiser la production intellectuelle de l'institut et s'érigea ensuite en institution rivale de *Brookings*, devenue dans les années 1960 le think tank le plus sérieux et le plus crédible de la gauche américaine. Le dialogue politique était enfin rétabli même s'il restait fort limité.

La croissance d'AEI se poursuivit jusqu'à l'époque de la première administration Reagan. Entre-temps, en 1976, le président Gerald Ford, battu aux élections présidentielles, joignit AEI en tant que *distinguished fellow*. Naturellement, la présence de l'ex-président des États-Unis accrut le prestige de l'institut et attira d'autres grands noms de la politique dans les années qui suivirent. Dans les années 1980, AEI connut des difficulté financières et se trouva quelque peu éclipsé par d'autres think tanks, et en particulier par la *Heritage Foundation*. Depuis 2000, AEI a retrouvé tout son éclat et prétend même être de nouveau le think tank conservateur le plus influent...

## *Les néoconservateurs*

Mais il est grand temps de parler de l'arrivée de conservateurs d'un nouveau type sur la scène politique : les néoconservateurs. Chronologiquement, leur émergence coïncide avec l'élection de Richard Nixon. Mais bien que Nixon fût séduit par leurs idées, il pensait qu'il n'aurait pas les moyens de les utiliser... Nota bene : ce terme de néoconservateurs leur fut donné par leurs ex-congénères qui y mettaient une connotation péjorative mais celle-ci se perdit vite. Le terme s'imposa au point d'obliger les conservateurs traditionnels à s'en différencier par celui de Paléoconservateurs, ces derniers étant proches des libertariens en économie, isolationnistes et souvent anti-sionistes...

Les néoconservateurs rejoignirent donc les conservateurs, dans la presse conservatrice et dans les think tanks. Dès le début, ils reçurent le soutien appuyé de William Buckley dans le domaine de la presse d'opinion et c'est AEI qui leur offrit une assise institutionnelle dans celui de la recherche politique.

Qui étaient-ils ? Quelle était leur vision du monde ?

C'est incontestablement David Horowitz qui répond le mieux à ces questions dans son livre autobiographique *Radical Son*, publié en 1997. C'était en majorité d'anciens membres de la Nouvelle Gauche, communistes ou trotskistes, juifs pour la plupart ou bien catholiques. Américains de la deuxième génération, ils avaient été élevés dans les idées socialistes que leurs parents avaient emportées avec eux dans leur baluchon d'immigrants. Les années 1960, avec l'agitation sociale et les mouvements minoritaires à l'assaut des valeurs américaines, les amenèrent à s'interroger. Le pays qui avait si généreusement accueilli leurs parents méritait-il ce désordre et cette haine ? Désenchantés par leur environnement politique et scandalisés par l'anti-américanisme des opposants à la Guerre du Vietnam qui brûlaient le drapeau américain et injuriaient les soldats engagés, il eurent cette révélation foudroyante qui provoqua chez eux un virage à 180 degrés. Chacun sait qu'il n'y a pas plus zélé que des nouveaux convertis. Ceux-ci se révélèrent viscéralement anti-communistes et combattants déterminés dans la Guerre Froide. Ils devinrent aussi plus pro-américains que ne l'étaient les conservateurs traditionnels. Militants farouches, ils donnèrent l'impulsion combative qui manquait au mouvement conservateur et l'énergie pour gagner électoralement. Pour résumer, les Néoconservateurs de l'époque (ceux d'aujourd'hui ont un profil un peu différent) seraient les anti-soixante-huitards que l'Europe et la France n'ont jamais connus.

On ne saurait trop insister sur l'importance de l'apport des *Neocons* (comme on les appelle familièrement) dans la vie politique américaine et dans le monde des think tanks. En politique extérieure, depuis leur émergence jusqu'à aujourd'hui, leur ligne est claire : l'Amérique doit assumer pleinement son leadership mondial et faire accepter l'idée qu'il vaut mieux un policier mondial américain que pas de policier du tout. L'Amérique est un empire de fait et tant pis si le reste du monde l'accuse de cynisme et de visées impérialistes. Quoiqu'elle fasse, elle sera critiquée et honnie de toute façon puisque c'est le lot de toute superpuissance. L'Amérique est un géant bienveillant qui veut le bien de tous autant que son bien propre. Ce qui est bon pour l'Amérique, d'ailleurs, est bon pour le reste du monde. Ceci l'engage à soutenir fermement Israël et à combattre tous les totalitarismes et tous les terrorismes. Cette ligne de pensée, alors marginale, est aujourd'hui dominante.

En politique intérieure, l'apport des Neocons fut également déterminant. Parce qu'ils connaissaient intimement les schémas mentaux et la culture de l'adversaire, ils donnèrent un avantage considérable à la droite américaine. Parce qu'ils revendiquaient fièrement l'héritage judéo-chrétien de l'Occident et les valeurs universelles de la Constitution américaine, ils débarrassèrent les conservateurs de toute velléité de compromission avec les apports négatifs de ce que David Horowitz appelait "la génération destructrice". Leur vision du monde n'était nullement passéiste pour autant. Ils avaient une foi inébranlable dans leurs convictions – cette fois-ci raisonnées et voulues et non pas héritées. Leur optimisme dopa littéralement le mouvement conservateur et leur action est pour une large part à l'origine de l'établissement d'une "contre-intelligentsia" de poids.

Quelle fut la nature de leur action ? Quelles furent leurs stratégies ?

Ils réussirent à synthétiser en un ennemi commun qu'ils appelaient la "Nouvelle Classe" tous les facteurs responsables à leur sens du malaise américain. Cette Nouvelle Classe avait créé la bureaucratie gouvernementale, qui freinait la croissance économique ; elle avait créé une sous-classe d'assistés sociaux ; enfin, elle avait aussi créé une crise de l'autorité par une attitude permissive qui encourageait la criminalité et les émeutes urbaines, l'agitation estudiantine, la pornographie, les comportements déviants, la haine de l'Amérique et ainsi de suite. Le terme Nouvelle Classe désignait les responsables de ces désordres, non la base, à savoir : les chercheurs en sciences sociales des think tanks existants, les urbanistes, les assistants sociaux, les éducateurs, les criminologues, les sociologues, les médecins et psychiatres de la santé publique, les journalistes de grands réseaux médiatiques, les bureaucrates, les éducateurs et l'université, employés majoritairement dans le secteur public, plus ou moins hostiles à l'économie capitaliste et au secteur privé, et prenant majoritairement et systématiquement parti pour "l'autre", c'est à dire pour les "cultures" des adversaires de l'Amérique, à l'intérieur comme à l'extérieur.

En plus de David Horowitz déjà mentionné, les grands noms du Néonconservatisme à retenir sont sans doute Irving Kristol et Daniel Bell, fondateurs de la revue *The Public Interest*, Norman Podoretz, fondateur de la revue *Commentary* ou encore William Simon, président de la *Olin Foundation* qui aida à l'établissement de nombreux think tanks conservateurs. Kristol et Simon en appelèrent au discernement des donateurs, leur demandant de cesser leur largesses envers les intellectuels qui ne travaillaient pas, à long terme, pour les intérêts de leur contributeurs, bien au contraire. Avant de recevoir des subsides supplémentaires, certains think tanks devaient "redéfinir leur mission", affirmaient-ils.

Ils vinrent grossir les effectifs des think tanks conservateurs. Ils étaient bien d'accord que les think tanks qui affichaient des convictions ne pouvaient se mettre au service de clients qui leur auraient imposé des recherches contraires à leur vues. Là encore, ce fut AEI qui donna le ton et, agissant en "entrepreneur et théoricien de l'offre", mit sur le marché des idées le produit d'études décidées par les membres eux-mêmes, en fonction de leurs priorités : livres, magazines, rapports de longueur variable et une nouveauté, le "monographe" ou mini-livre, qui eut un succès immédiat. Cette production ne visait plus les seuls milieux de la politique mais les journalistes, les entrepreneurs et même le public capable de s'intéresser à ce genre de littérature. Comme le lecteur l'aura compris, AEI fut le premier think tank à avoir accueilli les Néoconservateurs à Washington D.C..

AEI devint vite une institution nationale grâce aussi à sa présence récurrente dans les média, c'est à dire grâce à ce que l'on appelle désormais "la visibilité médiatique". Très vite, cette visibilité médiatique, assurée par les attachés en relations publiques, apparut comme la meilleure publicité possible pour un think tank et un élément décisif face à l'éternelle nécessité d'attirer des fonds. Les années 1970 furent aussi celles où AEI attira les célébrités. Après Gerald Ford et Irving Kristol, AEI fut rejoint par d'autres personnalités "qui avaient été aux affaires" : William Simon (ancien Secrétaire au Trésor), Jeanne Kirkpatrick (spécialiste de l'Amérique du Sud), Michael Novak (spécialiste des questions de morale et de religion) et tant d'autres.

## *Les think tanks de la contre-révolution conservatrice*

En 1983 parut *La Révolution conservatrice* de Guy Sorman. Titre accrocheur mais impropre puisqu'il ne s'agissait pas d'une "révolution" menée par le président Reagan mais d'une "contre-révolution" – en tous domaines. Mais il est vrai que la gauche américaine, débordée par sa frange radicale, régnait depuis des décennies sur tout : le gouvernement, la justice, l'université les média et la culture de masse. Il était révolutionnaire en effet de se poser en adversaire déterminé de la doxa.

Les années 1970 avait vu l'ascendance des mouvements religieux (regroupés abusivement sous le label de "droite religieuse") qui jugeaient intenable le niveau de laxisme atteint en matière de morale et de mœurs.

En 1976, s'étaient créés le *Ethics and Public Policy Center* (spécialisé dans les questions d'éthique – et pas uniquement religieuse) et le *Rockford Institute* à Rockford, Illinois (qui se donnait pour mission de combattre toutes les corruptions).

En 1972, l'*Institute for Contemporary Studies* s'était ouvert à San Francisco, dédié à l'esprit d'entreprise et de responsabilité, aux privatisations et aux réformes fiscales. Ce think tank moins connu est pourtant celui qui devait fournir un nombre impressionnant de personnalités politiques depuis Edwin Meese et Caspar Weinberger jusqu'à... Donald Rumsfeld.

En 1978, ce fut la création, à New York, du *Manhattan Institute for Policy Research*, dédié surtout aux affaires urbaines (le maire Rudy Giuliani l'aurait utilisé pour sa politique de la ville), à la politique monétariste devant remplacer le keynésianisme et à l'explosion des litiges dans la société américaine. Ce serait aussi dans le cadre de ce think tank que Charles Murray aurait écrit son célébrissime *Losing Ground* – considéré comme l'inspirateur des politiques sociales de Ronald Reagan et de Margaret Thatcher.

Il faut aussi mentionner le *Cato Institute*, créé en 1976 à Washington, souvent utile aux républicains et conservateurs, même si sa ligne résolument libertarienne tend à l'isoler sur le marché des idées et même parfois, en matière d'éthique notamment, à le rapprocher de la gauche. En économie, les libertariens sont en fait les seuls véritables libéraux classiques. Ils auraient pu se faire appeler les *ultra liberals* si le terme n'avait pas été détourné par la gauche radicale pour désigner l'ultra-gauche en tout. En tout cas, on ne peut s'empêcher de sourire quand on entend les Européens, surtout les Français à vrai dire, qualifier "d'ultra-libérale" la politique de tel ou tel leader... En fait, les libertariens sont si extrêmes, si intransigeants dans leur opposition à tout interventionnisme du gouvernement, même dans les questions d'immigration, de sécurité et de défense qu'ils ne sont pas toujours pris au sérieux dans tous leurs domaines de recherches – malgré leur indéniable excellence intellectuelle.

Ce qu'il faut retenir de tous ces mouvements si différents, c'est qu'ils apparurent de façon spontanée et sans lien entre les uns et les autres, qu'ils traduisirent le besoin de créer leurs propres think tanks et qu'ils marquèrent l'élargissement des thèmes traités aussi bien que la diversité géographique. Immédiatement, leurs productions diverses aidèrent à la contre-révolution reaganienne, républicains et conservateurs ayant réussi à s'entendre pour les rassembler en une force cohérente, capable de séduire l'électorat.

Puisque cette contre-révolution n'est pas terminée, la Guerre Culturelle étant encore loin d'être gagnée par un camp ou par l'autre, il nous faut étudier de plus près les deux autres think tanks qui, avec AEI, ont acquis une renommée internationale dans la période menant à la victoire des idées défendues par Reagan : *Hoover* et *Heritage*.

## *Hoover*

Au début des années 1960, à l'époque où Baroody faisait "décoller" AEI, Glen Campbell, ex-collègue de Baroody et animé de la même foi conservatrice, s'occupait de faire de *Hoover* l'équivalent de AEI sur la côte ouest. Il transforma la bibliothèque et le centre d'archives fondés par le président Hoover sur le campus de l'université de Stanford en un centre de recherche de premier plan. En fait, Campbell réalisait le projet intellectuel initial de Hoover, lui-même ancien élève de Stanford. Âgé de 86 ans en 1960, l'ancien président souhaitait que l'institut devînt une arme contre le socialo-communisme qui avait gagné son *alma mater* et son pays, aussi bien que l'athéisme et le matérialisme. Ayant reçu de la vieille gauche républicaine une dotation initiale confortable, *Hoover* est l'un des think tanks les plus riches et les plus stables. Campbell réussit aussi à réunir quelques scientifiques sociaux, économistes et historiens célèbres dont Thomas Sowell et Milton Friedman. À ce jour, *Hoover* dont le nom complet est *The Hoover Institution on War and Peace* – est le seul grand centre de recherche politique fonctionnant de façon autonome bien que dans le cadre d'une université – et en dépit du fait que l'îlot de conservatisme qu'est *Hoover* soit en parfaite contradiction avec l'océan libéral qu'est Stanford. S'il est vrai qu'aujourd'hui le climat d'hostilité des années 1960 et 1970 s'est considérablement assaini, il n'en est pas moins vrai qu'il fallait de la témérité pour s'afficher conservateur dans la gueule du "monstre contestataire" (*liberal*)pendant les années de contestation et de manifestations dégénérant en violence gratuite bien souvent.

Précisément, ce fut le génie de Campbell d'utiliser l'Université de Stanford (corps professoral et étudiants confondus) comme repoussoir – tout comme AEI s'était posé en contre-poids à *Brookings*. *Hoover* devint une alternative intellectuelle au socialisme (*liberalism*) dominant en Californie et s'imposa rapidement dans les média. De plus, *Hoover* et AEI, bien que réunis par le socle commun des valeurs fondatrices du pays étaient loin de la vision monolithique de la gauche américaine. Ils offraient au contraire une grande diversité d'idées et d'opinions.

*Hoover* gagna la célébrité aussi grâce à ses relations politiques, se flattant d'avoir comme membres honoraires Ronald Reagan, Alexandre Soljenitsyne, Friedrich Hayek – entre autres. *Hoover* fut l'un des premiers think tanks à fournir un "refuge" à de nombreux professeurs d'université (conservateurs) qui ne se sentaient plus à l'aise dans leur cadre d'origine. *Hoover* et AEI devinrent ainsi cette catégorie de think tanks appelée "université sans étudiants" – et, pourrait-on ajouter, sans les contraintes liberticides que connaissent les sciences humaines dans toutes les grande universités depuis 1970.

## *Heritage*

Sous Nixon, le think tank vedette était AEI, même si certains dans l'administration continuaient d'utiliser RAND, *Brookings* et le très internationaliste *Council of Foreign Relations* (fondé en 1921). Mais courant 1969, Nixon exprima son désir de voir cesser toute utilisation de *Brookings* car Pat Buchanan, rédacteur des discours présidentiels, s'était fait le chef de file d'une enquête visant à démontrer comment "le monstre libéral" (les contestataires d'ultra gauche) opérait. Et de fait, l'examen des activités de Brookings, mais plus encore de IPS, démontra les liens entres ces instituts et des organisations pro-Hanoï, donc anti-américaines.

*Historique des think tanks*

Buchanan en conclut que ni AEI ni *Hoover* ne pouvaient à eux seuls fournir une alternative crédible contre le Léviathan socialiste. D'où la nécessité d'un nouveau think tank conservateur plus combatif et capable d'influencer les prises de décision des politiques. Cela supposait que le nouveau think tank pût soumettre ses propres propositions et surtout que celles-ci fussent présentées *avant* les débats législatifs et non *après*.

Ce fut l'affaire de l'avion supersonique qui déclencha la création de la *Heritage Foundation* en 1973. AEI avait en effet remis un rapport solidement construit mais qui parvint au Congrès volontairement un jour *après* la décision – négative. Rendus timorés par l'enquête subie après la campagne de Goldwater, Baroody et le conseil d'administration de AEI avaient craint de perdre le statut de think tank en ayant l'air de chercher à influencer le législateur par une attitude partisane et avaient préféré perdre au profit des lobbies écologistes américains et du Concorde européen...

Pour Ed Feulner, ce fut une révélation. Le terme d'*épiphanie* ne serait pas trop fort.

Avec un groupe de conservateurs, Edwin Feulner et Donald Lipsett fondèrent *Heritage* qui devint très vite le porte étendard du mouvement conservateur. Issue de la Nouvelle Droite, *Heritage* rassemblait des Paléoconservateurs, des Libertariens et des Néoconservateurs, c'est à dire tous les courants du conservatisme. Si AEI se voyait comme un groupe "d'entrepreneurs politiques", Heritage se disait "courtier en idées" et "impresario politique".

Dès l'élection de Reagan, le président de Heritage, Ed Feulner, fit accepter l'idée, nouvelle, que les changements spectaculaires censés distinguer la nouvelle administration devaient commencer *dans les trois mois suivant l'élection*. Cette période cruciale des 100 premiers jours est désormais une idée acceptée par les deux grands partis américains et par toutes les démocraties occidentales.

C'est dans le livre *Mandate for Leadership*, un manifeste de mille pages sur l'art de gouverner, que l'idée fut détaillée concrètement, mesure par mesure. Heritage en soumit un exemplaire à Edwin Meese, chef de l'équipe de transition à la

Maison Blanche. La présidence de Nixon avait été républicaine. La présidence de Reagan, annoncée comme conservatrice, entendait ne faire aucun compromis sur la politique du *New Deal* et cesser la "détente" avec la Chine et l'URSS. Elle fit donc appel à quelques membres de l'administration Nixon mais renouvela grandement le personnel politique, puisant pour cela aussi dans les think tanks : AEI, *Hoover* et surtout *Heritage*. Le succès de *Mandate* auprès des élites fut suivi d'un succès en librairie. *Mandate* devint un modèle de promotion des idées : un concept original et constructif – publié au moment opportun. Ce sens du moment propice est peut-être la première spécificité de *Heritage*.

## Spécificité de Heritage

Après ce succès, Heritage, jusque là peu connu du grand public, accéda à la célébrité politique et médiatique, dépassant *Hoover* et AEI pourtant plus solidement établis. *Heritage* apparut comme près des centres d'influence et donc du pouvoir. Cela déclencha bien entendu le parrainage financier de plusieurs fondations conservatrices qui s'étaient tenues en retrait et les dons de contributeurs privés individuels.

Une autre spécificité de *Heritage* justement, c'est le *mailing direct* qui représente environ 40% de son budget annuel et sert le double but de diffuser les idées et de recruter des adhésions et des dons.

Autre particularité ou innovation, les *memoranda*, rapports à soumettre aux élus. Comme le monographe pour AEI, le mémorandum est une marque distinctive de *Heritage*. Conçu pour être lu par le législateur dans la limousine entre l'aéroport et le Capitole, ce type de rapport est extrêmement concis, clair, remis au moment adéquat bien sûr et facile à mémoriser, même pour les questions les plus complexes.

Mais si *Heritage* se démarqua si nettement des autres instituts, c'est sans doute par son militantisme énergique – voire "agressif" selon certains, au point de passer pour plus proche du lobby que du think tank. Pourtant, *Heritage* est bien un centre de recherches dont le sérieux et le niveau intellectuel sont irréfutables. Pour parer à cette accusation selon laquelle elle serait un organisme partisan, l'institution prend bien soin de toujours présenter des analyses qui montrent les avantages *et* les désanvantages de tout projet de loi. Le rôle des think tanks est autant d'éduquer les élites et le grand public que de promouvoir des projets politiques.

Malgré cette ligne de démarcation, il reste des experts pour critiquer encore la commercialisation des idées et affirmer que la recherche intellectuelle est incompatible avec la fréquentation des média. Pourtant, presque tous les autres think tanks, après une première phase de dénigrement, se mirent à calquer les méthodes de *Heritage*, et en particulier les think tanks de gauche. Citons surtout le *Progressive Policy Institute* (PPI) fondé en 1989 par un groupe de progressistes de la Nouvelle Gauche avec parmi eux le futur président Clinton.

Ainsi *Heritage* fut le pionnier des *advocacy tanks*, c'est à dire des think tanks qui défendent ouvertement une ligne politique. Will Marshall, le premier président du PPI, reconnut du reste avoir reçu de Ed Feulner lui-même de précieux conseils en marketing. La création de ce nouveau type de think tank fut saluée par Edward H. Crane, le président du libertarien *Cato* (Crane est toujours président de *Cato*) pour avoir aussi révélé au grand jour "la relation incestueuse" entre des organisations comme *Brookings* et l'état puisque celles-ci vivent de contrats avec le gouvernement et l'université.

Il est indéniable que les nombreux think tanks créés sur le modèle de *Heritage* dans les années 1980 réussirent à déplacer le débat politique du milieu clos des élites vers le peuple américain, et de la sphère plus ou moins étatique vers le marché. Tout cela va de pair avec une entreprise sans cesse renouvelée de *popularisation* des idées. Si les publications des think tanks (livres, revues, rapports) s'adressent à un public cultivé, les interventions à la radio et à la télévision sont accessibles à tous. Grâce à un style direct et incisif, à l'opposé de la langue de bois utilisée par les technocrates, des concepts difficiles et une réflexion de qualité sont mis à la portée du plus grand nombre.

## Les années 1980 et la fin de la Guerre Froide

Le débat des idées enfin relancé grâce à la vague conservatrice suscita naturellement l'éclosion de nouveaux think tanks, de droite, de gauche et neutres mais avec toutefois une nette prédominance de think tanks conservateurs. L'étiquetage idéologique devint nécessaire dans ces années-là. À gauche il y eut donc le *Center for National Policy* (1981) le *Carter Institute* (1982), puis l'*Economic Policy Institute* (1986) – très lié aux syndicats – et le *Progressive Policy Institute* (1989) sans compter divers think tanks écologistes. À droite, il y eut le *Competitive Enterprise Institute* (1984) un think tank très dynamique et très procédurier. De plus, en 1987, le *Center for Strategic and International Studies* (CSIS) coupa ses liens avec l'université de Georgetown ; CSIS est en fait centre droit. Puis, en 1987, il y eut le *Media Research Center*, également conservateur.

Ces think tanks existent toujours et sont importants dans le débat politique même s'ils n'ont jamais atteint la renommée des "poids lourds" sur lesquels nous nous sommes attardés.

L'effondrement de l'Union soviétique et la destruction du mur de Berlin furent considérés par les think tanks de droite comme une justification des opinions qu'ils avaient défendues. Mais ces événements n'entraînèrent aucune nouvelle création particulière de think tanks. On peut même parler d'un certain déclin dans la recherche intellectuelle, sinon d'essoufflement. Les think tanks se préoccupèrent plus des régulations nouvelles, de l'ère informatique et d'écologie que de politique extérieure. Pourtant, les think tanks tournés vers les questions militaires et les stratégies géopolitiques – Rand, CSIS, le *Foreign Policy Institute*, le *Council of Foreign Relations* – et tous les grands think tanks s'intéressèrent à la montée des "états-voyous" et au danger de dispersion de l'arsenal nucléaire soviétique. Beaucoup s'inquiétèrent toutefois de la persistance d'états totalitaristes, de la multiplication des attentats terroristes liés au fondamentalisme islamique et des persécutions religieuses dans certaines parties du monde. À ce sujet, l'association *Freedom House*, fondée en 1946 par Eleanor Roosevelt pour lutter contre l'intolérance religieuse, devenue en 1986 le *Center for Religion Freedom,* think tank dirigé aujourd'hui par une femme, Nina Shea, prit vite une dimension nationale et même internationale.

## *Les think tanks et le bras de fer entre Bill Clinton et Newt Gingrich*

La Guerre Froide étant gagnée contre l'URSS, il restait à la gagner aussi à l'intérieur. L'élection de Bill Clinton à la présidence en 1992 marqua un arrêt apparent de la vague de fond conservatrice. En fait, bien qu'ayant perdu la présidence, les républicains et les conservateurs continuaient leur *reconquista*. En 1994, Bill Clinton dut affronter un Congrès républicain.

Clinton fut aidé dans sa stratégie en 1992 par PPI et les autres think tanks dits *liberal* (c'est à dire de gauche, rappelons-le, depuis que la Nouvelle Gauche s'était approprié le terme pour remplacer l'étiquette vieillotte de "progressiste") PPI, continuant de façon très pragmatique son imitation de *Heritage*, produisit même un projet de 380 pages nommé *Mandate for Change*, calqué sur *Mandate for Leadership...* Newt Gingrich, lui, s'appuya sur tous les think tanks conservateurs mais en particulier sur le *Progress and Freedom Foundation,* fondé en 1993 pour faire connaître son programme pour l'Amérique, appelé *Empower America.*

Le reste de la décennie vit aussi la création du *Nixon Center* (1994) évidemment républicain, du *Project for the American Century* (1998) fondé par William Kristol, fils de Irving Kristol, et donc néoconservateur puis du *Public Policy Center* (1999) également conservateur. Tout cela bien sûr dans la foulée de la victoire républicaine.

## Le Onze Septembre 2001 et la Guerre contre la Terreur

L'attaque du Onze Septembre força les think tanks à affronter une ère nouvelle dans l'histoire politique. Plusieurs think tanks avaient produit des analyses et des livres sur les actions terroristes que des individus pouvaient commettre sous la protection des "états voyous" et de réseaux terroristes internationaux. Thomas Erikson, de *Hoover*, publia en 1999 *The Rise of Rogue States* sur le sujet. CSIS notamment mais aussi plusieurs autres think tanks s'étaient montrés très actifs dans leurs investigations concernant une possible insurrection terroriste mondiale.

Pour autant, aucun think tank ne peut se targuer d'avoir prédit le Onze Septembre. Tout au plus, les think tanks rappellent-ils qu'ils ont décelé des dangers dont il a été finalement peu tenu compte, l'euphorie informatique dominant finalement tout le reste.

Le Onze Septembre semble avoir radicalisé les positions des think tanks existants sans avoir suscité de nouvelles créations. Ainsi, de nombreux think tanks de gauche semblèrent rapidement pencher pour la thèse selon laquelle l'hégémonie américaine aurait "provoqué" et donc "mérité" l'attaque, rejoints en cela par des paléoconservateurs isolationnistes comme Pat Buchanan qui voient dans la guerre contre la terreur un plan cynique destiné à consolider "l'empire" et à soutenir Israël. Leur emboîtent le pas la plupart des think tanks américano-arabes (à moins que ce ne soit arabo-américains) comme le *Arab American Institute* (fondé en 1985) ou le très gauchiste *Middle East Studies Association*. Le *Middle East Institute*, fondé en 1946 lorsque l'Amérique dut assurer la protection de l'héritage colonial anglais, semble être neutre.

De leur côté, les républicains et conservateurs et plus encore les néoconservateurs, désormais quasiment majoritaires dans la droite américaine y virent l'occasion de réaffirmer les valeurs de la nation, fondamentalement bonnes et universelles, et refusèrent toute excuse au terrorisme islamique. C'est ainsi que le *Project for the New American Century*, ouvertement néoconservateur, et aussi AEI, revenue au premier plan avec l'administration Bush (après un déclin et des difficultés financières dans les années 1980) s'enorgueillissent d'être "les plus proches du pouvoir politique actuel", ce qui est toujours le but suprême pour un think tank.

Les deux derniers think tanks importants à s'être créés dernièrement sont le *Center for American Progress* (2003) très à gauche et qui se pose en contrepoids du PAC de William Kristol et le *Anglosphere Institute* (2004) qui dénie l'éventualité d'un choc de civilisation et prône une sorte de renaissance du Commonwealth...

C'est peut-être pourquoi, malgré la pléthore de think tanks qui travaillent d'arrache pied sur de nouvelles stratégies géopolitiques possibles dans l'Après-Onze Septembre, certains estiment que l'Amérique a besoin d'un think tank entièrement dédié aux questions du Moyen-Orient et de l'extrémisme islamique. Deux analystes de RAND, Steven Simonet, et Jonathan Stevenson, expliquent justement dans un article du *National Interest* que la stratégie américaine concernant l'Après-Onze Septembre est balbutiante. Selon eux, il existe bien des analystes du contre-terrorisme et d'excellents spécialistes de politique étrangère mais ils sont éparpillés et donc leur efficacité réduite, d'où la nécessité, concluent-ils, "que le gouvernement encourage et soutienne financièrement" la création d'un think tank entièrement dédié et dévoué à l'élaboration d'une stratégie anti-terroriste de très grande envergure, en somme une sorte de RAND hyper-spécialisé. Ils justifient le projet de financement étatique par plusieurs raisons : il faut former des spécialistes dans la civilisation des pays musulmans et dans les langues de ces pays, aux États-Unis *mais aussi sur le tas*, c'est à dire partout où le terrorisme islamique a des ramifications. Ces spécialistes doivent eux-mêmes être sans rapport avec les agents des services secrets qui sont déjà sur place. Tout cela semble en effet hors de portée d'un think tank indépendant et seulement national, en termes de moyens concrets et de financement privé.

## Conclusion

Le noble esprit de réforme de l'ère progressiste fut à l'origine des premiers think tanks, instituts groupant des "réformateurs scientifiques", discrets, non partisans, dévoués au bien du public. Ceci entraîna peu à peu une professionnalisation de la politique. Hélas, le bel idéal du début du siècle fut débordé à partir des années du *New Deal* par les infiltrations de l'idéologie marxiste. Venus d'Europe, le négativisme et le nihilisme le plus radical réussirent à perturber l'esprit même des réformes sur lesquelles il y avait consensus et à créer, dans un pays qui jusque là en avait été préservé, un clivage droite/gauche ! De nombreux réformateurs furent gagnés par des utopies diverses.

Dans les années 1960, les graines de la division portèrent leurs fruits. Une Nouvelle Gauche post-moderniste et révisionniste, animée d'une haine de l'Occident en général et de l'Amérique en particulier, prétendit purger le pays de son "sadisme naturel". La haine de soi et de la tradition s'accompagnait d'un sentiment de culpabilité permanent envers l'*Autre*, c'est à dire tout ce qui n'était pas occidental. L'URSS comme le Tiers Monde et le Quart Monde bénéficiaient ainsi d'un préjugé favorable. IPS, qui utilisait cette rhétorique, fut en fait le premier think tank "engagé", même s'il ne s'était pas déclaré pas comme tel.

C'est aussi à cette époque où plusieurs abcès éclataient dans la société américaine que la vague de fond conservatrice prit de l'ampleur. Les think tanks contractuels de la deuxième génération comme RAND n'avaient pas entraîné de bouleversements majeurs dans l'arène politique. En revanche, les conflits idéologiques exacerbés entre gauche radicale et droite conservatrice entraînèrent l'apparition d'une troisième génération de think tanks, ouvertement engagés et combatifs, qui allaient transformer d'une façon spectaculaire la toile de fond de la politique américaine. Arrivés après la presse dans la construction de l'infrastructure conservatrice, les think tanks conservateurs et néoconservateurs furent, selon le mot de Milton Friedman, "des épiphénomènes du mouvement plutôt que sa cause". Il n'empêche qu'ils fournirent une contre-élite intellectuelle et un personnel politique nouveau, prêt à prendre le relais aux affaires. En cela, comme en bien d'autres domaines, ils se démarquèrent des think tanks des deux premières générations et furent imités tant dans leur propre famille idéologique que par la partie adverse.

Ces nouveaux think tanks donnèrent naissance à une nouvelle classe politique, les "intellectuels publics", en opposition aux "intellectuels académiques", plus en phase avec les réalités politiques mais aussi avec l'électorat. C'est en effet depuis les années 1970 et la prolifération des think tanks que les experts politiques se sont habitués, pour beaucoup, à servir au gouvernement, puis à revenir dans les think tanks sitôt démis de leur fonctions.

De Franklin D. Roosevelt à Lyndon B. Johnson, l'expertise politique avait connu des mutations. De 1970 à 1990, on put parler de bouleversements. Curieusement, l'effondrement du communisme soviétique, n'entraîna pas de bouleversements supplémentaires mais à nouveau des mutations, relativement discrètes. Les think tanks de gauche, tout en admettant la faillite du système socialiste et en revenant en partie à une économie de marché et une politique sociale plus réaliste, ne parvinrent pas à se départir de leur curieux complexe de supériorité intellectuelle par rapport à leurs concurrents de droite. Ils gardèrent de plus des liens étroits avec le monde universitaire, les média et les autres "élites". Du reste, aujourd'hui encore, ces think tanks ne sont que l'un des bastions intellectuels de la gauche américaine.

Il n'en va pas de même pour les intellectuels conservateurs. Ceux-ci sont convaincus d'avoir l'avantage non seulement intellectuel mais aussi moral. Les conservateurs se sont faits les porte-parole d'un humanisme moderne mais respectueux de la morale traditionnelle. Ils s'opposent en cela aux libertariens, adeptes de la suprématie de l'économique sur le politique et proches de la gauche parfois dans son relativisme moral. Cette scission n'a pas encore porté tort au bloc des think tanks conservateurs mais ne peut, à plus long terme, que les discréditer. Or, le monde des think tanks a plus d'importance pour les intellectuels conservateurs que pour leurs adversaires puisqu'ils n'ont que leurs think tanks et la presse amie où travailler, étant exclus *de facto* de l'université, tout acquise au politiquement correct et à l'idéologie de la Nouvelle Gauche.

Mais quelle que soit la philosophie politique suivie, il y a ironie à constater que tous les think tanks presque sans exception disent travailler à la défense de la Constitution et être au service non d'une idéologie mais du bien public. Ils diffèrent simplement sur l'interprétation des textes fondateurs, en particulier du Premier Amendement, et sur la notion de bien public...

La politisation actuelle des think tanks s'est faite progressivement. Elle s'est accélérée au fur et à mesure que l'on passait du Keynésianisme des années 1930 au monétarisme des années 1980. Avec la fin de la Guerre Froide, le renouveau conservateur au Congrès en 1994 puis l'attaque du Onze Septembre 2001, les think tanks apparaissent plus que jamais campés sur leur positions respectives. Par ailleurs, le phénomène de "prolifération" commencé en 1970 n'a fait que s'accentuer, faisant passer le nombre des think tanks d'une vingtaine en 1930 à plus de mille en l'an 2000, même si tous ne remplissent pas les critères d'authenticité.

À cette explosion démographique, correspond une modification géographique : nés au début du siècle à New York, les think tanks se sont retrouvés majoritaires à Washington D.C. dès les années 1930. Ils le sont toujours, massivement. Pourtant, la côte ouest, depuis 1927 avec *Hoover* et surtout RAND en 1945, connut à son tour un enthousiasme créateur. Les think tanks sont aujourd'hui légions en Californie mais il existe aussi des instituts de stature nationale dans presque toutes les régions. Enfin, les think tanks ont également évolué dans le sens de la diversité. À côté des grands think tanks qui s'occupent de questions multiples, nationales et internationales, il existe des think tanks très spécialisés, se concentrant même parfois sur un sujet unique.

Cette très grande diversité actuelle nuit-elle à l'expertise politique ? Selon Rich, l'expertise n'est plus neutre du tout, ceci d'une part parce qu'il y aurait trop de cuisiniers pour faire la sauce politique et d'autre part parce que les méthodes empruntées au monde du commerce, marketing et publicité notamment, aboutiraient à une dévaluation de l'expertise et au scepticisme du public. Il est vrai que les think tanks d'aujourd'hui sont très différents de ceux des deux premières générations par leur style, leurs stratégies et les missions dont ils se disent investis. De leur côté, les think tanks anciens ont dû se remettre en question et s'adapter aux nouvelles conjonctures pour se maintenir.

Les think tanks sont ainsi devenus des entreprises où la productivité, la rentabilité et l'innovation sont des questions de survie. Le corollaire en est la compétition, aussi féroce dans le marché des idées et de l'expertise que dans les autres domaines. La course à la visibilité médiatique et à l'influence sur les politiques est telle que de nombreux commentateurs y voient une relativisation sensible de leur crédibilité. Mais, cela n'est pas prouvé non plus. Il faut rappeler que le monde actuel est très différent de ce qu'il était il y a quarante ans seulement, avec un public beaucoup plus averti et éduqué en ce qui concerne la chose politique et donc naturellement plus enclin à relativiser l'information et l'analyse, quels qu'en soient les méthodes de diffusion.

De plus, il est une force constante reconnue à Washington, comme du reste dans toutes les démocraties occidentales, ou presque, qui attire inévitablement les experts vers le centre. Face à l'obligation de faire des compromis, les idéaux tendent à s'affaiblir dès lors qu'ils sont soumis à la pratique ou bien aux contingences électorales. Néanmoins, grâce aux think tanks, il existe aujourd'hui aux États-Unis un véritable débat politique. Les think tanks à eux seuls suffiraient du reste à attester de la richesse et de la vitalité intellectuelles du pays.

## Chap. III - Typologie

Toute tentative de définition de ce qu'est un think tank, nous l'avons vu, est une entreprise jugée virtuellement impossible par les spécialistes en raison des innombrables différences qui existent entre tous les instituts. Est-il plus aisé de les classer par catégories ou par types ? Quel est le meilleur moyen d'y voir plus clair dans l'univers si dense des think tanks ?

Rappelons que les think tanks furent créés dans un élan altruiste et selon un principe éthique qui n'est pas éloigné de la définition presque exclusivement fiscale qu'en donne David Ricci : "les think tanks sont autorisés à fonctionner sous la provision 501(c)k du code fiscal concernant l'impôt sur le revenu", en vertu de quoi ces instituts à but non lucratif ne peuvent parler en faveur d'intérêts particuliers (comme les lobbies) mais sont sensés travailler pour l'intérêt public ; "pour cette raison, ils ne sont pas assujettis à l'impôt". [Ricci,1993]

Ce principe fondateur, pour strict qu'il paraisse, laisse toute latitude aux think tanks pour faire des choix individuels concernant leur organisation, leur fonctionnement, le personnel qu'ils emploient, leurs sources de financement, leurs aspirations à se conformer ou non aux critères d'objectivité académique, leur orientation politique ou encore, tout simplement, leur style. Il en résulte une immense variété. Toutefois, avant de chercher à cerner des catégories, il faut déjà délimiter, dans la mesure du possible, la nébuleuse des think tanks par rapport au pays.

Au demeurant, cette démarche nous amène à la distinction la plus simple, la plus facile et peut-être aussi la plus tentante qui est de voir un *avant* et un *après*. C'est du reste ce que fait Diane Stone qui établit deux catégories : la vieille garde d'avant 1970 et les nouvelles institutions engagées d'aujourd'hui. Avant cette date-pivot, il y aurait eu "un peu de think tanking", autrement dit une certaine activité propre aux think tanks. Mais comme, d'une part, le gros de cette activité se faisait sous forme de contrats et de commandes et non sous forme d'initiatives indépendantes et que, d'autre part, les think tanks nouveau style ont littéralement submergé les anciens, la tendance naturelle de tout observateur est de ne plus voir que la catégorie qui prédomine.

Cette nébuleuse des think tanks d'aujourd'hui est constituée de forces extérieures aux trois entités formelles que sont la présidence, le Congrès et les partis politiques. Ces forces résistent en effet à toute intégration officielle. En conséquence, il ne nous semble pas exagéré de les considérer comme un "cinquième pouvoir" qui aurait connu une ascension rapide dans les années 1980 et serait arrivé à maturité aujourd'hui. Après tout, la presse et autres média furent bien appelés le "quatrième pouvoir" (après l'exécutif, le législatif et le judiciaire) dès les années 1960. Un cinquième pouvoir donc, émanant de docteurs en sciences politiques que les quatre autres pouvoirs sont amenés à consulter fréquemment.

Mais s'il est plus aisé de voir le tout que les parties, on ne peut pour autant ignorer les analyses des auteurs éminents qui se sont donné bien du mal pour établir des typologies. La plus pertinente est sans doute celle de Weaver et Mc Gann qui correspondrait à une série de "vagues". Mais il faut savoir que la plupart des *think tankers* eux-mêmes, c'est à dire les gens qui travaillent dans les think tanks à tous les niveaux, sont souvent très hésitants à se donner une étiquette. Si aberrant que cela puisse paraître, certains, peut-être parce qu'ils n'ont pas lu la littérature tardive parue sur les think tanks, n'ont même jamais entendu parler des "vagues" ou catégories de Weaver et Mc Gann. Les auteurs, eux, connaissent fort bien toutes les catégories établies par chacun de leurs pairs. Nous les passerons donc en revue.

## Les *"universités sans étudiants"*

La première vague de Weaver et Mc Gann donc, correspondrait à la période 1900-1945 durant laquelle on serait passé des "clubs politiques" à des "universités sans étudiants" – cette périphrase étant du reste une trouvaille de Weaver. Cette catégorie, aujourd'hui la plus réduite, est celle qui présenterait la plus grande rigueur intellectuelle. Seraient donc ainsi "académiques" AEI à droite et *Brookings* à gauche, qui revendiquent fièrement cette étiquette. Mais cette même étiquette fait l'objet de commentaires moqueurs de la part d'autres think tanks qui auraient autant sinon plus de raisons de se considérer comme des "universités sans étudiants", c'est à dire ne dispensant pas de cours et ne délivrant pas de diplômes. C'est le cas de *Hoover*, qui est à la fois associé à l'université de Stanford tout en étant totalement indépendant, car *Hoover* compte tout de même une centaine d'universitaires parmi ses membres (fellows) et... zéro étudiant ! Sans citer qui que ce soit, Michèle Horaney, qui s'occupe des affaires publiques à *Hoover*, fait malicieusement remarquer que les think tanks qui clament être ces fameuses "universités sans étudiants" cherchent en fait à paraître plus intellectuels que les autres. Alors, réalité ou vanité ? À une époque où tous les think tanks, y compris AEI et *Hoover*, ont dû s'adapter pour survivre dans la compétition et donc adopter toutes les méthodes de marketing, il semble bien que cette étiquette ne soit justement... plus qu'une étiquette !

Pour en terminer avec le rapport think tank-université, notons bien qu'il y a une confusion à ne pas faire. On entend parler de "think tanks d'université" (*university-based think tanks*) : il y eut très tôt des groupes d'experts politiques dédiés à la recherche au sein des grandes universités. La plupart ont pris leur indépendance et ont installé leurs quartiers particuliers ailleurs (comme CSIS) ; d'autres ont pris leur indépendance mais sont restés sur les lieux (comme *Hoover*). Ceux qui ne sont pas indépendants – en très petit nombre aujourd'hui – ne sont pas comptés comme think tanks authentiques puisqu'ils sont payés par l'université où ils exercent, et donc par les deniers publics. Ils n'entrent tout simplement pas dans la catégorie des think tanks authentiques.

## Les think tanks sous contrats

La deuxième vague de Weaver et Mc Gann concerne les think tanks contractuels (*contract-research institutions*) nés de la Deuxième Guerre Mondiale sur le modèle de RAND. Bien que travaillant majoritairement sur des contrats passés avec l'état, ces think tanks sont tout de même considérés comme privés et semi-indépendants puisque créés à partir de dotations privées. Ces institutions de recherche sous contrat avec le gouvernement sont un épiphénomène de la guerre, ce qui rend ce modèle un peu vieillot. Il ne semble du reste pas s'en être créé de ce type dans les vingt dernières années.

En fait, beaucoup de think tanks ont des contrats avec l'État aujourd'hui encore. Un think tank contractuel sort en fait de la typologie des think tanks authentiques lorsqu'il dépasse "un certain degré d'activité sous contrat", selon l'avis général, ce qui est à peu près aussi précis que le "certain temps" que met le fût du canon à refroidir après la sortie du boulet... Plus sérieusement, en 1990 le très officiel *Annual Report* indiquait que 55% des dépenses de ces think tanks étaient pris en charge par les contrats gouvernementaux – ce qui peut donner une idée de ce qui passait encore pour acceptable il y a quinze ans.

Autre détail amusant, certains think tanks de Washington, selon Ricci, entreraient dans la catégorie très particulière des *Beltway Bandit*s (les escrocs du cercle restreint de Washington D.C.) qui s'enrichissent scandaleusement aux dépens de l'état, signant des contrats *et* avec l'état *et* avec des compagnies privées – sans états d'âme sur le fait que les intérêts de leurs divers clients puissent être contraires les uns aux autres ! Mais il est vrai que la notion élevée d'intérêt public n'a jamais été clairement définie elle non plus...

*Typologie*

## Les think tanks engagés

Toujours selon Weaver et Mc Gann, la troisième vague serait celle de la période 1971-1980, durant laquelle apparurent les think tanks du troisième type : les *advocacy tanks* ou think tanks engagés. Ceux-ci poussèrent comme des champignons sur le terreau laissé par l'agitation contestataire des années 1960. L'effondrement du consensus keynésien dans la gestion des affaires économiques du pays au profit d'une politique monétariste et des théories de l'offre provoqua également l'irruption de think tanks engagés – dont certains à gauche. Ce sont ces think tanks dits engagés qui transformèrent complètement le paysage politique américain et qui firent de Washington, ville paraît-il ennuyeuse jusque là, une ville passionnante. Le prototype du think tank engagé, c'est bien entendu *Heritage* qui fut le premier à allier le plus haut savoir universitaire avec des techniques de commercialisation énergiques, le premier à avoir véritablement organisé le marché de l'expertise politique.

Le nom d'*advocacy tank* tient au fait que ces think tanks se font les *avocats de leur propre ordre du jour*. Autrement dit, ils ne travaillent que sur des dossiers qu'ils ont eux-mêmes jugés prioritaires ou d'importance vitale, et cela dans le droit fil d'une base idéologique clairement affichée. En conséquence, cette catégorie de think tanks oblige les instituts à se définir aussi idéologiquement : de droite (*conservative*), de gauche (*liberal*) ou bien neutre (*neutral*). Du reste, au risque de nous répéter, les autres catégories ne signifient pas grand chose pour les gens des think tanks. La plupart d'entre eux, si on les interroge sur la nature de leur think tank, question vague, ou encore sur la catégorie à laquelle ils pensent appartenir, question plus pointue, répondent mécaniquement : "Nous sommes une organisation à but non lucratif, apolitique, indépendante..." Tout ce que l'on sait déjà fort bien. Alors, en les poussant un peu plus, on obtient presque invariablement : "Nous sommes un think tank conservateur" ou bien "Nous sommes un think tank de gauche", ou encore "Nous sommes un think tank libertarien".

Autrement dit, les catégories définies par les auteurs qui font autorité semblent en décalage par rapport à l'idée que les gens des think tanks ont d'eux-mêmes. Notons que par "apolitique", on entend indépendant de tout parti politique, non partisan.

## Les vanity tanks

Qu'en est-il alors de la quatrième et dernière vague ou catégorie, celle des *vanity tanks* ? Ceux-ci, rappelons le, furent tous créés en l'honneur d'une personnalité politique ou bien fondés sur "un legs politique qui n'a pu être mené à terme". Cette désignation amusante, *vanity tank*, est la trouvaille d'un haut cadre politique, Robert K. Landers, qui l'utilisa pour la première fois dans un rapport publié dans le *Congressional Quarterly* (20 juin,1986). Ce qui est amusant bien sûr c'est l'autodérision. Quelqu'un qui se prend au sérieux aux États-Unis est voué aux moqueries. Il en est de même pour les institutions. Le seul remède est de devancer les quolibets en pratiquant l'humour tourné contre soi-même. Il semblerait aussi que depuis 1981 ces think tanks aient tous été créés du vivant de leur(s) inspirateur(s). Mais en fait, en regardant bien l'histoire des think tanks, on peut leur trouver des précurseurs : le *Franklin Institute* de 1832 devrait en faire partie, de même que *Hoover* et pourquoi pas même le *Cato Institute* qui tire son nom des *Cato's Letters*, ces pamphlets appréciés des colons américains avant l'Indépendance, et qui, comme Caton l'Ancien, insistaient sur la sagesse d'avoir un gouvernement limité et peu dépensier.

Sachant que plus des trois-quarts des think tanks américains ont été créés après 1970, il est facile d'en déduire que les think tanks dits engagés sont largement majoritaires.

## Autres catégories

On peut aussi répertorier les think tanks en fonction de critères divers. Si l'orientation politique semble bien être désormais l'élément identitaire dominant, avec la dichotomie droite-gauche, il existe d'autres dualités comme les think tanks locaux ou régionaux qui font figure de cousins de province des grands think tanks nationaux qui traitent de sujets multiples – nationaux et internationaux. Les think tanks régionaux sont évidement plus modestes, avec des budgets plus petits, parfois inférieurs à 500.000 dollars. Par comparaison, RAND qui fonctionnait avec un budget de 120millions de dollars en 1996, est toujours le think tank le plus "riche" aujourd'hui et, pour cette raison, le plus envié de ses collègues. Il tombe du reste sous le sens que plus un think tank est riche, plus il est apte à avoir un vaste registre de sujets à traiter. On en arrive à pouvoir établir une autre dualité : les think tanks à sujets multiples (*Heritage*, AEI, et *Brookings* par exemple) qui traitent d'autant de questions que le gouvernement. À l'inverse, les think tanks-à-un-seul-sujet ont en général choisi, ou dû choisir, de ne se consacrer qu'à une question précise. Ils sont justement souvent régionaux, mais pour autant loin d'être négligeables car souvent excellents dans leur spécialité, et ils forment la toile de fond du paysage des think tanks.

Mais, une fois encore, plus on observe les think tanks de près, en oubliant un peu les livres qui présentent le phénomène, plus on se rend compte que ces divisions sont artificielles, en tout cas en partie.

Plusieurs think tanks renommés refusent toute étiquette, se considérant comme complètement à part, ou bien se donnant une double étiquette ou encore semblent être un mélange de toutes les catégories établies par Weaver et Mc Gann.

C'est ainsi que *Cato, Manhattan* et le *Competitive Enterprise Institute* clament haut et fort, et en premier, être des think tanks libertariens. Ensuite, ils ajoutent vite qu'ils sont non-partisans, c'est à dire apolitiques, et surtout non militants en faveur d'une idéologie politique, au contraire de *Heritage*, même si, à la réflexion, ils sont plutôt du côté conservateur. Un responsable du *Competitive Enterprise Institute*, interrogé sur tout ceci, s'exclama : "Nous sommes en fait un think tank dédié à l'économie de marché, c'est à dire une sous-catégorie de la catégorie libertarien-conservateur". Mais un tel élan de franchise est rare. Ce qui frappe le visiteur, c'est que la majorité des membres responsables des think tanks n'aiment pas du tout être classés à tort dans une catégorie qu'ils n'apprécient pas et dont ils se distancient avec hauteur ou dédain parfois. Mais en même temps, leur réticence à se définir ne peut qu'intriguer : en somme ils disent spontanément ce qu'ils ne sont surtout pas et hésitent à dire clairement ce qu'ils sont !

Quant aux think tanks dits neutres, ils abritent des membres d'idéologies diverses. Le plus intéressant d'entre eux est assurément CSIS qui est un peu un rassemblement de tous les genres puisqu'il fut très lié jusqu'en 1987 à l'Université de Georgetown (à Washington), qu'il travaille sur des contrats gouvernementaux pour environ 10% de son budget et enfin qu'il a lui aussi recours aux méthodes de marketing. CSIS se considère à part et ne se reconnaît en fait qu'un label : "Think tank spécialisé en relations internationales". En fait, cette attitude individualiste est commune à de très nombreux think tanks.

Enfin, le monde des think tanks évolue sans cesse. Éléments d'un monde où rien n'est figé car rien n'est jamais acquis, les think tanks vivent à l'heure et au rythme de l'Internet. Déjà, ils ont prouvé leur adaptabilité, se modernisant, n'hésitant plus à utiliser des stratégies de marketing, se remettant sans cesse en question, et si nécessaire, opérant des conversions. Ainsi, RAND, sans être complètement passé d'une catégorie à une autre, dut se repenser entièrement à la fin de la Guerre Froide, selon un article de Roy Harris Jr. : "*RAND Remakes Itself as a Civilian Expert*". [*Wall St Journal*. 8 juin, 1993] Pour de nombreux think tanks, les années précédant le nouveau millénaire furent une période de maturité mais aussi de crise identitaire.

En conclusion, donner des étiquettes aux think tanks facilite la tâche de ceux qui veulent rapidement les distinguer les uns des autres. La plus prompte à surgir est l'étiquette politique qui peut toutefois mener à des hypothèses erronées. Ainsi, les membres d'un think tank classé comme conservateur ne sont pas forcément *tous* conservateurs. C'est vrai aussi pour les think tanks de gauche mais dans une bien moindre mesure car la gauche en général – et la gauche américaine ne déroge pas à la règle – est assez monolithique, tandis que la droite présente une très grande diversité de courants et d'idées, parfois même contraires.

Il s'avère donc que toute catégorisation est réductrice et que de plus les étiquettes données aux think tanks et en particulier les étiquettes politiques, ne peuvent être considérées comme des outils d'identification fiables.

# Chap. IV - Le personnel des think tanks

*Les titres*

De tous les choix que doit faire un think tank, le choix du personnel revêt une importance particulière.

Est-il plus facile d'identifier les gens qui peuplent les think tanks que de faire entrer les instituts dans les catégories ? Là encore, la réponse est difficile. Nous avons dressé une liste des titres qui reviennent le plus souvent :
- *Distinguished scholar*
- *Congressional fellow*
- *Resident scholar*
- *Senior scholar*
- *Senior fellow*
- *Senior associate*
- *Senior adviser*
- *Research fellow*
- *Research director*
- *Program director*
- *Counselor*
- *Project coordinator*
- *Visiting fellow*
- *Adjunct fellow*
- *Adjunct scholar*
- *Chairholder*
- *Endowed chairholder*
- etc, etc...

Avant d'examiner ce que ces titres recouvrent , il faut savoir qu'ils présentent des variations d'un think tank à un autre – ce qui ne simplifie pas les choses...

*L'Amérique des think tanks*

Notre but étant d'informer le lecteur français et de lui rendre facile un sujet extrêmement diffus, nous avons opéré un tri mais il nous faut d'abord insister sur un fait civilisationnel : toutes ces appellations sont en fait employées dans le monde universitaire anglo-américain. Ce lexique fut emprunté à l'université par les premiers think tanks, tout naturellement, puisque ceux-ci s'inspiraient du modèle et de la hiérarchie des grandes universités.

Les mots les plus fréquents sont *scholar* et *fellow*, que l'on traduit maladroitement par savant, chercheur, spécialiste, expert. Dans les think tanks, les deux termes se réfèrent à des chercheurs. La notion d'érudition contenue dans le terme *scholar* explique peut-être que dans plusieurs think tanks connus, à AEI par exemple, les *scholars* soient plus prestigieux que les *fellows* tout simplement parce que les premiers ont un doctorat. Mais le titre de *distinguished scholar* peut être attribué à quelqu'un qui n'a pas de Ph.D (doctorat) mais dont l'aura justifie cette distinction. C'est le cas des personnalités politiques – et en particulier des anciens présidents des États-Unis – qui décident ou non de faire profiter un think tank de leur expérience, comme le président Ford. Mais comme c'est là une distinction honorifique, le récipiendaire n'est nullement tenu de "travailler" pour le think tank qui l'honore...

*Fellows* et *scholars* sont des membres du personnel non-administratif en fait. Ils sont payés par leur think tank, parfois mensuellement, mais le plus souvent par quinzaine.

Les *scholars* semblent avoir une position moins aléatoire que les *fellows* qui sont des employés à contrat limité en fait, puisque la question du renouvellement revient sans cesse. Certains membres des grands think tanks comme AEI, *Brookings*, *Hoover* et d'autres reconduisent presque automatiquement le contrat de membres qui donnent toute satisfaction et sont heureux là où ils travaillent. Il y a des gens qui parviennent à travailler vingt ans ou plus dans le même think tank mais ils sont une minorité.

Par ailleurs, tout ce qui a pour nom *senior* quelque chose, représente bien sûr un membre d'un certain âge et doté d'expérience.

*Le personnel des think tanks*

Les termes *director*, *counselor*, *coordinator*, et *advisor* ne désignent évidemment pas les chercheurs mais les gestionnaires du think tank.

Les *congressional fellows* laissent perplexes les membres de la plupart des think tanks. Selon certains, il pourrait s'agir de membres du Congrès en retraite, ou bien d'un expert de think tank envoyé temporairement au Congrès, à moins que ce ne soit un expert du Congrès venu se recycler dans un think tank. Il peut y avoir ambiguïté aussi sur les désignations *visiting fellow* et *adjunct fellow*. Le *visiting fellow* ou *visiting scholar* est un expert qui travaille *dans* le think tank même, donc un *resident*, mais sur une mission précise et limitée dans le temps. Les *adjunct fellows* ou *adjunct scholars* en revanche travaillent *à l'extérieur* du think tank, n'ont pas de bureau dans les lieux. Eux aussi sont employés sur un projet précis et pour un temps limité mais c'est parce qu'ils sont en général employés à temps complet autre part. Ils ne reçoivent donc pas du think tank un salaire complet mais des indemnités pour le projet ou la mission dont ils sont investis.

Du reste, la division principale est celle-ci : qui est résident (ou employé-maison), même si le contrat n'est pas à durée indéterminée, et qui est extérieur, non intégré. Les divisions entre les niveaux académiques et les autres qualifications viennent ensuite. Ceci se conçoit aisément quand on sait que l'argent est le moteur de tout – en particulier pour les think tanks, comme nous examinons plus loin.

Avec le mode de financement, le choix du personnel est déterminant et les deux questions sont étroitement liées. Ce sont les fondateurs des think tanks qui choisissent les membres lorsqu'un think tank se crée, puis ensuite ses dirigeants. Or, le personnel intégré, les "résidents", coûtent fort cher puisque ce sont des salariés à temps complet, avec les charges sociales (oui, même aux États-Unis !) que cela implique pour l'employeur. Les Français, si épris de leur "Sécu", seront peut-être rassurés de savoir que les think tanks, comme tout employeur, offrent à leurs salariés une assurance maladie à 100 pour 100. Ce personnel fixe est sans doute appréciable puisqu'il dévoue tout son temps au think tank et surtout qu'il est là, sous la main, en cas de questions urgentes à traiter comme un rapport à fournir rapidement, ou bien une analyse impromptue à donner à la presse. Mais ce personnel-maison (*indoor staff*) est plus précieux encore pour une autre raison : les membres-résidents donnent une certaine stabilité au monde de va-et-vient des think tanks et surtout ils aident à construire l'image de marque du think tank et ses signes distinctifs. Ils sont un peu comme le logo du think tank ou comme sa marque – au sens commercial du terme. De plus, ils peuvent travailler en synergie.

Le personnel extérieur coûte cher aussi, mais considérablement moins. Pour la plupart des petits think tanks, les membres extérieurs ne sont pas un choix mais une nécessité. En revanche, cette formule n'est pas sans inconvénients : ces *adjunct fellows* ont d'abord des comptes à rendre et du temps à consacrer à la firme privée ou à l'agence gouvernementale qui les emploie. Pour eux, leur mission dans un think tank est un emploi d'appoint, périphérique et partiel.

Il semblerait que la production des articles et des études soit grandement facilitée – et les coûts très amoindris – par la révolution informatique, si bien qu'il n'est pas exclu que les aides partielles que sont ces *adjunct members* puissent devenir une meilleure solution, dans un avenir proche, que des experts physiquement présents dans les instituts.

Quant aux qualités requises, elles ne se limitent pas à la possession d'un Ph.D.. Les universitaires de haut niveau sont certes plus disponibles que les autres experts et peuvent accroître le niveau de crédibilité d'un think tank auprès des media et des hommes politiques, cadres ou élus, mais ils manquent souvent de discernement quant à ce qui est essentiel aux yeux des politiques et ils n'ont pas toujours la concision nécessaire dans leurs écrits. Aucune école ne forme à travailler dans un think tank – pour le moment...

Dans ces conditions, on comprend qu'il n'y ait qu'un petit nombre de think tanks, les plus grands et les plus riches, à avoir un personnel de qualité et les ressources nécessaires pour soutenir des projets de recherche à long terme et variés, et aussi pour avoir une stratégie d'avenir. En majorité, les think tanks sont plutôt moyens ou petits. Ils entretiennent de petits effectifs constitués de chercheurs bien sûr, mais aussi d'administrateurs et de personnels dits "techniques" comme les secrétaires, standardistes ou agents de maintenance. Par ailleurs, ces think tanks, mais aussi les grands, attendent de leurs membres résidents qu'ils soient capables d'assurer plusieurs fonctions : en plus de l'aptitude à la recherche analytique, sont appréciés les talents de rédacteur, d'éditeur, d'organisateur de séminaires et conférences, d'agent de relations publiques auprès des média et même de collecteur de fonds !

Car les emplois rencontrés dans les think tanks ne se limitent pas à ceux que nous avons énumérés. Trouver des fonds pour les think tanks est l'obsession permanente, le nerf de la guerre, aussi les collecteurs de fonds (*fund raisers*) peuvent-ils occuper un emploi à plein temps dans les grands think tanks.

Certains think tanks, dont c'est la nature d'être très procéduriers comme le *Competitive Enterprise Institute*, comptent même des avocats à demeure parmi leur personnel. Il y a aussi parfois des *journalist fellows*, engagés pour des contrats d'une année.

Pour terminer la gamme des emplois possibles, il nous faut mentionner les stagiaires – seuls employés à ne pas être payés, et donc très appréciés des think tanks. Un stage de six mois ou plus dans un grand think tank est du meilleur effet sur un C.V.. À titre d'exemple, AEI en engage une soixantaine tous les étés, un peu moins le reste de l'année. Ce sont les *scholars* en particulier qui les choisissent. Bien qu'inexpérimentés, les stagiaires apportent une aide précieuse et gratuite si bien qu'il est courant d'entendre les responsables déplorer la brièveté de leur passage...

## *Profession : think tanker*

Le terme amusant de *think tanker* est donné à toute personne que l'on voit souvent parler à la télévision pour tel ou tel think tank ou bien dont le nom, toujours associé au même think tank, revient fréquemment dans la presse. Mais même ceux qui travaillent depuis plus de quinze ans dans un think tank et qui pourraient être considérés comme des think tankers professionnels ne se donnent pas cette étiquette et se disent "analystes politiques". Il n'existe aucune école de *think tanking* alors que les écoles de journalisme sont légion. La meilleure préparation reste jusqu'à présent l'étude des sciences politiques, économiques et sociales. Le reste s'apprend sur le tas. Et puis, certain ont un don pour ce type d'activité – ou bien non.

Le Français Georges Fauriol, membre éminent du CSIS, se décrit lui-même comme un analyste politique et "pur produit des think tanks" puisqu'il est passé directement de ce qui correspondrait à notre baccalauréat à l'univers des think tanks où il débuta comme assistant pour occuper ensuite plusieurs fonctions, "essayant" ainsi tour à tour plusieurs titres. Cet exemple peu répandu jusqu'ici pourrait devenir un modèle d'études et de carrière.

Si peu de personnes peuvent affirmer avoir "fait leurs études supérieures" dans les think tanks comme Fauriol, beaucoup d'universitaires, en revanche, viennent dans les think tanks certes pour mener une carrière universitaire, *mais hors de l'université et sans enseigner* ! Les think tanks sont en particulier devenus un refuge et un havre de paix pour les professeurs conservateurs harcelés par le politiquement correct qui gangrène les campus depuis 1970. Mais cela vaut aussi pour les étudiants qui trouvent l'environnement universitaire oppressant pour les mêmes raisons, ou bien pour des jeunes gens talentueux et pressés. *Heritage* se démarqua là encore de ses rivaux par sa promotion des jeunes talents. Dès 1980, elle créa sa propre "banque de talents" et soumit quelque 2500 C.V. de jeunes gens et jeunes femmes repérés comme "très doués pour le jeu politique" à l'administration Bush de transition en 1988. On estime toujours qu'un passage réussi à un poste gouvernemental vaut largement un Ph.D. et a plus de chances d'attirer l'intéressé vers la célébrité.

Il faut bien sûr garder à l'esprit que dans leur majorité, les jeunes recrues des think tanks ne visent pas forcément une carrière politique. Il serait fallacieux de voir les think tanks comme des tremplins pour des postes gouvernementaux. En revanche, une période même brève passée dans un think tank est toujours une expérience enrichissante. Les jeunes diplômés, ou bien ceux qui terminent un Ph.D., peuvent voir de près la vie dans l'arène politique avant de se décider pour cette voie. Le monde passablement instable des think tanks en matière d'emploi habitue aussi à la notion de courte durée et de changements de situation au cours d'une vie. Enfin, les think tanks sont précieux en ce qu'ils présentent des accès également au monde des affaires et de multiples chances d'établir des contacts profitables.

Il faut bien reconnaître du reste que les jeunes *think tankers* finissent souvent par préférer des positions dans les entreprises privées qui, sans offrir la sécurité de l'université, présentent tout de même un certain degré de sécurité de l'emploi par rapport au degré de sécurité zéro du monde politique et, surtout, des opportunités autrement alléchantes en termes de revenus. Il faut vraiment être politicien dans l'âme ou bien avoir des convictions politiques assez fortes – ou les deux – pour balayer toute autre considération pour persévérer dans le monde politique aux États-Unis.

## *Des refuges politiques*

Les think tanks sont donc souvent considérés comme des refuges et ceci pas seulement pour les professeurs d'université dissidents. L'activité des think tanks se fait en dehors du processus politique officiel, dans un milieu feutré et en retrait, lieu par conséquent idéal pour proposer des idées qui pourraient paraître risquées et non viables si les hommes politiques en fonction en débattaient publiquement. On comprend donc qu'ils puissent préférer le huis-clos et la discrétion des think tanks avec lesquels ils ont des affinités. Cette pratique courante contribue aussi à la crédibilité des think tanks, de Washington surtout, comme lieux de réflexion d'abord, alors qu'ils sont souvent vus à tort comme simplement des groupes d'initiés de plus dans une ville qui en compte déjà tellement. L'ambiguïté est vite levée si l'on considère que les *think tankers* ne sont pas des initiés en théorie, mais qu'ils sont souvent amenés à l'être dans la pratique. Tout l'art de l'équilibre entre la critique intellectuelle distanciée et le consensus sur une proposition est là.

Les think tanks sont aussi refuges pour les hommes politiques qui ne sont plus en fonction – soit de façon temporaire, soit à perpétuité. Aux États-Unis il n'y a pas obligatoirement de traversée de désert pour les politiciens désœuvrés. Rejoindre un think tank permet de bénéficier d'avantages : continuer de percevoir un revenu, se maintenir dans le jeu politique et surtout ne pas sombrer dans l'oubli. Cela vaut aussi pour les politiciens en retraite, comme les présidents Ford et Carter, qui sont toujours en vie, ou pour d'ex-grands serviteurs de l'État comme Henry Kissinger – bref, ceux que nous nous permettrons de considérer comme les "stars" du système.

Les anciens hommes ou femmes d'état, qu'ils aient des chances ou non de retourner aux affaires, apportent de leur côté beaucoup aux think tanks : leur notoriété, leur influence et leurs vastes réseaux de relations. Leur expérience les prédispose aussi à former d'autres spécialistes. Ils sont les membres les plus en vue de la nouvelle élite politique que sont les think tanks, car ils combinent l'expertise avec l'aura mythique d'avoir été les conseillers du prince. Le plus célèbre d'entre eux est évidemment Henry Kissinger, ancien conseiller d'état, et ensuite Zbigniew Brzezinski, ancien conseiller à la sécurité nationale. Tous deux sont au CSIS, politiquement neutre, qui est sûrement le think tank le plus "nanti" en stars. De son côté, AEI s'enorgueillit d'avoir dans ses rangs Charles Murray (qui fréquenta aussi le *Manhattan Institute*), Jeanne Kirkpatrick, Richard Allen (aussi à *Hoover*) et Newt Gingrich pour ne citer que des noms connus des Français. Dick Cheney pourrait y revenir à la fin de sa vice-présidence... *Heritage* abrite Edwin Meese et William Bennett. À gauche, *Brookings* revendique la présence de Barry Bosworth et *IPS* celle de Richard Barnet.

*Le personnel des think tanks*

Pour certains de ces grands serviteurs de l'état, il ne s'agit que d'un retour au milieu naturel. Par exemple, Jeanne Kirkpatrick était professeur à l'université de Georgetown qui avait alors un think tank intégré, le CSIS, lorsqu'un article de sa plume, paru dans *Commentary* en 1979, attira l'attention du candidat à la présidence Ronald Reagan. C'est ainsi que Jeanne Kirkpatrick fut nommée ambassadeur des États-Unis en 1981. Elle est à présent en disponibilité à AEI, ou encore en retraite "active" en quelque sorte.

Les think tanks sont d'ailleurs célèbres aussi pour le mouvement de navette entre les cadres politiques et le gouvernement. À chaque changement d'administration, ce sont des centaines de postes gouvernementaux ou quasi-gouvernementaux qui changent de titulaires. Ainsi, les think tanks perdent des membres et en retrouvent d'autres. Le mouvement est évidemment accentué si une nouvelle administration accompagne un changement de présidence, surtout si le nouveau président est issu d'un parti politique différent de celui de son prédécesseur. Durant les huit années de la présidence Clinton, les think tanks conservateurs eurent des effectifs pléthoriques par rapport à leurs possibilités et une activité intense.

Mais, les moyens financiers des think tanks étant limités, que se passe-t-il lorsque leurs effectifs sont à saturation ? Pour les politiciens de gauche, il y a les media, la presse surtout, et les universités. Pour les politiciens conservateurs, il ne reste guère que le secteur plus lucratif des entreprises privées. Mais certain arrivent à tout concilier et à avoir un pied partout. Là encore, le modèle parfait est Henry Kissinger : personnalité la plus en vue de CSIS, homme d'affaires à succès dans le privé et consultant occasionnel auprès de diverses agences gouvernementales ; et encore a-t-il trouvé le moyen pendant quelques années de donner des cours à Georgetown...

Toutefois, peu de gens parviennent ainsi à être sur plusieurs fronts. Beaucoup se partagent sur deux mondes politiques en revanche, le gouvernement et les think tanks, faisant alterner des périodes de service aux affaires avec des périodes d'activité intellectuelle intense. Zbigniew Brzezinski a même créé une expression pour décrire cette activité : "l'activisme intellectuel", qui, selon lui, serait l'union du pouvoir et de la réflexion. Notons tout de même que cette union des contraintes n'est pas en conformité avec l'éthique proclamée des think tanks. Ricci confirme d'ailleurs "qu'il se fait encore beaucoup d'accords à Washington entre éminences grises du gouvernement et éminences grises de l'extérieur." [Ricci.1993, p.44]

Il ressort de tout ceci que le personnel des think tanks colle de moins en moins avec l'image de l'intellectuel dans sa tour d'ivoire. Les experts des think tanks ont des profils très différents, parfois opposés. Il y a ceux qui se tournent vers le monde politique et ceux qui le fuient, préférant le milieu protégé de la recherche. Il y a parfois au sein d'un même think tank des conservateurs et des gens de gauche – ce qui fait du CSIS un centre finalement neutre et célèbre aussi pour cette particularité. Et puis, on trouve dans les think tanks des spécialistes aussi disparates que des économistes ou des spécialistes nucléaires...

En conclusion, l'expertise politique des think tanks, totalement privée, côtoie l'expertise publique du gouvernement et l'expertise semi-publique des think tanks ancien style (jugés désormais non authentiques) que sont les instituts spécialisés dans la défense et sous contrat étatique comme RAND bien sûr, mais aussi *The Institute of Defense Analysis* (1956) et la *Mitre Corporation* (1958). Toutefois, l'expertise privée des think tanks compte aujourd'hui en 2005 pour plus de 75%. C'est aussi celle qui fait parler d'elle et qui semble avoir le plus d'influence sur le processus politique.

Cette nouvelle classe politique, peuplée d'experts en tous domaines, de consultants, d'interprètes politiques auprès des hommes politiques et du grand public, a réussi à remplir tous les espaces vacants dans un système gouvernemental aux pouvoirs séparés. Avec les think tanks, ce sont des milliers d'experts privés qui opèrent aux marges du pouvoir, nouvelle classe influente qui a remplacé les intellectuels indépendants et isolés de jadis comme Lewis Mumford ou bien Walter Lippmann. Cette nouvelle classe offre des services (analyses, statistiques, conseils...) C'est en partie à cause d'elle que "Washington est aujourd'hui la ville postindustrielle par excellence". [Ricci. 1993. p. 44] Il est indéniable que Washington est la ville où il y a, pêle-mêle, le plus de conférences, de séminaires, de rapports, de publications, de conférences de presse, d'émissions politiques télévisées, de fuites volontaires, bref le plus d'activité publique – loin devant tous les autres services. Ces nouveaux experts s'accordent tous sur un point : leurs activités sont plus sophistiquées et plus professionnelles que par le passé. C'est pourquoi le personnel des think tanks est aussi qualifié, aussi divers et aussi fluctuant, évoluant en fonction de l'actualité et des politiques menées.

Enfin, dans une ville saturée d'expertise, la compétition sur le marché des idées est telle que les experts des think tanks doivent décider avec soin comment délimiter leurs priorités et quelles stratégies utiliser pour faire prévaloir leurs idées – ce qui nous amène à examiner les multiples fonctions des think tanks, autrement dit ce qu'ils font exactement et concrètement.

# Chap. V - Activités, fonctions et productions des think tanks

Un think tank est un lieu où des gens brillants, et souvent érudits, mettent en commun leur matière grise, et la plupart des think tanks, même les plus petits, parfois appelés les "think tanks de jardin", ont pour objectif commun de modeler l'opinion publique et d'influencer les décideurs politiques. Ayant pris le relais des grands conseillers des princes de jadis (Machiavel, Francis Bacon, Mazarin...), ils ont chacun leur façon de "faire prévaloir la vérité" à ceux qui gouvernent.

Même si les think tanks sont les sources les plus visibles de recherche et d'analyse politique, ils sont en compétition permanente non seulement entre eux mais aussi avec d'autres centres de recherche : universités, firmes de consultants privées, groupes d'intérêts et agences gouvernementales. Comment alors se démarquer de la mêlée ? Des choix que font les dirigeants des think tanks, choix judicieux ou malheureux, l'avenir dépend. Ces choix concernent le financement, le personnel, les priorités (*agenda*), la ligne idéologique, le lieu où exercer et les stratégies de marketing.

Les think tanks engagés, ceux qui représentent plus de 75% de l'expertise privée et qui ont transformé le rôle de l'expertise aux États-Unis, après avoir avancé clairement leur orientation politique et assuré – au moins un temps – leur financement, décident de travailler sur les sujets politiques de leur choix. C'est même là le trait le plus marquant des think tanks nouveau style surgis après 1970 : l'initiative. N'attendant aucune demande ni aucune commande, ce sont eux qui *offrent* leurs anticipations des questions d'actualité, leurs innovations intellectuelles et même des solutions aux problèmes. Tout ceci aurait été d'une incroyable audace, et du reste tout à fait déplacé, il y a cinquante ans.

Le choix des domaines politiques étudiés donne rapidement une idée de l'image et de l'identité d'un think tank. Une tendance générale pour tous les think tanks est d'aller vers une spécialisation toujours plus poussée et ceci même pour les "think tanks à éventail large", c'est à dire à domaines de recherche multiples. Cette tendance à trouver un créneau de recherche non exploité ou bien un nouvel angle d'analyse s'explique aisément par la compétition féroce engendrée par la prolifération des think tanks.

## Le choix des domaines de recherche

Chaque choix présente des avantages et des inconvénients. D'une façon générale, plus un think tank se fixe un champ d'action étroit et spécifique (l'environnement, la sécurité nationale, les questions de santé...) mieux il se forge une image clairement identifiable pour les politiciens, les contributeurs et les média. Le risque est que le domaine choisi puisse devenir moins brûlant, moins actuel, ce qui entraînerait aussitôt une perte d'intérêt chez les mêmes politiciens, contributeurs et media.

Il en va de même pour les sujets liés aux questions régionales et municipales. Le monde des think tanks n'est pas préservé des aléas de l'actualité, des modes, des engouements passagers. C'est pourquoi les think tanks qui en ont les moyens mènent de front divers domaines de recherche.

Dans le groupe des think tanks conservateurs, par exemple, *Heritage*, *Hoover*, AEI, *Hudson* et le très libertarien *Cato* traitent de l'économie (*Cato* se veut du reste le champion de l'économie de marché et du libéralisme classique), de politique sociale, de politique nationale et internationale – chacun à sa manière. Mais le *Rutherford Institute* se limite à la recherche en matière de libertés civiles et la *Reason Foundation* à la politique économique et sociale de l'état fédéral.

Dans le groupe des think tanks de gauche, l'éventail des sujets est peut-être moins large et la tendance à la spécialisation est plus nette. Ainsi, l'*Economic Policy Institute* traite exactement des mêmes sujets que la *Reason Foundation* – mais évidement sous un angle opposé. Le *Center on Budget and Policy Priorities* s'occupe de politique sociale et en particulier des Américains à revenus modestes. L'*International Center for Research on Women* présente cette particularité intéressante d'être à la fois axé sur un sujet très précis, les politiques environnementales affectant la santé des femmes, et faisant des recherches à l'échelle mondiale. Enfin, il y a une pléthore de think tanks de gauche qui travaillent assidûment sur les questions d'énergies et d'environnement. Le plus connu pourrait être le *Worldwatch Institute*.

Reste le camp dit neutre ou centre gauche : *Brookings* traite exactement des mêmes sujets que *Heritage, Hoover* et AEI mais, on s'en doute, dans une optique bien différente. Le *Council of Foreign Relations*, comme son nom l'indique, se limite au champ fort vaste, il est vrai, de la politique étrangère et des relations internationales, tout comme CSIS qui est sans doute le think tank phare dans ces deux domaines.

Ce ne sont là que quelques exemples parmi des centaines de cas. Toutefois, si les think tanks tentent de se démarquer de leurs concurrents par la spécialisation, il semble bien qu'ils aient tous en commun plusieurs rôles. Pour mieux comprendre ce que les think tanks font exactement, la répartition de leurs activités en rôles n'est pas une mauvaise idée, bien que là aussi les avis des experts divergent.

## *Rôles des think tanks*

Certains considèrent qu'ils ont tous un rôle "passif" : analyses, recherches, compilation de données, bref le travail qui se fait dans les bureaux et que le public ne voit pas. Le rôle "actif" concernerait donc tout le reste : exposition des résultats d'analyses au public, information, éducation mais aussi gestion du think tank, course aux dollars et publicité ; sans oublier bien sûr le plus concret c'est à dire la production de livres, rapports, articles.

Weaver et Mac Gann voient six rôles majeurs. Il nous semble qu'il y en a davantage mais nous sommes d'accord sur les trois premiers rôles – de type dit "passif" :

La Recherche

- la recherche est évidement l'activité de base de tout think tank, surtout pour ceux qui comptent une forte proportion de docteurs en sciences politiques et sociales, spécialisés dans la recherche à long terme, de type universitaire.

Évaluation des projets

- l'évaluation des projets ou décisions de l'exécutif, du législatif et du judiciaire est une mission que tout think tank traitant de politique étrangère et domestique s'impose à lui-même. Le critère, à droite comme à gauche, est la référence aux textes fondateurs. La question centrale est donc toujours : "Est-ce que ce projet est constitutionnel ou non ?" Selon la couleur politique des think tanks, les conclusions sont en général très divergentes, voire radicalement opposées. Par exemple, des think tanks travaillent activement sur la constitutionalité du mariage *gay* depuis 2000 et sur le bien fondé d'ajouter ou non un amendement supplémentaire au Bill of Rights...

Réservoir d'hommes politiques et d'expertise

- les think tanks sont aussi des banques d'expertise disponibles et servent de retraite ou refuge aux hommes politiques qui ne sont pas en fonction, comme nous l'avons vu ; sorte de sinécures où l'administration peut trouver, en plus de l'expertise, des cadres politiques expérimentés et disponibles eux aussi.

Les autres rôles, dits "actifs", sont plus nombreux et beaucoup plus visibles :

Conseiller

- un rôle très discret et très actif est celui de conseiller. Les think tanks sont en mesure de donner un avis pesé et réfléchi à toute question de politique qui surgit à l'improviste. Ils peuvent tenir des briefings improvisés ou des conférences de presse, faire paraître un article de dernière minute dans un journal, ou bien recevoir une convocation pour témoigner à une audition du Congrès. Ils sont aussi capables de fournir des rapports en quelques heures ou bien d'effectuer une recherche à court-terme. Autrement dit, le facteur temps étant primordial, les membres des think tanks sont capables de travailler dans l'immédiateté – comme les gens des média. C'est même leur atout majeur selon de nombreux hommes politiques : des conseillers éclairés disponibles en un rien de temps, comme par un tour de prestidigitation.

Facilitateur

- ce néologisme désigne aux États-Unis une nouvelle profession et pour les think tanks un autre rôle, celui de "facilitateur d'échanges d'idées". Tous les think tanks ne remplissent pas forcément cette fonction mais le CSIS, lui, en est l'archétype. Là, la clé n'est pas le facteur temps, mais l'échange verbal et la relation de personne à personne. Il faut bien comprendre que la plupart des cadres politiques et des élus aux États-Unis ne sortent pas d'un moule étatique comme notre E.N.A. mais viennent le plus souvent de la société civile et du privé. Ce ne sont donc pas toujours des spécialistes, surtout les nouveaux élus, et pour eux le contact direct est souvent infiniment plus profitable que tous les rapports. Ils peuvent poser des questions que la discussion suscite souvent plus que la lecture et le contact direct avec les experts leur facilite grandement l'absorption de données très techniques et rend tous les problèmes beaucoup plus concrets.

Interprète politique

- le rôle "d'interprètes politiques" concerne les hommes politiques mais aussi le grand public. Ce rôle consiste d'abord à délimiter les contours d'un débat afin d'aller à l'essentiel et d'éviter le hors sujet. Certains sujets sont effectivement si complexes et si diffus qu'il n'est pas toujours aisé d'en cerner le cœur. Ce rôle interprétatif se fait surtout pour des événements d'actualité, où l'on manque de recul pour avoir une idée précise de ce qui se passe ou de ce qui est en jeu. L'interprète offre alors une perspective, un angle, une approche qui permettent aux élites comme au grand public de cadrer l'événement ou le sujet en question. Cela se fait le plus souvent par le biais des média : articles contre-éditoriaux, petites phrases qui frappent (*soundbites*) et que le public retient facilement, lors d'interviews à la radio et à la télévision. Ce rôle est parfois assimilé, à tort ou à raison, à celui des *spin-doctors* qui sont eux des manipulateurs en fait.

## Entrepreneur politique

- depuis la restructuration d'AEI, les think tanks sont considérés comme des entreprises et ses gestionnaires tiennent le rôle d'entrepreneurs de la politique qui orientent leurs ressources financières et intellectuelles vers des secteurs politiques bien définis. Ce sont eux qui décident de l'élargissement des secteurs à traiter et qui, avec les membres les plus éminents, décident du recrutement de nouveaux membres. Le président d'AEI, Baroody, déclara du reste dans les années 1970 qu'il avait inventé le rôle "d'impresario d'intellectuels" et se voyait lui-même comme l'archétype du "courtier en idées et concepts".

Ce sont aussi les gestionnaires qui délèguent aux membres les plus qualifiés – souvent même choisis tout spécialement pour cette qualité – les tâches parfois ingrates de collecteur de fonds, directeur de marketing, agent en relations publiques (avec les autres think tanks de même tendance ou bien avec des associations et groupes sympathisants) et porte-parole auprès des média.

## Informateurs et Éducateurs

- les think tanks sont une source essentielle d'information sinon la source primordiale pour les parlementaires et les cadres de la bureaucratie. Les données de base indispensables à toute prise de décision responsable n'existent pas à l'état naturel. Ce sont les chercheurs qui les trouvent, les analysent et les compilent pour les présenter ensuite sous une forme facile à utiliser : rapports, monographes... Il convient de se rappeler aussi que les hommes politiques croulent sous des masses d'informations venant de leur électorat, des lobbies, des bureaucrates, des média. Or, seule une petite quantité de ces informations s'avère fiable et objective.

Souvent, l'information est si technique que les documents censés instruire conduisent à la confusion ! Les think tanks sont alors le recours ; de plus en plus d'hommes politiques et de journalistes vont s'informer directement auprès des think tanks car ceux-ci semblent plus objectifs, plus sûrs et plus accessibles que toutes les autres sources d'information – même quand ils affichent clairement leur couleur politique. Ce qui est apprécié de tous est parfaitement résumé comme suit : "L'information doit être intellectuellement imparable mais surtout pas théorique et abstraite." [Smith, 2002. p. 70]

- le rôle d'éducateur est parfois assimilé au précédent – bien à tort. Ce rôle d'éducateur peut être indirect : les think tanks en effet ne se cantonnent pas dans le rôle d'informateurs et ne font pas secret de leur méthodologie – que tout un chacun peut suivre à son profit. Cerner les problèmes, ou mieux anticiper ceux qui peuvent surgir, puis prendre de la distance pour pouvoir les analyser à froid et faire apparaître les diverses solutions possibles ; enfin, savoir trancher. C'est une méthode qui a fait ses preuves pour aborder n'importe quel problème et cela s'apprend.

L'éducation directe se fait dans plusieurs directions. En premier, les think tanks se révèlent d'excellentes écoles pour leur plus jeunes membres et pour leurs stagiaires. Ils ont du reste une obligation morale et aussi très pragmatique : assurer la relève.

Les think tanks éduquent les élites par leurs rapports et le public par le biais de leurs commentaires aux média, nous l'avons vu, mais aussi – et plus en profondeur – grâce à leurs productions : livres, monographes, magazines et désormais *blogs* (des communiqués d'une ou plusieurs pages sur Internet). Les think tanks apportent un regard neuf sur les problèmes et éduquent aussi en dérangeant des idées figées et en stimulant la pensée de ceux qui les lisent ou les écoutent.

Toutefois, si la plupart des think tanks, grands et petits, conçoivent leur rôle éducationnel comme une "mission" auprès de la société tout entière, certains ont fait le choix de n'éduquer que les élites. C'est le cas du CSIS, le spécialiste des affaires internationales – "domaine où le besoin d'éduquer est continu et à renouveler sans cesse." [Smith, 2002. p. 59] Le CSIS affirme notamment, à propos de l'Islamisme radical réparti sur toute la planète, que la consultation fréquente des experts est bien plus profitable qu'un voyage ici ou là. Bien entendu, ce genre de consultation ne peut être accessible aux masses. Le président du CSIS, Abshire, décida très tôt dans l'existence de l'institut que le rôle de "popularisation" était secondaire. Il fit donc le choix délibéré d'éclairer en premier les élites politiques, et en particulier les membres du gouvernement et les décideurs, puis les journalistes et enfin les universitaires. C'est pour cela que CSIS – trait distinctif – accorde la préférence aux briefings, conférences, séminaires, dîners-débats et autres rencontres, bien avant les publications. C'est aussi une éducation ponctuelle et qui vise le (relativement) court terme. Mais, CSIS est plutôt une exception. En majorité, les think tanks considèrent, à l'inverse d'Abshire, qu'informer le public est bien partie intégrale de leur mission. Certes, tous les choix sont respectables en la matière mais si l'on veut faire triompher des idées, mieux vaut pouvoir compter sur un électorat initié que sur les seules élites. Bien sûr, pour les think tanks non engagés comme CSIS, cela est secondaire et même non pertinent.

Avocats d'une vision du monde

— ce rôle ne se rencontre évidemment que dans les think tanks engagés qui défendent une ligne idéologique bien marquée. La plupart de leur experts tiennent un rôle d'avocat de leurs idées et principes, c'est à dire un rôle direct et dynamique dans la vie politique. Certains, comme le *Competitive Enterprise Institute* (CEI) n'hésitent pas à se montrer très litigieux et à poursuivre en justice quiconque viole la constitution ou les droits des citoyens. L'institut attaque fréquemment aussi des agences gouvernementales – ce qui est évidemment très médiatique. Ils ont même des avocats-maison pour cette activité particulière car cela finit par leur coûter beaucoup moins cher.

Bien sûr, cet élément activiste les apparente aux lobbies et leur vaut le dédain de think tanks comme AEI et *Brookings* qui cultivent la respectabilité absolue. Rappelons tout de même que les lobbyistes, eux, sont payés pour leur militantisme alors que le personnel des think tanks n'est financé que pour la recherche. Ce qu'ils font en plus est en fait à leur charge et donc gratuit pour ceux qui en profitent : donateurs, responsables politiques et media sympathisants. En même temps, ce rôle signifie aussi une prise de risques. Ils peuvent être soupçonnés de présenter des vues subjectives, non désintéressées ou détachées, comme le veut la règle – ce qui peut entraîner la désaffection de tous les groupes sympathisants. À cette perte de crédibilité, si dommageable, s'ajoute un autre risque : perdre ses accès privilégiés lorsque les hommes politiques sympathisants sont évincés du pouvoir.

Puisque le dénominateur commun de tous ces rôles est en fait une position d'influence maximale, un think tank qui réussit est celui qui parvient à combiner la crédibilité, l'accès aux gens importants, l'aptitude à opérer dans des délais parfois extrêmement courts, un marketing efficace et la visibilité médiatique. Pour parvenir à ce vedettariat et s'y maintenir, tous les rôles des think tanks doivent fonctionner en synergie. Un think tank qui réussit est un système, ou une machine, bien rodée, bien huilée, qui fonctionne sans heurts.

### Éditeur

– presque tous les think tanks publient. Leurs publications aident aussi à les distinguer les uns des autres et achèvent de leur donner une image particulière car d'un think tank à l'autre, les publications peuvent varier sensiblement. Les think tanks "riches" ont leur propre service d'édition. Les autres font appel aux presses universitaires ou bien aux éditeurs privés et, fait important, ne rencontrent généralement pas de difficultés à être publiés.

Selon Weaver et Mc Gann, la qualité et la quantité de la production "varient énormément d'un think tank à un autre car elles dépendent de l'état de leurs finances et de la qualité de leurs membres." [Weaver and Mc Gann. 2000. p. 56] Malgré cela, les produits de base offerts à la consommation se ressemblent – au moins par leur forme. Chaque think tank décide aussi de sa production en fonction des consommateurs qu'il cible.

Les livres, monographes et rapports sont des études de type académique qui donnent autorité et crédibilité. Les livres s'adressent à toute la société et s'ils se taillent un succès en librairie, on imagine les retombés bénéfiques que cela entraîne pour le think tank éditeur. Pourtant, les think tanks ne les considèrent pas ou plus forcément comme leurs produits vedettes car depuis une vingtaine d'année, les auteurs qui écrivent dans le cadre d'un think tank sont plutôt désabusés et jettent parfois un regard cynique sur les politiciens qui ne sont plus enclins désormais à lire des livres longs et sérieux et leur préfèrent des études courtes, et des rapports clairs et succincts. Et pourtant, la plupart de ces livres sont loin d'être ennuyeux. Ce sont les gens qui sont de plus en plus pressés, les élites comme l'Américain moyen et qui surtout, sont sollicités par tellement d'offres d'information qu'ils essaient un peu tout, trop souvent au détriment du plus intéressant. Voici quelques titres :

- *The Costs of Kyoto : Climate Change Policy and Its Implications* (2003)
- *The True State of the Planet* (2002)
- *Global Warning and Other Eco-Myths* (2000)

soit trois ouvrages récents du *Competitive Enterprise Institute* sur les "alarmistes de l'environnement".

- *The Global Retirement Crisis* (CSIS - 2000) qui examine le problème commun à toutes les démocraties occidentales des retraites par répartition.

- AEI est vraisemblablement le think tank qui a produit, en plus de ses célèbres monographes, le plus de livres. Sa bibliothèque personnelle, produite par sa propre presse, est impressionnante. Citons simplement :

- *Coercing virtue : The Worldwide Rule of Judges* (2003) du très célèbre juge Robert H. Bork, sur la dérive inquiétante du système judiciaire aux États-Unis.

- *Cuba the Morning After : Confronting Castro's Legacy* de Mark Falcoff sur le lourd héritage de cinquante ans de dictature castriste.

AEI est aussi le think tank dont la production littéraire couvre la plus grande variété de domaines : fiscalité, éducation, questions militaires, écologie, géopolitique, actualité brûlante comme l'Iraq – entre autres.

.Le *Cato Institute* a connu lui aussi des succès marquants en librairie et plus récemment avec *Cowboy Capitalism : European Myths, American Reality* de Olaf Gersemann, un économiste allemand qui tente de détruire les stéréotypes négatifs sur le capitalisme.

Ce ne sont là que quelques exemples de livres présentant un intérêt pour tous les pays et pas seulement pour les États-Unis, à l'exception du livre du juge Bork. Ce qu'il faut retenir, c'est que ces livres sont présentés aux media lors de leur parution et qu'ils sont souvent l'objet de débats animés à la radio et sur les grands réseaux câblés. On peut les trouver en librairie aisément. Ce qu'on peut déplorer, c'est qu'ils ne sont pratiquement jamais traduits en français alors que certains sujets de portée internationale pourraient intéresser les Français et même transformer leur façon de penser. Il est donc légitime de se demander pourquoi des livres à succès Outre-Atlantique, qui pourraient s'avérer des succès chez nous aussi, sont gardés à distance et les Français privés de connaissances. Peut-être n'est-il pas souhaitable de mettre à leur portée des ouvrages susceptibles de les amener à se remettre en question...

Après les livres (les grands think tanks en produisent plusieurs par an), viennent les productions courtes : monographes, rapports, résumés. Très appréciés des politiciens et des journalistes, ils ont une vie plus courte que les livres qui peuvent rester plusieurs années des best-sellers en librairie et ils ne sont en général pas accessibles au grand public – à moins qu'ils ne soient aussi diffusés sur Internet.

Tout ce qui est diffusé via Internet est beaucoup moins cher à produire mais ce type de production cause évidement du tort aux produits traditionnels. La dernière mode en matière de communication est celle des *blogs* (*web logs*) et les think tanks ont pu ainsi se faire connaître à des millions d'utilisateurs. Mais, même aux États-Unis, tout le monde n'est pas forcément amateur de lecture électronique et si la production des livres a diminué au profit de productions plus courtes, l'Internet ne semble pas avoir causé de tort aux autres productions, et aurait plutôt rendu service aux livres puisqu'il en est présenté un condensé censé donner l'envie d'acheter le livre.

Les autres publications sont les lettres confidentielles, en principe réservées aux initiés et disponibles par abonnement et, depuis les années 1970 encore et toujours, les magazines d'opinion en plus des journaux académiques traditionnels. La plupart des grands think tanks publient une revue mensuelle, bi-mensuelle, trimestrielle ou semestrielle. Au contraire des blogs, ces publications sont plutôt élitistes bien que tous puissent y avoir accès, par abonnement ou chez les libraires. Là encore, à titre d'exemple, on peut mentionner *Heritage Members News* (Heritage), *Cato Policy Report* (Cato), *The American Enterprise* (AEI), *CSIS Insights* (CSIS), *City Journal* (*Manhattan Institute*) sans oublier *Foreign Affairs* revue si célèbre qu'elle en éclipse le think tank d'où elle est issue, le *Council of Foreign Relations*. Bien entendu, en plus des articles de grande qualité, on y retrouve le rappel des derniers livres publiés, des actions menées par le think tank et des événements mondains ou politiques qui ponctuent la vie des think tanks.

Ces événements ne sont en général pas considérés comme un rôle à part ; tout comme les opérations de marketing et les commentaires accordés aux media, ils sont englobés dans le domaine large de la "production" – qui comprend aussi l'édition. En fait, tous ces "produits" forment un ensemble bien visible pour le public, véritable vitrine des think tanks.

Ce sont les agents de relations publiques qui s'occupent d'organiser les séminaires, conférences, dîners annuels, galas d'anniversaire. Pour les plus prestigieuses de ces manifestations, qui se font hors du regard des grands media, comme les galas avec invités de marque, il n'est pas rare que la participation soit de 500 ou 1000 dollars. Mais ces rencontres sont aussi des investissements pour beaucoup de participants qui y créent ou y consolident des relations utiles. C'est aussi l'occasion de recevoir la presse ou les organisations amies et donc de renforcer le réseau idéologique

*Activités, fonctions et productions des think tanks*

commun à toutes les personnes rassemblées, ainsi que les convictions et le moral de chacun. Ce sont des moments privilégiés de la vie des think tanks, des retrouvailles "intimes" à plusieurs centaines de personnes.

En conclusion, les think tanks sont une partie capitale du réseau de communication complexe qui relie tous les membres d'une même communauté politique. Ils jouent des rôles variés qui tendent tous à renforcer l'infrastructure qui soutient leurs idées, tout en créant le dialogue avec diverses entités gouvernementales et en portant les débats devant l'électorat tout entier.

Chaque think tank, par les rôles et les choix qui le caractérisent, s'efforce de se trouver un créneau stable et d'attirer l'attention par des particularités spécifiques. Autrement dit, ils ne sont pas interchangeables ayant su se forger de fortes identités. Ils sont devenus de plus en plus sophistiqués dans leurs techniques de marketing et de promotion, à la fois en s'ouvrant à un public plus large et en accentuant leur spécialisation autant que possible. Le marketing et la promotion des "produits" sont désormais une nécessité vitale pour atteindre une célébrité solide et une grande visibilité médiatique – qui entraîne ensuite de nouvelle source de parrainage.

"Tous sont en compétition les uns avec les autres, férocement mais courtoisement". [Ricci, 1993. p. 228] Tous laissent entendre qu'ils sont supérieurs et plus influents que les autres et affirment, toujours élégamment et poliment, qu'ils en savent davantage et qu'ils sont plus estimables, plus distingués, plus utiles... La modestie n'est pas de mise, comme l'observateur peut s'en amuser. Bien entendu, tout ceci explique que le monde des think tanks soit plein de tensions – en particulier à Washington. C'est le monde du travail à l'Américaine : rythme rapide, défis permanents, lutte contre le temps et contre les concurrents, course à l'excellence, recherche de la performance et de l'influence sans se soucier de l'insécurité de l'emploi outre mesure. À part pour quelques politiciens en retraite, travailler dans un think tank est tout sauf reposant ou sécurisant puisqu'il faut sans cesse se surpasser quel que soit le rôle tenu. Cela demande une attitude particulière que l'on acquiert par la culture dans laquelle on vit.

# Chap. VI - Les think tanks et l'argent

"Bien que le marché des idées soit en pleine expansion et leur légitimité existentielle désormais bien établie, les think tanks sont encore et toujours à la recherche de fonds pour couvrir leurs frais de fonctionnement". [Weaver and Mc Gann, 2000. p. 16]

*Les diverses sources de financement*

Décider d'un plan de financement est sans doute le choix le plus crucial auquel la quasi-totalité des think tanks est confrontée. Dans la lutte acharnée pour s'assurer des sources de financement sûres, durables et diversifiées, certaines institutions font parfois les mauvais choix, signant ainsi leur mort certaine.

Une chose est avérée : les think tanks, y compris ceux qui sont reconnus comme les plus indépendants, dépendent tous financièrement de quelqu'un ou de quelque chose puisque la vente de leurs produits ne représente qu'un pourcentage infime de leurs revenus. (Notons à ce sujet que les think tanks ne sont imposés que sur les revenus de cette production : livres, revues, événements organisés). Leurs revenus substantiels non imposables proviennent donc d'une ou de plusieurs des ressources suivantes :

- *les contrats avec le gouvernements* : source substantielle en principe stable mais qui bride forcément l'autonomie du bénéficiaire. Dans une optique purement capitaliste, cet arrangement est inacceptable. Les think tanks les plus importants, les plus en vue et les plus attachés à l'économie de marché rejettent l'idée même de recevoir un *cent* de l'État. C'est bien sûr le cas de *Cato*, de *Heritage*, d'*AEI*, du *Manhattan Institute*, du *Competitive Enterprise Institute*... Ces états d'âme sont généralement inconnus des think tanks de gauche comme *Brookings* ou IPS, ou même des instituts qui se disent neutres, tel CSIS qui est considéré comme neutre et comptait 12% de fonds gouvernementaux ou étrangers dans son revenu de 2004... Nous laissons évidemment à part les think tanks conçus comme contractuels : RAND, *the Urban Institute*... et notons que le *Hudson Institute* s'est totalement libéré de ce moule au fil des dernières années. Chris Kennedy, de chez *Heritage*, précise : "Personne ne paie pour les rapports et surtout pas le Congrès ou le gouvernement qui en profitent le plus. Très rarement, nous sommes rémunérés pour des passages à la télévision, et au moins une fois sur deux pour les articles *op-eds*... Notre rémunération, c'est l'influence !" [Interview].

- *les donations provenant d'agences internationales, ou même de l'étranger :* en la matière, les think tanks américains sont plutôt l'exception qui confirme la règle. Très peu en effet y ont recours mais nous avons vu qu'IPS, par exemple, ne dédaigne pas l'aide étrangère, bien que cela ne soit pas une bonne image de marque, l'institut étant dès lors perçu comme l'instrument d'intérêts étrangers.

- *l'affiliation avec et au sein d'une université en tant que "centre de recherche" :* Ce type de financement est aussi ancien que les think tanks et a l'avantage de couvrir les frais tel que la location des locaux et de permettre l'accès aux équipements technologiques de pointe des universités, ainsi qu'à leurs archives et bibliothèque et même à des chercheurs hautement qualifiés. Cela peut aussi conférer un prestige et une crédibilité accrus. Le revers de la médaille, c'est que les universités elles-mêmes ont perdu beaucoup de leur crédibilité, surtout dans les secteurs des sciences humaines, du fait de la pathologie moderne, ou plutôt post-moderne, du politiquement correct. Et surtout, cette coexistence n'est pas toujours pacifique. Les sources de tension sont nombreuses et le modèle semble du reste dépassé car les think tanks d'aujourd'hui revendiquent trop d'autonomie au goût des gestionnaires des universités tandis que les responsables des think tanks déplorent la lenteur et la lourdeur propres à toute structure universitaire... C'est du reste pourquoi la plupart des think tanks conçus dans ce cadre ont généralement opéré une scission nette. Le cas le plus célèbre est sans doute celui du CSIS. Notons que *Hoover* a réussi le tour de force de s'assurer une autonomie maximale sans jamais rompre avec l'Université de Stanford.

- *la philanthropie privée :* elle se divise en trois groupes distincts : les fondations philanthropiques, le mécénat d'entreprise et les contributions d'individus isolés. Cette aide privée représente désormais la part du lion dans les revenus des think tanks américains. Au début du XXe siècle, elle était assurée par les seules fondations mais depuis 1970, il n'est pas rare que des fondations viennent en second après les entreprises. Mais en fait, seule l'aide des *petits contributeurs*, en général anonymes, ne nuit pas à l'image d'un think tank. En effet, que l'aide vienne de l'état ou des entreprises, ou même des fondations puisque celles-ci sont désormais presque toutes idéologiquement orientées, le résultat est le même : tout financement peut être perçu comme intéressé, car conditionnel. Il est indéniable que les *grands contributeurs* font souvent pression sur les think tanks pour que ceux-ci travaillent sur des projets de leur choix à eux, faisant fi des priorités que se sont fixées les instituts. C'est justement tout l'art des rassembleurs de fonds de convaincre un contributeur potentiel que le projet proposé par le think tank est en fait plus d'actualité, plus important et davantage dans son intérêt... Il s'ensuit une relation inconfortable, déséquilibrée et même malsaine parfois entre le think tank et ses contributeurs. Le think tank peut gagner bien sûr, mais aussi perdre. Un responsable du CSIS déplorait récemment d'avoir, pour une cinquantaine de projets de recherche en cours, une cinquantaine d'autres projets bloqués par manque de moyens financiers ! À quoi bon se lancer dans des recherches qui ne pourront aboutir ? Ainsi, la liberté durement gagnée depuis 1970 du choix de l'*agenda* est-elle de plus en plus compromise. Cette dure réalité force les think tanks à travailler d'un projet à un autre, aux dépens d'un plan d'ensemble de projets à mener de front. Seuls en sont préservés les plus grands think tanks, semble-t-il.

Cela dit, même les grands think tanks ne sont pas à l'abri de périodes de vaches maigres, comme peuvent en attester AEI,

*Brookings*, *Hudson*. Eux, et beaucoup d'autres, connurent des zones de turbulences et essuyèrent plusieurs tempêtes ; ils durent tous s'adapter et faire des compromis pour survivre.

## Les différents types de dons

L'observateur étranger, forcément non initié car rien de tel n'existe chez lui en général, a du mal à percevoir la différence subtile entre ce que les Américains appellent *endowment* et *grant*. Là encore, les dictionnaires ne sont d'aucun secours, même ceux qui sont censés être spécialisés. Par *endowment*, on entend un don d'argent, ou donation, alloué à une société à but non lucratif afin de lui assurer un revenu annuel régulier. Marc Shoeff, du CSIS, précise qu'il s'agit d'un capital donné pour le fonctionnement général du think tank (*general purpose*), capital qui doit être *investi* et non englouti dans le budget des dépenses prévues. Le capital ainsi préservé et mis de côté rapporte des intérêts qui, eux, peuvent être utilisés pour les besoins du think tank, besoins qui croissent au fur et à mesure que le think tank évolue. Pour tout think tank, être doté dès le départ de ce genre de don, ou bien en décrocher un en cours de vie est le fin du fin, synonyme de sécurité relative et de stabilité.

En 1994, par exemple, Hewlett Packard fit une donation de 70 millions de dollars à un tout nouveau think tank, le *Public Policy Institute of California*, scénario de rêve de tout chercheur de fonds. Seul un cercle très sélect de think tanks peut s'enorgueillir de posséder ce capital convoité, même si la taille varie sensiblement : *Hoover*, avec plus de 40% de son revenu annuel, est sûrement celui qui jouit de l'*endowment* le plus conséquent. Viennent ensuite ceux de *Brookings* (30%) puis moins bien dotés, mais dotés tout de même, le CSIS (9%) *Hudson* (3%)... Ce type de donation est la plupart du temps permanent ou perpétuel – d'où son caractère hautement désirable. Il arrive qu'il soit temporaire. C'est le cas des "chaires" conférées à quelques think tanks. Une chaire est allouée à un membre éminent pour un certain nombre d'années. Le CSIS possède ainsi un capital réparti en plusieurs chaires. Henry Kissinger occupe celle de la Politique de Sécurité Nationale. La dernière créée (2002) est la chaire de Géostratégie et de Sécurité Mondiale, "offerte" à Zbigniew Brzezinski par le président de la république de Pologne.

Par *grant*, on entend une somme d'argent accordée pour un projet particulier (*particular purpose* en opposition au *general purpose*) et c'est là que l'indépendance des think tanks cesse, sinon son autonomie. De plus, le *grant*, c'est à dire subvention, octroi ou allocation, est toujours limité dans le temps. C'est un apport ponctuel et donc irrégulier, d'où l'éternelle course aux dollars et l'impossibilité d'accéder jamais à la sérénité.

Toutefois, comme le fait remarquer David Abshire, président du CSIS, être trop bien "doté" comporte aussi des inconvénients : risque de s'attarder sur des projets qui ne sont d'aucun ou de peu d'intérêt pour le public, difficulté d'adaptation aux variations de l'actualité politique, risque de perdre l'esprit de compétition. Finalement, la tension perpétuelle et palpable qu'engendre la lutte pour les dollars et la survie est un stimulant incomparable. Abshire résume cela ainsi : "C'est parce que CSIS est toujours avide et affamé d'argent que nous avons cette souplesse indispensable pour survivre. C'est une bénédiction certes mitigée, mais une bénédiction tout de même." [Smith, 2002. p. 136] Curieux alliage de darwinisme et de foi évangéliste.

## *Les fondations philanthropiques*

Ces organismes, retombée directe de l'Ère Industrielle et des idéaux progressistes, furent eux-mêmes créés grâce à des dons. La *Rockefeller Foundation* fut établie en 1913 et dotée d'un capital de 180 millions de dollars – dans le but de promouvoir le bien-être des citoyens par les réformes sociales et donc de faire avancer, ou "progresser", la civilisation. Les fondations n'ont pas le même statut juridique que les think tanks, mais elles sont elles aussi exemptées de l'impôt puisqu'elles sont à but non lucratif. Elles reçoivent comme revenus à répartir ensuite entre diverses actions caritatives des dons d'individus, en général riches. Par exemple les dons de Bill Gates sont les dons de Bill Gates, pas de Microsoft. Leur financement, comme celui des think tanks, et à l'inverse de celui des associations, n'est toutefois pas entièrement libre. Depuis leur création au début du XXe siècle et jusqu'à maintenant, les contraintes qui pèsent sur les fondations sont une constante.

En vertu de lois fiscales qui varièrent assez peu au cours du XXe siècle, à l'exception de la réforme de 1969, les conditions posées par le fisc aux fondations furent les mêmes : justification scientifique, justification des besoins politiques ou culturels et justification des dépenses. Bref, les fondations ont des comptes à rendre à l'État – alors que les think tanks, eux, n'ont pas de comptes à rendre aux fondations et autres donneurs qui les subventionnent. Car si l'Etat ne donne rien aux fondations, on peut considérer qu'il leur fait tout de même un cadeau qui revient à un don puisqu'il les impose peu, très peu ou pas du tout selon le montant et la nature des revenus. Un expert fiscal interrogé à ce sujet répondit que la fiscalité concernant les conditions et limites fixées aux fondations était d'une complexité extraordinaire même pour les spécialistes, d'où du reste les enquêtes sénatoriales qui ont lieu de façon récurrente pour examiner les comptes et les justifications que les fondations soumettent au fisc. Le fisc américain (L'IRS ou *International Revenue Service*) est certes empreint de libéralisme classique mais il ne va pas, lui, jusqu'à la philanthropie.

*La réforme fiscale de 1969 et son incidence sur le monde des think tanks*

Jusqu'en 1960, les grands think tanks, et les petits aussi du reste, furent financés jusqu'à 90% par les fondations philanthropiques. Or, les débuts de la Guerre Froide et les suspicions (fondées) lancées par le sénateur Eugne Mc Carthy sur les élites amenèrent les élus du Congrès à s'interroger sur les activités des fondations.

Depuis 1934, la loi fiscale concernant les fondations stipulait qu'il leur était interdit d'avoir une "activité substantielle" pouvant influencer le processus législatif – ce qui était plutôt flou. En jouant sur l'ambiguïté du terme "substantiel", les fondations jouissaient en fait d'une grande liberté de manœuvre. Au fil des années, dès la fin du deuxième conflit mondial, le Congrès se montra de plus en plus méfiant à l'égard des fondations. On peut même parler d'hostilité croissante pour ce qui concernait leurs activités politiques car la neutralité de rigueur avait été supplantée par une dérive à gauche qui ne semblait pas aller du tout dans l'intérêt du pays. Autrement dit, les élus acceptaient mal que des activités anti-américaines puissent être favorisées, impunément, par des organismes dispensés qui plus est de l'impôt ! On en arrivait à une remise en question du statut fiscal des fondations.

La loi de 1969 est donc le résultat de plusieurs années d'enquêtes menées par des comités sénatoriaux.

Les attaques du Congrès se cristallisèrent sur deux objectifs distincts : l'un destiné à restreindre les activités politiques des fondations en général, l'autre à abolir le privilège d'exonération fiscale.

C'est un député démocrate, le Représentant Wright Patman, qui dirigea les délibérations concernant le projet de réforme fiscale au sein d'un comité nommé le *Ways and Means Committee*. Comme ce nom l'indique, le comité avait pour mission d'examiner dans le détail les méthodes et les ressources des fondations. L'Honorable Wright Patman fit des déclarations qui eurent grande répercussion à la Chambre des Représentants et dans les milieux politiques. Voici pour exemple : "Disons-le carrément, la philanthropie, l'un des instincts les plus nobles de l'humanité, s'est pervertie en institutionnalisant l'évasion fiscale et en délaissant ses responsabilités morales envers la nation." [Washington D.C. : Government Printing Office, 1969. p.12] Patman était ulcéré en fait moins par les activités politiques des fondations que par leur statut privilégié et par la perte de rentrées que cela représentait pour les caisses de l'état. Rappelons ici que tout don allant à des sociétés à but non lucratif et classées comme "organisme de bien public" exempté d'impôt en vertu de la Section fiscale 501(c)3 – tout don ou donations sont déductibles des impôts du donneur... Coriace et animé d'un sentiment égalitaire exacerbé, Patman fit valoir que les fondations étaient en fait des paradis fiscaux pour milliardaires. En effet, les dons faits aux fondations, si colossaux soient-ils, restaient bien inférieurs à ce que les milliardaires auraient autrement dû verser à l'état. Et Patman de déplorer que désormais, dans la société américaine, "légalité ne rimât plus avec moralité." Il alla jusqu'à proférer son "dégoût" pour les héritiers de Ford, Rockefeller et autres grands noms de la philanthropie. John D. Rockefeller III, attaqué personnellement, rappela tous les bienfaits que les fondations avaient apportés à la nation et aussi à des nations étrangères (on sait, par exemple, que la restauration du château de Versailles, fut commencée en 1920 à l'initiative de John Rockefeller Junior). Rockefeller ajouta que bien que rien ne l'y obligeât, il payait chaque année depuis 1961 un impôt allant de 5% à 10% du revenu brut de la fondation familiale – déclaration que Patman jugea indécente car ces pourcentages ne représentaient jamais que "le tiers du taux d'imposition du plus pauvre des contribuables américains".

Mais surtout, les membres du Congrès s'étaient émus de ce qu'un nombre grandissant de fondations plus petites vît le jour dans tout le pays, fondations qui étaient en fait des abris fiscaux déguisés pour des familles aisées désireuses de préserver de toute extorsion fiscale l'argent destiné aux études de leurs enfants ou bien à leur propre retraite. Patman, toujours lui, condamna publiquement cette prolifération ; que le "mauvais exemple" d'une poignée de milliardaires fût imité par des millions de contribuables aisés faisait peser un danger grave et réel sur les rentrées fiscales de l'état fédéral. Et en 1969, précisément, la ponction financière opérée par la Guerre du Vietnam ne prédisposait pas les hommes politiques à l'indulgence fiscale.

Patman et le *Ways and Means Comitee* proposèrent donc un impôt de 20% sur les revenus des fondations, grandes, moyennes ou petites. Ces propositions menaçaient directement les fondations, et indirectement les think tanks puisque ceux-ci vivaient principalement de la générosité des fondations et que certains risquaient d'être eux-mêmes classés comme fondations (*operating foundations*). Aussi, plusieurs instituts de recherche qui se sentaient particulièrement menacés, avec *Brookings* et RAND en tête, organisèrent-ils un consortium ad hoc pour lutter contre le projet. Ce consortium, appelé *Advanced-Study Institution*, vint au secours des fondations qui les parrainaient. Ils firent valoir que le projet visait en fait à les condamner à double titre puisque eux-mêmes se verraient classés comme fondations et que la réforme aboutirait de plus à une restriction drastique de leurs ressources puisque les grandes fondations n'auraient plus les moyens d'être généreuses. Autrement dit, ils subiraient la taxation et ceci sur des revenus très diminués. Pour la majorité des think tanks de petite taille et peu connus, c'était une mort programmée.

Le consortium de défense, après d'âpres négociations, finit par l'emporter et les think tanks purent conserver leur précieux statut juridique et fiscal. De leur côté, les fondations obtinrent que le taux d'imposition de 20% proposé fût revu à la baisse ; il se trouva finalement fixé à 2%.

Néanmoins, le Congrès vota le *Tax Reform Act* en 1969, loi de réforme fiscale interdisant aux fondations "toute activité" qui puisse influencer le processus législatif – ce qui levait définitivement l'ambiguïté de "toute activité substantielle" de la loi de 1934.

Bien que les fondations se soient apparemment plutôt bien sorties de cette période de harcèlement, un coup très rude leur avait été porté et les effets en furent presque immédiats pour les think tanks. Les responsables des fondations anciennes bien établies, passablement échaudés pas des années d'enquêtes, devinrent très circonspects dans leurs octrois financiers.

L'ironie de l'histoire, c'est une conséquence que le démocrate Patman n'avait pas prévue : les think tanks comprirent tous qu'il devenait vital de trouver d'autres sources de financement. Or, les nouveaux mécènes qui se présentèrent n'ayant guère de sympathie pour les think tanks traditionnels, on assista à la naissance, puis à la prolifération, de nouveaux think tanks dont l'idéologie n'était sans doute pas très appréciée d'un homme comme Patman. Ce fut le baby-boom des think tanks conservateurs.

Le déclin des ressources provenant des grandes fondations depuis la réforme de 1969 fut aggravé par une économie médiocre dans les années 1970 et par les chocs pétroliers. La Fondation Ford, très engagée dans les mouvements contestataires des années 1960 (racisme, sexisme, inégalités...) fut la plus durement touchée et, par ricochet, *Brookings* et IPS les think tanks les plus atteints. RAND souffrit aussi car le budget de la défense allait d'abord au conflit vietnamien et à la recherche spatiale. L'élection de Reagan en 1980 confirma la tendance : les think tanks conservateurs avaient désormais l'avantage, et pas seulement financier. Ils étaient alors dans l'air du temps ; ils n'ont fait qu'affirmer leur suprématie depuis.

Le cas de l'*American Enterprise Institute* – (AEI)_Comme nous l'avons vu précédemment, le *Committee for Economic Development* (CED et future AEI) avait été créé en 1943 par des "hommes d'affaires cultivés" qui assuraient le lien entre les universitaires et les dirigeants d'entreprise – ce qui n'allait pas de soi. Trait distinctif intéressant, ce think tank était financé principalement par le monde des affaires et en second seulement par les dons de fondations assez peu connues. Il était aussi peuplé d'économistes classiques – c'est à dire libéraux dans le véritable sens du terme – mais désireux de garder néanmoins un certain degré d'ingérence étatique dans les affaires sociales : retraites, assurances chômage, remboursement de médicaments... Autrement dit, comme le fit remarquer un proche de Nixon, ils acceptaient le "keynésianisme du moment que ce dernier fût en bonne partie revu selon l'enseignement de l'École de Chicago" – allusion à la politique monétariste et à la renaissance de l'économie de marché. À cela, il fallait ajouter les idées néoconservatrices et un peu d'évangélisme chrétien.

Grâce à cette mixité, AEI connut un essor extraordinaire à partir de 1970, continuant de recevoir des subsides à la fois des entreprises privées – ce qui devint le modèle à imiter – et des rares fondations qui n'étaient pas hostiles au conservatisme. Son succès était tel que la Fondation Ford, pourtant très à gauche, impressionnée par le personnel académique d'AEI (université sans étudiants...) et par la qualité de sa production décida de lui conférer en 1972 un don de 300.000 dollars, limité toutefois à une durée de trois années. Ceci était peu comparé aux largesses accordées à *Brookings*, mais symbolique. Smith, dont les sympathies sont à gauche, et même Rich estiment que ce don d'une fondation ancienne donna à AEI une "légitimité" qu'il n'avait pas auparavant. On peut penser que Smith et Rich ne sont pas très objectifs sur ce point. La légitimité et la respectabilité, à notre humble avis, ne tiennent pas forcément au soutien apporté par une vénérable institution et sont tout aussi réelles si le think tank dépend d'entreprises et d'institutions philanthropiques nouvelles. Smith et Rich affirment néanmoins que le décollage d'AEI eut lieu grâce au don de 1972, le premier jamais accordé par la Fondation Ford à un think tank conservateur. Le succès appelant le succès, AEI n'eut aucun mal ensuite à recevoir l'aide de fondations nouvelles, elles résolument conservatrices, telles que la *Lilly Foundation*, la *William Donner Foundation* ou encore le *Scaife Family Charitable Fund*. Selon Smith, la donation Ford était le "visa d'autorité intellectuelle" et le "brevet d'objectivité politique" que devrait avoir tout think tank digne de ce nom. Nous pensons pour notre part que ce sont les idées défendues par AEI qui expliquent son ascension, bien plus que le don Ford.

## *Les nouvelles sources de financement*

Imitant AEI, tous les think tanks, y compris *Brookings* et IPS, comprirent qu'il leur fallait solliciter les présidents des grandes compagnies. Pour *Hudson*, qui avait toujours été conservateur, il fut assez facile de passer de 38% à 3% d'aide gouvernementale puisque les contributeurs privés compensèrent volontiers cette perte.

Pour *Brookings*, *Urban* et surtout IPS, il y eut confirmation que si les riches mécènes potentiels acquis aux idées de gauche ne manquaient pas, la majorité des entrepreneurs étaient tout de même conservateurs. De plus, dans les années 1970, tout un réseau de nouvelles institutions et de nouvelles fondations conservatrices se constitua. Répondant à l'appel d'Irving Kristol, ces nouvelles fondations favorisèrent tout naturellement les think tanks dont les recherches pouvaient aller dans le sens de leurs vues idéologiques, c'est à dire ceux qui s'étaient engagés dans la Guerre Culturelle et qui combattaient le socialisme (appelé là-bas *liberalism*). Désormais l'idéologie et les fonds de soutien étaient en parfaite symbiose. À la réflexion, c'était tout de même plus logique et plus sain.

Avant de quitter le sujet de ce réseau de fondations conservatrices qui n'a aucun équivalent dans le camp dit *liberal* (socialiste), citons quelques noms devenus célèbres et qui seront sans doute aussi "vénérables" que ceux des vieilles fondations d'ici une décennie ou deux :
- *The John M. Olin Foundation*
- *The John Pew Freedom Trust*
- *The Smith Richardson Foundation*
- *The Sarah Mellon Scaife Philanthropies*
- *The Noble Foundation of Oklahoma*
- *The Bradley Brothers Foundation*
- *The Adolph Coors Foundation*
- *The Betchel Foundation*
- *The Lilly Foundation*
- *The Samuel Noble Foundation*
- etc.

À titre indicatif, Richard Scaife fit don, de 1973 à 1981, de 5.3 millions de dollars au CSIS et de 3 millions de dollars à *Heritage* et à l'*Institute for Contemporary Studies*. Malgré tout, les think tanks se multipliant, il ne fallait plus compter sur la seule manne des fondations. Il était urgent et crucial de diversifier les sources de financement. Il se produisit donc un déplacement des ressources vers deux autres secteurs du privé : les grandes entreprises et les donneurs individuels. On peut parler de "déplacement du financement vers le marché", seule solution pour obtenir une base financière plus large.

## Le recours au marketing

Si AEI avait réussi à faire admettre comme une évidence le bien-fondé du recours à l'aide des entreprises, c'est *Heritage* qui institua le marketing politique et la commercialisation des "idées".

Affirmant que les idées étaient la seule arme capable de renverser l'*establishment* et œuvrant activement à construire leur propre *establishment* – c'est à dire à changer les élites en place, vaste programme – les réseaux conservateurs adoptèrent des stratégies commerciales empruntées aux pratiques courantes des milieux d'affaires. Cela fut critiqué comme une déviation de l'éthique traditionnelle des think tanks mais l'idée était géniale et fut rapidement reconnue comme telle, puis imitée par tous les think tanks. C'était une vision réaliste et financièrement efficace.

Les conservateurs commencèrent donc à s'organiser vers 1970. Ils constituèrent d'abord des "comités d'action politique" (les PACs) tels que le *Survival of Free Congress*, le *National Conservative Political Action Committee* et tant d'autres, tous financés entièrement ou en grande partie par mailing direct, c'est à dire par courrier adressé aux donneurs potentiels. C'est cette action qui est à l'origine de la création de tant de ces nouvelles fondations qui forment ce réseau sans équivalent dans le camp opposé.

C'est *Heritage*, créée en 1973, qui développa ensuite cette méthode du mailing direct. Déplacer le marché des idées du domaine abstrait des élites vers l'arène de l'opinion publique (où les conservateurs ont toujours été beaucoup plus à l'aise que les technocrates socialistes) était un autre trait de génie. Intéresser la population à l'action des think tanks et solliciter les petits donneurs, et pas seulement les riches et les puissants, fut donc instauré par *Heritage* qui demeure à ce jour une exception. Si la collecte de fonds par le mailing direct fut imitée par tous les think tanks, *Heritage* est le seul à pouvoir présenter une tranche de plus de 50% de son budget opérationnel provenant de contributions privées de 100 ou même de 50 ou 25 dollars (52% en 2004) ! Aujourd'hui, la technique est grandement facilitée bien sûr par l'informatique et en particulier par le courrier électronique. Le phénomène entraîna tout naturellement une autre nouveauté : devenir "membre" d'un think tank par la cotisation annuelle versée – sans confusion bien sûr avec les membres "professionnels" que sont les experts. Une cotisation annuelle de 100 dollars donne droit aux périodiques publiés par les think tanks et accès aux manifestations sélectes comme les séminaires, dîners annuels et galas d'anniversaire. Précisons que l'adhésion permet de recevoir une invitation pour ces manifestations. Il va de soi que la participation aux événements exige 500 ou 1000 dollars de plus...

Ce serait une erreur d'assimiler les stratégies de marketing orientées vers l'opinion publique à du populisme. À la différence des lobbies, les think tanks restent tout de même des institutions élitistes. Ils n'exploitent pas des courants populaires. Leur action vise au contraire à élever les citoyens vers la réflexion politique et à les amener à soutenir en connaissance de cause la ligne défendue par les experts. Le soutien moral compte aussi. Du reste, la convergence de vues entre un think tank et sa base financière est un élément de légitimité indiscutable. Le président de *Heritage*, Ed Feulner, las d'entendre les conservateurs même les plus éminents, traités d'hommes de Neandertal par les élites en place, décida de faire de *Heritage* une "vaste tente" où les conservateurs de toutes tendances, de tous les milieux, de toutes origines pourraient "se sentir chez eux".

Mais les stratégies de marketing peuvent aussi être orientées vers les élites : média, Congrès, Maison Blanche. L'argent ne viendra pas de ces élites, mais la notoriété que ces mêmes élites reconnaissent à un think tank est un aimant extraordinaire pour attirer des fonds. Pareillement, la présence de personnalités aide grandement un think tank à construire sa propre célébrité. L'arrivée du président Ford à AEI en 1976 en tant que *distinguished fellow*, recevant 40000 dollars de salaire annuel pour participer aux séminaires et aux galas, donna une impulsion indiscutable à l'institut. Des personnalités de ce type facilitent considérablement l'accès aux élus, aux ministères, à la présidence même, ne serait-ce que grâce à leur carnet de relations.

Autre phénomène qui se révèle inestimable financièrement parlant, la visibilité médiatique. Chaque passage à la télévision ou à la radio d'un expert invité à commenter un fait d'actualité épineux ou à parler d'un livre qu'il publie, chaque article lu en première page des grands journaux se traduit dans les jours qui suivent par de nouvelles rentrées d'argent.

Ainsi, les techniques de marketing des think tanks et les diverses stratégies commerciales adoptées visent toutes à promouvoir et à commercialiser les services et les publications proposés sur le marché. Le but essentiel est de se faire remarquer pour devenir un acteur de la "conversation publique" (expression chère à Ricci) qui concerne toute la société et que les média ne peuvent ignorer. Les think tanks se trouvent donc happés dans un cercle finalement vertueux : l'influence et le pouvoir amènent la notoriété qui, à son tour, attire les dollars...

## *Les think tanks non-conservateurs défavorisés ?*

La notion selon laquelle les think tanks non conservateurs seraient financièrement défavorisés parce que les fondations anciennes sont moins généreuses et les nouvelles plutôt hostiles, tout comme le monde des affaires, est un mythe. La prolifération des think tanks conservateurs après 1970 a pu donner cette impression, mais la réalité est tout autre.

*Brookings* et RAND trouvèrent le moyen de rester très riches en combinant leurs sources traditionnelles de financement, certes diminuées mais encore importantes, avec les nouvelles ressources. Le *Urban Institute*, après avoir perdu ses ressources gouvernementales sous Reagan, suivit le conseil du président qui estimait leurs services inutiles : le libre marché (planétaire) pouvait remplacer ces ressources. *Urban* proposa alors ses services aux pays qui n'avaient justement pas d'économie de marché et vécut principalement de contrats étrangers...

IPS, comme ses collègues, opéra des changements radicaux : structure, personnel, modes de financement. En 1995, il avait vu son budget tomber au tiers de ce qu'il était dix ans auparavant. Il adopta donc les méthodes de *Heritage* et se tourna vers les donateurs individuels, tout en déclarant que la recherche de dizaines de milliers de cotisations modestes "n'était pas quelque chose de sérieux" ! Le think tank se tourna donc vers les gros donateurs individuels et les élites de gauche, en place et très bien loties. Précisons aussi que les fondations nouvelles ne sont pas toutes conservatrices, loin de là, et que certaines fondations nouvelles orientées à gauche sont fort riches. En voici quelques-unes qui justement aident IPS et d'autres think tanks partageant la même idéologie : la *John and Catherine Mac Arthur Foundation*, la *Samuel Rubin Foundation*, la *Bydale Foundation*, la *Bernard Rapaport Foundation*, la *Alton James Foundation*.

Notons aussi que si IPS en particulier et les think tanks non conservateurs en général ne peuvent cacher un certain dédain pour les petits contributeurs, ils n'ont aucun mal pour autant à se constituer un capital stable pouvant assurer leur fonctionnement puisqu'ils bénéficient de la sympathie et de la bienveillance de nouveaux milliardaires, souvent excentriques, dont le prototype est assurément George Soros qui a créé sa propre fondation, le *Open Society Institute*. Citons également le magnat des assurances, Peter Lewis, le producteur hollywoodien Steven Bing ou encore quelques "héritières" célèbres comme Theresa Heinz-Kerry ou bien Linda Pritzker.

En résumé, les think tanks de gauche sont loin d'être sans ressources financières. De plus, l'accès aux média leur serait plutôt facilité, étant donné la communauté de vues entre eux et les grands réseaux. S'il y a déséquilibre entre les think tanks de gauche et les think tanks conservateurs, ce n'est pas sur le plan des ressources mais dans le domaine des idées. Leurs idées ne sont pas neuves et ne font pas recette ; elles ne sont souvent pas en phase avec le pays réel. D'ailleurs, l'idée même de commercialiser les services des think tanks qu'ils ont bien dû s'approprier pour survivre n'a pas surgi de leurs rangs. Ils ne sont donc nullement défavorisés en quoi que ce soit. Dans la compétition et le libre marché, ils ne sont tout simplement pas les plus forts. Certains ont l'honnêteté de l'admettre. Les autres sont de mauvais perdants.

Un autre fait est qu'ils subissent la concurrence d'une foule de lobbies qui partagent leurs vues et qui eux aussi mordent dans la manne non illimitée des contributeurs. Il existe bien aussi des lobbies de droite mais pas dans des proportions comparables.

## La concurrence des lobbies

Le phénomène touche surtout les think tanks non conservateurs mais il a tendance à gagner du terrain partout. De nombreux think tanks sont en réalité des groupes militants déguisés qui organisent la collecte de fonds par mailing direct ou bien par téléphone. Rappelons que les think tanks bénéficient du statut 501(c)3 qui les dispense de l'impôt, ce qui n'est pas le cas des lobbies au statut 501(c)4. Aussi certains instituts abritent-ils deux organismes : l'un qui fait du lobbying actif et exerce des pressions sur les élus, l'autre qui produit des informations et des arguments... pour le lobby ! Autrement dit, les lobbies, de plus en plus, intègrent dans leur structure un think tank, ce qui est une excellente façon de contourner les lois fiscales et qui aboutit à une confusion des rôles. La plus célèbre de ces organisations hybrides qui combinent recherche et militantisme est le CSE (*Citizens for a Sound Economy*). Vient ensuite le *Family Research Council*. La question qui se pose alors est : jusqu'à quand ces organismes qui sont en fait plus des groupes de pression agressifs que des instituts de recherche seront-ils considérés comme des think tanks dans les milieux politiques ? Et surtout, le monde des think tanks ne va-t-il pas vers une réforme fiscale les concernant cette fois-ci directement ?

Pour conclure, le monde des think tanks est en quelque sorte condamné à la course aux dollars. La manne disponible n'étant pas extensible indéfiniment, la compétition est de plus en plus serrée. La Nouvelle Droite, du fait de sa communauté de pensée avec les milieux des affaires n'eut guère de mal à trouver une aide financière auprès des dirigeants de grandes entreprises. Les conservateurs comprirent vite que les idées étaient un bien commercialisable et qu'elles constituaient leur fonds de commerce. De leur côté, les entrepreneurs acceptèrent avec enthousiasme d'investir des sommes considérables dans des produits abstraits comme des services, et le marché des idées se développa très rapidement, parallèlement au concept de propriété intellectuelle.

Néanmoins, "il reste toujours difficile de rechercher l'aide financière de gens qui peuvent certes se permettre de faire des dons importants mais qui n'en tireront pas forcément un avantage tangible en retour." [Ricci, 1993. p. 229]. D'où la nécessité impérieuse pour les think tanks de se distinguer de leurs concurrents et de commercialiser activement leur production. Le fait qu'un think tank soit proche idéologiquement de la Maison Blanche ne change rien à cette dure réalité...

Aussi, la création et la survie d'un think tank sont-elles toujours un défi et une prouesse. C'est ce que résume non sans humour un article intitulé *"Ainsi vous voulez monter un think tank ?"* : "La partie facile, c'est de mettre votre message au point. Le véritable test c'est de parvenir à diffuser ce message... Trouvez une liste de noms, l'acheter ou la voler si nécessaire, puis envoyez par la poste votre lettre d'appel de fonds. Chaque jour, chaque chose que vous tenterez devra utiliser du marketing en pas moins de 6 dimensions. Commercialisez vos recommandations politiques, commercialisez

*Les think tanks et l'argent*

les principes et les valeurs qui les sous-tendent, faites de la publicité pour tout ce que vous produisez, événements et publications. Commercialisez le concept même de think tank ! Puis faites valoir ce qui vous est tout à fait spécifique. Enfin, ne vous lassez jamais de vous promouvoir vous-même ainsi que les personnages clés qui donnent son caractère à votre organisation."
[John K. Andrews, Jr., "So You Want to Start a Think Tank, *Policy Review*. Summer 1989]

On aurait envie d'ajouter "Bonne chance !" Mais ce qui semble fou ou impossible aux Européens est perçu bien autrement par les Américains.

# Chap. VII : Un phénomène quintessentiellement américain et ses imitations à l'étranger

Si la diversité et le nombre toujours croissant des think tanks rendent les chercheurs extrêmement perplexes, il y a consensus sur leur identité nationale. Voici les réflexions que quelques spécialistes, dont Andrew Rich, nous ont confiées spontanément et de façon catégorique :
-"C'est un phénomène 100% américain, dû au système politique et au besoin constant de contrôler le gouvernement." [AEI]
-"Les think tanks sont américains dans leur essence même. Il ne peut y avoir à l'étranger que des imitations..." [Rich]
-"Les vrais think tanks sont l'expression de la société civile, sans liens avec le gouvernement ou l'université... C'est une exception américaine, un type d'institution unique, à l'exception peut-être de quelques organismes assez ressemblants en Grande-Bretagne." [CSIS]
-"Le think tank est une institution exclusivement américaine qui cherche à lier connaissance et pouvoir et à transformer les idées en pouvoir politique... institution qui gagne en influence au fur et à mesure que l'état s'élargit et que notre société se politise en profondeur." [*Heritage*]

On retrouve des affirmations similaires dans les livres spécialisés. Ricci parle "d'un phénomène frappant de la vie politique du pays, typiquement américain, et sans équivalent à l'étranger." [Ricci. 1993, p. VII]. Enfin, la réflexion la plus lapidaire : "Le concept même de think tank est né dans un pays donné et procède d'un système politique et d'une culture donnés." [Weaver and Mc Gann, 2000. p. 140/141].

Nous examinerons donc l'américanité des think tanks à travers le système politique des États-Unis (dont le système fiscal découle) et les traditions culturelles. Nous ébaucherons ensuite des comparaisons avec quelques think tank étrangers. Il est indéniable que le système politique, économique et culturel d'un pays donné détermine son aptitude ou non à voir se développer des think tanks.

## *L'environnement politique et institutionnel*

Le facteur le plus important est la répartition des institutions politiques et leurs différences bien marquées. Les États-Unis ont la plus ancienne constitution écrite du monde. Depuis 1776, ils n'en ont jamais changé. La Constitution s'accompagne d'un second texte fondateur, le *Bill of Rights* de 1791 qui apporte des amendements à la Constitution.

Ces deux documents vénérables sont la référence absolue pour toutes les institutions politiques (l'exécutif, le législatif et le judiciaire), pour les deux grands partis, pour le citoyen de base comme pour les élites et donc, bien évidemment, pour les think tanks. En tant qu'émanations de la société civile et par nature méfiants à l'égard du gouvernement et de la Cour Suprême (dont la fonction est pourtant de juger de la constitutionnalité des lois), les think tanks se donnent pour mission de surveiller l'évolution des politiques suivies pour en déterminer la légitimité, le bien fondé et la constitutionnalité. Ils passent au crible toutes les propositions contenues dans les projets de loi avec l'outil de l'expertise analytique et de leur connaissance intime des textes de loi, des précédents historiques comme des données nouvellement surgies. N'oublions pas que bon nombre de ces experts sont de véritables érudits et des analystes expérimentés, capables de déceler tout de suite la faille d'un projet apparemment cohérent. En surveillant ainsi étroitement les gouvernements et les décisions des élus et des juges (élus ou nommés), ils se posent en garants des libertés américaines fondamentales énumérées dans les textes fondateurs.

## Un phénomène quintessentiellement américain...

Bien entendu, les divergences quant à l'interprétation de ces textes apparurent dès le début de la république mais elles ne furent jamais aussi fortes, voire dramatiques, que depuis la décennie 1965-1975, génératrice de bouleversements profonds dans la société américaine.

Rappelons-nous que le besoin d'une institution nouvelle, le think tank, se fit sentir au début du XXe siècle du fait de l'État alors minimal, presque comme à sa création, et en accord avec la constitution. Les courants progressistes voulurent voir l'état s'engager dans le social, à l'exemple du système social bismarckien. Les opinions discordantes s'exprimèrent aussitôt mais mirent des décennies à se concrétiser sous forme de *think tanks chargés, eux, de protéger le citoyen de la protection abusive de l'État* ! C'est la poussée réactive aux mouvements contestataires des années 1960, qui, alliée au mécontentement déjà ancien contre les ingérences étatiques, explique l'explosion puis la prolifération de think tanks à partir de 1970. Puis, dans les années 1980 et 1990, se créèrent à leur tour des think tanks en réaction à l'influence des nouveaux think tanks conservateurs et libertariens.

On en arrive ainsi aujourd'hui à cette contradiction apparente : les think tanks sont nés du manque d'état et aujourd'hui ils prolifèrent parce qu'il y a trop d'état. Cette dynamique de création et de contre-création se poursuit et ne donne aucun signe de fatigue en ce début de XXI$^e$ siècle.

De l'opinion générale, les think tanks les plus typiquement américains seraient les think tanks libertariens qui partagent tous le désir d'un impossible retour vers l'état minimal. Utopie, bien sûr mais on ne trouve nulle part ailleurs ce rejet viscéral et cette condamnation féroce de l'état hypertrophié, destructeur des libertés individuelles constitutionnelles.

Les think tanks conservateurs considèrent que l'Amérique s'est écartée de ses repères fondateurs et de sa profession de foi. Voici un extrait typique : "Les Pères Fondateurs ont doté l'Amérique de principes sains et d'un appareil de gouvernement sans égal dans l'histoire de l'humanité. Au moment où nous entrons dans le XXIè siècle, la prospérité et la liberté de l'Amérique ne peuvent être assurées que si elles suivent de nouveau ces principes élémentaires de base." [Préambule à la charte du *Claremont Institute*].

Comparons avec cette estimation que fait de lui-même un nouveau think tank dans le camp opposé, très représentative de l'idéologie néo-progressiste qui aspire au modèle économique "social" européen et éprouve le plus grand respect pour les organismes supranationaux. Le *Center for American Progress*, né en 2003, affirme : "Chaque jour, nous défions la pensée conservatrice qui mine le fondement des valeurs américaines de liberté, de communauté et de respectabilité partagée."

On le voit, le socle commun de référence reste le corpus des valeurs fondatrices. Les think tanks sont le résultat des extraordinaires écarts d'interprétation de l'esprit des textes fondateurs. Le critère de légitimité politique devient donc le suivant : qui respecte le mieux ces textes essentiels ? Qui les soumet à de véritables distorsions ? Ce sont les électeurs qui en décident en fin de compte, par leurs votes mais aussi par leur choix de soutenir financièrement et moralement les think tanks qui représentent leurs idées. L'apport financier et moral désormais massif du secteur privé aux think tanks est un bel exemple de démocratie directe, trait distinctif du système politique américain.

Mais revenons aux institutions et aux pouvoirs politiques. En plus de la séparation des pouvoirs qui n'est pas unique à l'Amérique, il existe ce que Ricci et d'autres experts appellent "la fragmentation du pouvoir" au sein même du Congrès. Cette fragmentation tient à plusieurs raisons. Du fait de la fréquence des élections (tous les deux ans) et à cause de la limite en durée fixée à deux mandats pour le président des États-Unis comme pour les Représentants du pays élus à la chambre basse (*The House of Representatives*), il y a un brassage du personnel politique sans égal à l'étranger. Les électeurs américains ont les moyens politiques de se débarrasser des incompétents grâce au renouvellement des élus par des élections fréquentes. De plus, le cumul des mandats, hérésie politique, n'existe pas. Les think tanks

*Un phénomène quintessentiellement américain...*

ont donc une clientèle sans cesse renouvelée et de nouveaux demandeurs d'expertise tous les deux ans, d'autant que les Représentants à la Chambre proviennent en majorité de la société civile et n'ont donc pas de formation politique "professionnelle". Il n'y a qu'au Sénat que les élus peuvent être reconduits à vie, ce qui donne des sénateurs quasi-inamovibles comme Ted Kennedy, l'exemple le plus célèbre. Mais, même ces piliers politiques se doivent de suivre la dynamique des idées. Le sénat américain n'est jamais accusé d'inertie et de passivité comme le sénat français. Pour être réélus et "mériter" leur émoluments confortables, les sénateurs doivent se montrer politiquement actifs et si possible marquer l'histoire du sénat de leur empreinte personnelle distinctive. Ils ont donc eux aussi recours aux think tanks pour se bâtir une réputation personnelle sur des bases solides et cohérentes. Aucun élu aujourd'hui, de la Chambre ou du Sénat, ne se contente des services d'expertises pourtant croissants eux aussi que les agences gouvernementales mettent à leur disposition – à la différence des parlementaires européens qui se fient trop souvent docilement aux informations provenant des instances gouvernementales et ne ressentent même pas la nécessité d'aller chercher des informations hors du système ! Tout comme les Moscovites de la défunte URSS devaient se contenter du GUM pour s'approvisionner en biens matériels de premières nécessité, les Français d'aujourd'hui ne sont pas à même "d'aller faire leur marché idéologique" tant le marché des idées est peu développé chez nous.

Par ailleurs, l'indépendance du législateur américain offre un contraste frappant avec la situation des élus dans les systèmes parlementaires européens, y compris en Grande-Bretagne. Les élus du Congrès jouissent d'une grande liberté de décision, n'étant nullement bridés par une quelconque discipline de parti, ou pire, par un chantage à l'investiture ! Rien qu'au cours des dernières années il y a des dizaines de cas où les élus ont choisi de suivre une ligne différente de celle de leur parti et même d'être en totale opposition et de se joindre au parti adversaire dans leurs critiques ou sur un projet donné. Si les "défections" sont mal vues, elles sont tout de même respectées et n'entraînent pas l'expulsion du dissident.

Autre facteur déterminant, l'absence de partis forts. Cela peut surprendre l'observateur européen qui a l'impression que les partis politiques américains sont de puissantes machines. Les experts et politologues américains s'accordent à dire que rien n'est plus faux. Les partis ont été puissants mais cela est révolu. Ils sont même considérés comme "faibles" et réduits au rôle de locomotive électorale. Ils sont en conséquence moins susceptibles qu'ils ne l'étaient, et que ne le sont beaucoup de partis européens, d'offrir de l'expertise politique. Les think tanks d'opinion se sont crées aussi pour combler ce vide conceptuel dont les causes seraient trop longues à analyser ici.

Enfin, n'oublions pas le caractère décentralisé du système fédéral qui favorise la création de think tanks régionaux bien sûr mais aussi de think tanks nationaux préoccupés par la tendance de l'Etat Fédéral (la dérive, selon certains) à empiéter toujours davantage sur les prérogatives des cinquante états de l'Union.

Ainsi, le système politique américain offre un terreau fertile aux think tanks. Les think tanks sont devenus aujourd'hui "une vieille habitude politique", selon l'expression de Marc Schoeff du CSIS. Ils apportent ce supplément d'information et cette profondeur d'analyse que les experts publics n'ont pas et surtout ils sont plus en phase, leur existence en dépendant, avec les électeurs – ce qui est forcément un atout incomparable auprès des élus. Nous ne saurions trop insister sur l'argument ultime : les think tanks d'aujourd'hui vont plus loin que l'analyse, ils présentent des solutions et conseillent dans le choix des options possibles.

Il faut bien sûr ajouter un élément non négligeable qui est aussi à l'origine de nombreux think tanks, c'est l'extension des responsabilités de l'Amérique à la planète entière. Depuis 1945, le pays, isolationniste par tradition et par goût, se trouve forcé par les réalités à "désobéir" aux recommandations posées sinon imposées par Washington dans son testament politique : "ne pas se trouver impliqués dans des obligations étrangères..." Véritable quadrature du cercle pour les politiciens d'aujourd'hui. Les think tanks s'occupant de géopolitique et de questions internationales sont donc en pleine expansion sans que leur prolifération, tout comme dans les autres secteurs étudiés, n'offre de risques de redondance. "Bien au contraire, nous explique Marc Schoeff. Le nombre des think tanks est certes impressionnant mais leur diversité l'est plus encore. Il y a tant d'angles d'approche à une question donnée, tant de propositions à examiner, tant d'avis possibles dans les domaines de recherche existants et dans les nouvelles questions qui surgissent tous les jours qu'il n'y a jamais "trop" de think tanks." Et il conclut non sans humour : "Et puis quoi, c'est nous la superpuissance après tout !" ("*After all, we are the goddam superpower !*").

## *La tradition philanthropique et les lois fiscales*

Les pays qui n'ont pas de tradition philanthropique et de lois qui encouragent la philanthropie privée sont évidement mal équipés pour favoriser la recherche politique indépendante. La notion même de think tank suppose l'indépendance intellectuelle ou tout au moins l'autonomie vis-à-vis de l'état et des intérêts catégoriels. "Le libre penser est une prédilection anglo-américaine." [Stone et Garnett cités dans Weaver and Mc Gann, 200. p. 4]

Les USA comptent des milliers de fondations et de think tanks totalement indépendants de l'état. Leur statut fiscal leur permet de recevoir jusqu'à 90% de leur financement par des dons d'individus et même si la majorité des contributeurs privés sont des chefs d'entreprises, ils ne sont pas leur entreprise. En France par exemple, les dons sont lourdement imposées par l'état alors qu'ils sont déductibles des impôts en grande partie ou en totalité aux États-Unis. Les dons ou legs à son ancienne école, à un think tank , à un musée ou à une fondation "sont déductibles à 50% pour les entreprises, ce qui est un stimulant incomparable pour le mécénat privé." [Bernard Zimmern. Paris. Conférence du 25 février 2003]

## *La tradition culturelle*

Les philanthropies privées ne sont qu'une partie des réseaux associatifs intenses qui existent aux États-Unis. Elles sont aussi étroitement liées à la culture économique du pays. Le capitalisme donne la prééminence à la théorie de l'offre, revenue en force dans les années 1980. Les chercheurs des think tanks, obéissant à ce principe de base, n'attendent pas d'être sollicités pour commencer à chercher. Nous avons vu qu'ils se fixent eux-mêmes les objectifs qu'ils souhaitent atteindre et travaillent, en accord tacite avec leurs contributeurs, et non sous la contrainte, à des projets dont l'utilité publique est reconnue. Comme toute entreprise, ils cherchent ensuite à vendre leur production et recourent pour cela aux techniques de marketing et à la publicité. Il n'est pas rare qu'un think tank s'offre une page de publicité dans un magazine. Peu à peu, le public est averti de leur existence, puis se montre intéressé. Tout cela suppose bien sûr une prise de risque, parfois considérable, en particulier celui d'avoir mis une équipe de chercheurs à travailler des mois sur un projet qui ne trouvera pas preneurs. Mais la prise de risque est un élément fondamental de l'éthique capitaliste et du caractère américain. Il s'agit toutefois de "risques calculés" ; avant toute recherche, des estimations et des analyses ont lieu et la désignation des experts adéquats ne se fait qu'après de longues délibérations.

Autrement dit, les think tanks sont complètement régis par l'économie de marché. Esprit de compétition, remises en question perpétuelles, techniques commerciales de pointe, autant d'éléments qui donnent aux think tanks américains leur caractère distinctif. Ils s'inscrivent pleinement dans la culture d'entreprise. Ils sont des entreprises !

Le génie américain est un mélange d'individualisme et d'esprit de service public. Les think tanks en fournissent un parfait exemple. Les idées qui sont le fonds de commerce des think tanks et "ce matériau brut dont sont faits les articles de loi", comme disent Weaver et Mc Gann, les idées (au sens large) sont si essentielles que l'offre suffit à peine à la demande. L'histoire du marché des idées illustre d'ailleurs une constante dans la politique américaine, la poursuite continue du possible autant que de l'idéal. Les idéaux sont même la force motrice des idées – ce qui échappe aux nombreux contempteurs de l'idéalisme américain.

Inhérent au phénomène des think tanks, il existe un paradoxe qui lui aussi est culturel et que nous avons déjà abordé : le mélange de fascination et de scepticisme, voire de mépris, pour l'expertise. Smith explique que le fait de critiquer furieusement les experts et les intellectuels est une vieille tradition américaine, tout comme il est courant de vanter la sagesse et l'intelligence pratique du citoyen ordinaire. Ce dédain tout démocratique pour l'expert est du reste partagé parfois par des élites ; rappelons que Woodrow Wilson, lui-même pourtant intellectuel de premier plan, avait averti du danger qu'il y aurait à donner une importance exagérée aux experts. Il fut entendu. Seulement voilà, le monde actuel exige une spécialisation toujours plus poussée et crée l'impérieuse nécessité de recourir aux experts. En fait, tout va bien si les experts fournissent des études précieuses et des arguments immédiatement utilisables. Si l'expertise paraît frelatée, le public et les élus rejettent le produit et les experts. Bref, ceux-ci n'ont pas droit à l'erreur.

En conclusion, le caractère américain des think tanks ne fait aucun doute. Il est également évident que nul autre pays n'a généré un tel phénomène et dans de telles proportions. L'expertise privée, malgré la défiance nationale à l'égard des spécialistes, en est venue à influencer tous les aspects de la société américaine. Par la dure loi du marché, les think tanks sont tenus à atteindre et à maintenir un niveau d'excellence.
Aujourd'hui, les think tanks américains sont d'autant plus indispensables que ce sont eux qui fournissent les armes de la Guerre Culturelle qui divise l'Amérique. Les think tanks

libertariens et conservateurs sont nés des réactions ulcérées des citoyens contre l'emprise grandissante de l'état et les régulations de toutes sortes ainsi que contre la montée de la confusion morale. Les doutes existentiels constituent en revanche le socle de base des think tanks non-conservateurs. La guerre des idées est une véritable guerre qui demande les armes intellectuelles les plus sophistiquées, armes qui doivent elles-mêmes être habilement commercialisées pour convaincre. Le pouvoir des idées est indéniable même s'il reste impossible à mesurer avec précision. Si la Guerre Culturelle est loin d'être gagnée, les think tanks conservateurs dominent pour l'instant le théâtre des opérations politiques, en nombre et en influence.

## *Les think tanks hors contexte américain*

Le livre de Weaver et Mc Gann est le seul qui étudie de façon presque exhaustive et en profondeur le phénomène de tâche d'huile qui élargit le monde des think tanks à tous les continents de la planète jusque dans les pays les moins développés. Ces auteurs n'en dénombrent aucun bien sûr dans les pays totalitaires : il en existe quelques-uns en Chine communiste, mais ce sont des think tanks "alignés", et aucun en Corée du Nord ! La présence de think tanks dans un pays, leur nature et leur nombre dépendent étroitement du degré de liberté dont jouissent les peuples.

Les think tanks doivent aussi avoir une référence, un repère absolu et incontestable. Pour l'Union européenne, c'est le Traité de Rome. Pour la Grande Bretagne c'est la monarchie parlementaire issue de la Glorieuse Révolution de 1689 – sans cesse amendée depuis et ne laissant à la monarchie qu'une peau de chagrin. Pour les États-Unis, nous l'avons vu, ce sont les textes fondateurs, acceptés de tous, même des minorités qui professent leur haine pour les "citoyens mâles, blancs et morts" – ce qui correspond exactement pourtant aux auteurs des textes vénérés...

Mais alors pour la France ? Les philosophies des Lumières ? Trop vaste et trop vague. Les idéaux de 1789, tels qu'ils furent repris par le Club 89 qu'avaient fondé Alain Juppé et Michel Aurillac en 1981 et dont plus personne ne parle ? Pas fameux non plus car ces idéaux sont rejetés par une partie importante du pays, sinon la moitié. La constitution de 1958 aurait pu peut-être servir de repère puisque approuvée du peuple à 90%. Seulement elle a subi de tels avatars et de telles entorses qu'il n'en reste même plus la substantifique moelle. Reste "l'exception française" ou plutôt les diverses exceptions françaises dont les Français s'enorgueillissent alors qu'elles sont vues de l'étranger comme des exceptions certes mais qui desservent le pays bien plus qu'elles ne le servent ! En fait, la France accuse un déficit idéologique.

Vus des États-Unis, les systèmes parlementaires européens apparaissent comme des systèmes sclérosés où l'élaboration des idées politiques est la chasse gardée des responsables de partis et de quelques groupes d'intérêts catégoriels, avec entre les deux, un néant stérile où les think tanks n'ont guère de chance de naître et de prospérer. À la réflexion, cela est à peine exagéré, surtout en ce qui concerne la France.

Il n'est pas question ici de suivre Weaver et Mc Gann dans leur tour d'horizon des think tanks de la planète. Nous nous contenterons d'un mot sur les think tanks européens puisque de gré ou de force nous sommes presque tous concernés par la construction européenne. Puis nous nous arrêterons brièvement sur le cas de l'Angleterre car c'est le pays le plus proche du modèle original pour revenir un peu plus longtemps sur le cas de la France – simplement parce que c'est notre pays et bien qu'elle ne soit pas un modèle enviable en matière de think tank.

## L'Europe

Fondée par le Traité de Rome, l'Union européenne possède pour l'instant plus de lobbies (groupes d'intérêts particuliers) que de think tanks. Nombreux sont les parlementaires européens à se plaindre des lobbies qui harcèlent le parlement. Les think tanks sont plus discrets, au point que Weaver et Mc Gann ne les citent même pas. En fait, l'Union européenne subventionne surtout des think tanks dans les pays de l'Union qui sont bien sûr des inconditionnels de l'intégration européenne. C'est à dire que ces think tanks sont financés avec l'argent du contribuable européen et à son insu ! L'aide vient aussi d'agences internationales comme le F.M.I. et la Banque Mondiale et plus encore de fondations américaines : Soros, Ford, Tinker...

## L'Angleterre

De l'avis unanime des spécialistes américains, s'il y avait comparaison possible de leur parc de think tanks avec un ensemble similaire à l'étranger, ce serait avec l'Angleterre. Dans les autres démocraties occidentales en effet, les think tanks ne sont dans leur écrasante majorité que de piètres imitations, ou bien ce ne sont pas de "vrais" think tanks puisqu'ils dépendent financièrement de l'état ou des partis politiques.

L'Angleterre en revanche a une longue tradition de philanthropie démocratique. La continuité de ses institutions politiques issues de la Révolution de 1688 est un élément favorable. Le critère de référence des think tanks anglais modernes est pourtant davantage la Conférence du Mont Pèlerin organisée par Friedrich Hayek en 1947 (Suisse) que la Glorieuse Révolution. Hayek est à l'origine de la création des think tanks anglais modernes, meilleur moyen pensait-il de diffuser les théories du libre marché et de contrer les méfaits du keynésianisme. En 1955, se créa donc le *Institute of Economic Affairs*, suivi de quelques autres instituts de moindre importance. Puis il y eut une période de stagnation.

En 1975, Margaret Thatcher remplaça Edward Heath à la tête du parti conservateur. La future Dame de Fer était déjà à elle seule un réservoir d'idées novatrices. Très impressionnée et

*Un phénomène quintessentiellement américain...*

enthousiasmée par l'éclosion de tant de think tanks aux États-Unis, elle décida que la Grande Bretagne ne serait pas en reste. Une kyrielle de think tanks fut créée, avec le soutien de feu Keith Joseph, collègue et ami de Mme Thatcher. En 1977, naît le *Adam Smith Institute*. En 1978, le *Policy Studies Institute*. Puis en 1979, Keith Joseph refond un ancien think tank pour en faire le *Center for Policy Studies* et en 1985 naît le *David Hume Institute*. Ces quatre instituts avaient pour but premier de sauver l'Angleterre de la faillite irréversible vers laquelle elle se précipitait. Depuis, leurs domaines de recherche se sont considérablement diversifiés et élargis. Ces think tanks eurent une influence très concrète puisqu'ils démantelèrent le consensus économique de l'Après-Guerre et produisirent des dizaines de "prescriptions" adoptées au cours des réformes de Madame Thatcher. Il va de soi que ces think tanks trouvent leur financement uniquement sur le marché – davantage par les adhésions et la vente de leurs publications que par les donations car la tradition philanthropique s'est considérablement affaiblie en Grande Bretagne depuis 1945.

Comme aux États-Unis, la Guerre Culturelle se fait par think tanks interposés et la société civile a conscience qu'il y a une guerre en cours, ce qui n'est pas le cas en France. À la fin des années 1980, la Nouvelle Gauche britannique issue de la restructuration en profondeur à laquelle le *Labour Party* (Parti Travailliste) eut la sagesse de se soumettre en 1983 (se moderniser ou cesser d'exister) réagit à la poussée conservatrice en créant ses propres think tanks. Le *Center for Policy Studies* de Keith Joseph avait promu ses penseurs comme "les premiers modernisateurs" mais les Travaillistes nouveau-style reprirent le terme à leur compte. La contre-offensive travailliste produisit donc l'*Institute for Policy Research* (1988), l'*Institute of Employment Rights* (1989), le *Social Market Fund* (1989) et le *Demos* (1993), très à gauche et qui clame avec fierté être "le premier think tank post-moderne", si tant est que cela signifiât quelque chose...

Puis, comme aux États-Unis, la contre-réaction entraîna une contre-contre-réaction : en 1997, William Hague lança son *Conservative Policy Forum*. Relativement jeunes aussi, *Politeia*, petit think tank très dynamique qui opère pourtant dans des bureaux exigus qui ne paient pas de mine, le *Conservative Way Forward* (celui qui comprend le plus de personnalités influentes) et quelques autres.

Soulignons que l'environnement politique et fiscal anglais est favorable à la création de think tanks. Les think tanks sont aussi très demandés, comme aux États-Unis (et cela n'existe pratiquement pas en France), comme lieux de stage entre diplôme et premier emploi par les jeunes gens qui aspirent à une carrière dans le journalisme, la magistrature, l'université et bien sûr la politique.

Les think tanks anglais présentent aussi ce degré d'indépendance financière qui est le critère premier pour être classé comme think tank authentique. Comme aux États-Unis, il leur faut généralement deux, voire trois décennies pour être connus du grand public et admis comme parfaitement intégrés dans le paysage politique.

En plus de la guerre des valeurs (droite- gauche), les think tanks anglais ont d'autres domaines d'étude qui sont aussi des sujets de division : l'autonomie des régions mais surtout l'opposition, féroce, entre les tenants de l'intégration européenne et les défenseurs inconditionnels de la relation privilégiée avec les États-Unis. Certains think tanks, à droite comme à gauche, travaillent à contrer les think tanks blairiens (*The Blairites*) qui tentent de tout concilier, en économie ou en politique extérieure.

En résumé, Londres est une ville passionnante si l'on considère l'activité de ses désormais nombreux think tanks. Elle présente indéniablement des éléments qui soutiennent un peu la comparaison avec Washington. Les think tanks anglais ont prouvé leur influence sur les politiques suivies même si la spécialiste Diane Stone affirme que leurs arguments sont utilisés post hoc, c'est à dire *après* les délibérations des hommes politiques et comme justificatifs à leurs décisions – ce qui ne peut bien sûr qu'irriter profondément les experts des think tanks qui affirment tous que leur influence est réelle et décisive, au point d'en être devenue le premier critère de légitimité.

Pour en terminer avec l'Angleterre, un phénomène très récent serait en formation : l'avènement de "think tanks à but lucratif"... Si l'on en croit la rumeur, ces think tanks devraient connaître un succès tel qu'ils éclipseraient leurs prédécesseurs car ceux-ci paraîtraient alors complètement démodés. Le post-moderne *Demos* lui-même deviendrait "le dernier des dinosaures..." [Weaver et Mc Gann, 2000.p. 138]

Nous observerons donc avec grand intérêt le développement de cette situation dans les années à venir !

## *Le cas de la France*

La société civile française fournit de louables efforts qui devraient aboutir à un parc de think tanks modernes. On ne peut que déplorer les handicaps structurels qui retardent cet heureux développement. Ces handicaps n'étant jamais levés ni même remis en question par les gouvernements successifs, on comprend que les trois dernières décennies n'aient pas été, à l'instar des États-Unis et de la Grande Bretagne, une période de création et d'épanouissement de l'expertise privée.

Pour commencer, la France n'a pas encore trouvé de désignation française. Nous avons également vu qu'elle n'a aucun critère de base que tous pourraient accepter, aussi chaque institut de recherche français se fixe-t-il ses propres critères. L'absence de socle référentiel non contestable n'est que l'un des obstacles de départ. L'étatisme du pays fait le reste. La tradition jacobine et la centralisation presque caricaturale de notre pays sont peu favorables à l'éclosion des idées neuves. Il y a même une hostilité latente, non avouée, des pouvoirs publics à voir se créer des organismes qui viendraient remettre en question les pesanteurs existantes et l'immobilisme structurel. Les lois fiscales découragent les initiatives privées, en particulier celle de créer des fondations libres. Imposition et régulations excessives sont la première pierre d'achoppement.

De plus, comme l'état français (et les municipalités dans son sillage) entretient un nombre considérable d'associations diverses avec les deniers publics mais sans l'accord des contribuables (le plus souvent même à leur insu), les Français n'ont même pas la notion de ce qu'est un think tank. Ils ne sont pas à même, sauf bien sûr les initiés, de faire la distinction entre think tank totalement indépendant et association subventionnée. Conditionnés comme ils le sont depuis 30 ans par les "élites", leur réflexe spontané est de confondre tous les organismes comme des obligés de l'État. C'est d'autant plus compréhensible que les think tanks authentiques, c'est à dire financièrement indépendants, peuvent se compter sur les doigts de la main.

En conséquence, les Français, dans leur immense majorité, ne sont pas conscients de l'existence de ce genre d'organisme. Quand ils sont informés de l'existence des think tanks, les précisions leur manquent et la notion reste vague. Ils ne sont pas en mesure de seulement discerner l'utilité des think tank ! Quand ils voient - rarement – un membre des think tanks parler à la télévision, ils voient aussi son nom, inscrit sous l'image, mais ne prêtent aucune attention à la provenance de la personne – qui doit figurer sous ou à côté de son nom. Comment les en blâmer ? La France accuse un retard de plusieurs décennies en matière d'éducation économique et politique. Le citoyen est délibérément maintenu dans l'ignorance et livré à la désinformation quotidienne.

Un rapport du Sénat, récent, sur le rôle des instituts de recherche en France conclut même que la création de think tanks et de fondations philanthropiques serait ruineuse... Ruineuse pour qui ? Certes, l'État croule déjà sous les dépenses qu'il s'impose. Mais quid du marché privé ? Imposé et accablé de contraintes, le secteur privé qui, lui, aurait intérêt à voir des think tanks se créer rencontre les pires difficultés. Perversité d'un système étatiste qui refuse... tout ce qui pourrait faire sauter les verrous et les blocages.

L'existence même de l'E.N.A. fait accroire aux Français que la politique est affaire de professionnels et que la société civile fait mieux de se tenir à l'écart de ce qui la "dépasse". De même, la prise de risque politique ne signifie pas grand chose pour les Français. Un homme politique désavoué, un grand fonctionnaire de l'état évincé de la scène politique ne se retrouveront pas à l'ANPE.Il y aura toujours pour ces fonctionnaires de la politique un emploi dans la haute administration – et non une période de réflexion et d'études dans un think tank privé.

La "discontinuité politique", expression de Weaver et Mc Gann, est un obstacle supplémentaire. Le Général de Gaulle tenta de donner à la France une constitution durable mais les transformations qu'elle a subies ne sont pas des amendements constructifs et personne ne parierait aujourd'hui sur sa durée de vie future. Le général, dans sa détestation des partis politiques, encouragea la création non de think tanks mais de clubs politiques, bien dans la tradition française ; il semble que l'impulsion donnée disparut avec lui. On peut tout de même mentionner le *Groupe de Recherches et d'Études pour la Civilisation européenne* (GRECE) fondé en 1968 et le *Club de l'Horloge* fondé en 1974, tous deux indépendants de l'état et des partis et "jouissant d'estime et d'influence en France et hors de France." [Weaver et Mc Gann, 2000. p. 121]

En France, c'est la loi de 1901 qui définit le statut des associations à but non lucratif. L'ingérence étatique reste pesante puisque c'est le Conseil d'État qui décide de "l'utilité politique" des fondations et associations et qui "décrète" son approbation au bout d'une période d'essai de trois ans – toujours selon Weaver et Mc Gann. Ce décret est éminemment désirable puisque c'est de lui que découlent les subventions publiques... en contrepartie desquelles l'état se réserve le droit d'ingérence dans les activités et les comptes de l'organisme, en envoyant par exemple un représentant au conseil d'administration ! Il ne s'agit pas à proprement parler d'exception française puisque ce modèle aberrant est connu d'autres pays européens. Il n'en reste pas moins que dans un tel contexte, les rarissimes think tanks français à pouvoir revendiquer une indépendance intellectuelle et financière totale n'en ont que plus de mérite.

La France est aussi un pays où les "élites" sont plus coupées de la base, c'est à dire de la société civile ou du pays réel, que partout ailleurs. Les think tanks subventionnés par l'état, c'est à dire presque tous, adoptent la même attitude que la classe politique et semblent tenir à leur élitisme. Arrogance naturelle des "intellectuels" français ? Peur de prêter le flanc aux accusations de populisme toujours prêtes à fuser de la classe politique et des média ? L'élitisme étatique, élargi à tous les secteurs d'influence, est un véritable boulet qui entrave la France. Il en découle notamment un manque de communication très dommageable entre le secteur industriel et les chercheurs du service public, tout comme entre l'entreprise privée et le système universitaire public, grandes écoles inclues. Le secret institutionnalisé et l'opacité à tous les niveaux du système public sont des obstacles supplémentaires. Il est très difficile en France d'avoir accès aux décisionnaires politiques et même aux média – ce qui serait inconcevable aux États-Unis.

Par ailleurs, le pays ne possède qu'un secteur philanthropique extrêmement restreint. Les dons et legs vont surtout à l'Institut Pasteur ou à la SPA. Il n'est tout simplement pas dans la tradition française de subventionner des instituts de recherche politique. Les Français de base pensent même en toute bonne foi que c'est là le rôle de l'état et ne se révoltent pas : l'idée ne leur vient pas de se révolter contre le fait que l'argent de leurs impôts aille par exemple au CNRS au mieux ou à des associations "bidon" au pire, alors qu'ils pourraient payer moins d'impôts et décider d'aider des organismes de leur choix avec cette économie.

Pour conclure, il n'y a donc pas pour le moment de véritable marché des idées en France. Les initiés, eux, en sont bien conscients et ne cachent pas leur admiration et leur envie face aux think tanks américains – même ceux d'entre eux qui sont anti-américains ! Le modèle anglo-saxon reste un rêve – que les pays scandinaves et la Grande Bretagne ont pratiquement atteint. Les think tanks français, tous concentrés à Paris et reliés à l'intelligentsia parisienne, cercle très restreint, fonctionnent pour la plupart avec de petits budgets et ne bénéficient souvent même pas de conditions de travail élémentaires telles que des locaux fixes et un personnel secrétarial. Leurs chercheurs sont bénévoles, ce qui serait impensable aux États-Unis, et ont donc un emploi par ailleurs : universitaires, hauts fonctionnaires, rarement entrepreneurs (aux États-Unis, rappelons-le, seuls les stagiaires sont bénévoles). Ces chercheurs sont néanmoins d'une qualité intellectuelle indiscutable. Certains cumulent plusieurs titres universitaires, même si les titres ne sont qu'une indication de la valeur intellectuelle d'un individu.

En conséquence selon Weaver et Mc Gann, les personnels des think tanks français éprouvent un sentiment d'infériorité par rapport aux modèles étrangers. Aucun d'entre eux n'a pu jusqu'ici atteindre la compétence multidisciplinaire des think tanks américains. Leur influence sur le processus politique reste très limitée. Leur visibilité médiatique est faible sinon nulle. Les média s'intéressent peu à eux parce qu'ils ont peu de clients : la demande d'expertise privée est très faible. Nous savons que tous ces éléments se tiennent et que les uns entraînent les autres.

Nous sommes donc très loin de posséder un véritable secteur d'expertise privée car le phénomène reste étranger à la culture et aux mentalités françaises. Il n'arrive tout simplement pas à "décoller" !

En revanche, les think tanks subventionnés connaissent la compétition. Ils ne sont pas livrés à la compétition de marché mais luttent pour obtenir... des contrats gouvernementaux ! Cette tendance est même si accentuée que plusieurs organismes subventionnés envisagent de fusionner. Bref, ils imitent le marché mais à l'intérieur du cocon étatique protecteur. Ils savent que la fin des contrats avec l'état signifierait leur disparition.

Nous conclurons donc avec Weaver et Mc Gann qu'aucun institut français ne correspond totalement à la définition puriste de ce qu'est un think tank américain et que seuls quelques instituts peuvent revendiquer une ressemblance, et encore ceci dans la définition la plus large...

## Portrait de quelques think tanks français

Nous ne pouvons énumérer tous les instituts, clubs ou cercles qui s'apparentent de près ou de loin à des think tanks, même si leur nombre est restreint. Nous en observerons quelques-uns, uniquement pour pouvoir mieux établir des comparaisons entre le modèle américain et ses émules.

### L'IFRI (Institut Français pour les Relations Internationales)

Cet organisme assure n'être ni une structure de recherche au sein d'une université ni une unité de recherche dans un ministère. Il semble assez cossu et sa brochure est bien faite.

Créé en 1979 par Thierry de Montbrial, de l'Académie des Sciences Morales et Politiques, ce think tank a pour vocation la politique étrangère et internationale, la politique d'intégration européenne, l'économie mondiale. Il s'occupe aussi d'immigration, d'intégration sociale et de citoyenneté. Il publie une revue trimestrielle, *Politique Étrangère*, et un ouvrage collectif annuel, RAMSES, qui "rassemble les essais des meilleurs spécialistes", français et étrangers. Il publie des livres chez les grands éditeurs, possède une bibliothèque et un centre de documentation. Au sein d'une section créée en 1999, *Le Centre Français sur les États-Unis*, il affirme travailler à "une connaissance meilleure et une compréhension mutuelle" entre la France et les États-Unis. Il est du reste "ami" de *Brookings*.

Ces liens d'amitié avec *Brookings* et les noms célèbres qui figurent dans son conseil d'administration, en plus d'un don de la *Ford Foundation* et de l'aide du Fonds Marshall allemand, donnent une idée précise de la couleur politique de l'IFRI : que confirme la présence de membres comme Robert Badinter, Pierre Joxe, Marceau Long, Hubert Védrine... (Au fait, pas plus qu'Al Gore n'a "inventé" l'Internet, Hubert Védrine n'a "créé" le terme "hyperpuissance". Il l'a trouvé dans son think tank qui l'a lui-même calqué sur cette manie américaine récente de faire précéder de "hyper" tout et n'importe quoi).

L'IFRI présente donc tous les signes extérieurs d'un think tank à l'américaine. Toutefois, le dépliant explique "qu'il est le premier centre de recherche indépendant de France." Or, le rapport d'activité de l'IFRI fait apparaître un financement très important provenant de "subventions" et un autre de moindre importance, dit d'"autres ressources", sans aucune précision sur leurs origines respectives. Les ressources provenant des dons, cotisations et abonnements sont clairement à part. Donc, l'IFRI est un organisme subventionné typique. De plus, ses relations étroites avec les élites politiques, financières et économiques jettent un doute sur son degré d'indépendance intellectuelle et donc sur sa crédibilité.

Enfin, très européiste, il a un prolongement à Bruxelles : l'*Evr-Ifri*...

## Le CERI (Centre d'Études et de Recherches Internationales)

Ce centre offre aux visiteurs une brochure assez maigre mais bien faite : très complète et bilingue français-anglais. Ce dernier détail est justifié par le fait que le CERI publie des ouvrages dans les deux langues chez des éditeurs français et étrangers.

Fondé en 1952 par la Fondation Nationale des Sciences Politiques, l'IFRI est associé au CNRS. Il ne peut donc et ne cherche pas à dissimuler sa dépendance financière de l'état. Trait commun à tous les think tanks, il n'échappe pas à la vantardise : "Le CERI est en France le plus important centre de recherche sur le système politique international." Après tout, peut-être est-ce vrai. Il est pluridisciplinaire et emploie donc des politologues, des économistes, des sociologues et aussi des historiens et même des anthropologues, en tout plus de cinquante chercheurs et enseignants-chercheurs (*scholars*).La majorité des chercheurs sont professeurs à Science-Pô. Il dispose aussi d'un important personnel administratif pour s'occuper de la gestion, de la documentation, des publications et de la communication.

Toujours selon la brochure, le CERI ne parle pas de "clients" mais de "partenaires privilégiés" : organes de presse, administrations, entreprises et ONG. Il serait du type "université sans étudiants".

Le CERI publie ses livres chez les grands éditeurs : Plon, Fayard... Il a une revue trimestrielle appelée *Critique Internationale*. Enfin, il a des relations avec la *London School of Economics*. Ce dernier détail, ajouté au reste, classe le CERI dans les instituts subventionnés tout acquis à l'orthodoxie politique qui dirige la France depuis 30 ans, c'est à dire gauche et centre-gauche.

## L'Institut Montaigne

Cet institut pourrait se vanter, lui, d'offrir le dépliant le plus petit jamais vu – minimaliste. C'est le dernier-né des think tanks de gauche. Créé en 2000 par Claude Bébéar, l'institut se dit "laboratoire d'idées" – indépendant et "dépourvu de toutes attaches partisanes", ce qui n'est pas exact. Il suffit d'écouter les membres de l'institut faire des commentaires sur la radio BFM pour s'en rendre compte. BFM invite du reste cet institut si souvent en l'annonçant à chaque fois comme "le premier think tank français" avec tellement d'enthousiasme que l'on ne serait pas surpris d'apprendre qu'il y a entre eux une association, tout au moins informelle. L'institut avoue qu'il "commercialise" ses recommandations et fait "un lobbying actif auprès des décideurs publics". À ce titre, il peut être vrai qu'il est "pionnier" en France. Donc, il s'apparente aux think tanks militants américains par quelques traits.

Il a le mérite d'être financé uniquement par des contributions privées. Dans son entrée, on peut admirer un grand tableau où figurent les noms des entreprises, petites mais surtout grandes, une quarantaine, qui assurent son fonctionnement. Entreprises et particuliers bénéficient d'une réduction de 60% à déduire de leurs impôts. Il a une équipe de permanents assez importante, des bureaux plutôt high-tech dans un immeuble bon standing. Bref, il fait de l'effet. Ses chercheurs sont des universitaires, des représentants de l'entreprise mais aussi de l'administration, tous actifs dans ces secteurs de prédilection qui sont : la "cohésion sociale" (comprendre : mobilité sociale grâce aux quotas et à la discrimination positive), intégration des minorités, "*légitimité des élites*" ( !) (Ce dernier point nous semble particulièrement intéressant et non dénué d'ambiguïté !), "la modernisation de la sphère publique" et "la stratégie économique et industrielle de la France..."

En conclusion, ce think tank ne manque pas d'intérêt. On peut le croire quand il affirme être indépendant financièrement. Son indépendance intellectuelle est plus discutable. S'il est vrai qu'il "entretient des relations régulières avec les pouvoirs publics quelle que soit la couleur politique en place" (l'institut est en effet typiquement "UMPS"), on est bien plus sceptique devant une autre affirmation, à savoir que l'Institut "veut donner la parole à des acteurs de la société civile venus de divers horizons et qui cherchent à s'affranchir des schémas de pensée préexistants". À la vérité, à écouter ses experts, on ne peut que constater exactement l'inverse ! Tous ont été nourris au lait du politiquement correct.

Après ces trois exemples de think tanks typiquement français de gauche ou centre gauche, examinons trois autres exemples qui montrent que les Français peuvent effectivement parvenir à "s'affranchir des schémas de pensée préexistants" – périphrase qui traduirait bien, quoique trop soutenue, une expression amusante que l'on entend fréquemment dans les think tanks américains : "*To think out of the box...*"

## L'Institut d'Histoire Sociale

C'est le plus ancien. Fondé en 1935, par Boris Souvarine après que celui-ci se fut détaché de ses premières amours socialo-communistes, il servit surtout pour abriter les archives de la social-démocratie allemande. Cette conversion de Souvarine donne du reste à cet institut sa marque distinctive : c'est le think tank néo-conservateur français par excellence puisque plusieurs de ses membres et de ses sympathisants sont d'anciens trotskistes ou communistes qui ont tous en horreur ce qu'ils *avaient cru* aimer. Ils connaissent donc intimement les schémas de la pensée totalitaire et très spécialisés dans la lutte contre tous les totalitarismes et les privations des libertés fondamentales. Bien que se disant neutre, l'institut combat l'extrême gauche, sinon la gauche, sur le plan de l'idéologie. Ses domaines de recherche sont la persistance de l'influence marxiste-léniniste dans la politique, le respect des droits de l'homme et l'efficacité en la matière des organismes internationaux comme l'ONU ou La Société Internationale pour les Droits de l'Homme. Le syndicalisme est aussi une préoccupation importante. L'Institut ne s'occupe pas d'économie mais est en faveur de l'économie libérale. Surtout, il combat les nouvelles formes de totalitarismes, dont l'Islamisme radical.

L'Institut se fit rapidement un nom pour son combat acharné contre le communisme et connut une période faste correspondant aux temps forts de la Guerre Froide. Son financement était alors assuré par des dons d'entreprises, par une fondation américaine, l'*Endowment for Democracy* (qui aidait alors et continue d'aider les opposants nord-coréens) et la Mairie de Paris qui subventionnait le loyer des locaux dans le 16e arrondissement.

Tout ceci cessa avec la fin de la Guerre Froide et il s'ensuivit une crise grave pour l'institut. La survie vint en 1992 du département des Haut de Seine qui proposait un marché : "Faites-nous don de vos archives, en échange de quoi le département vous offre des locaux pour opérer et la rémunération du personnel attaché aux archives (quatre employés à plein temps dont un documentaliste et un informaticien). Les *Archives de la Souvarine*

*Un phénomène quintessentiellement américain...*

devinrent ainsi les *Archives des Hauts de Seine*. On peut considérer que c'est un compromis satisfaisant (même si l'institut doit abandonner tout rêve de retour vers Paris) car le département ne se permet aucune ingérence dans la marche de l'Institut et encore moins dans les missions que se donnent les chercheurs. Le département accorde en plus une subvention renouvelable annuellement pour assurer la maintenance de la bibliothèque.

La seule obligation ne constitue pas pour lui une contrainte : permettre l'accès du public aux archives et l'avantage (surtout pour les étudiants de Nanterre) de travailler dans une bibliothèque propre et agréable. L'institut bénéficie d'une aide indirecte de l'Éducation Nationale, mais faible et sans contraintes ; l'indépendance intellectuelle est totale. On peut donc considérer cet institut comme un think tank authentique et qui ne cherche nullement pourtant à imiter à tout prix le modèle américain.

L'ironie de la situation c'est que les locaux sont à Nanterre, municipalité communiste où presque toutes les rues portent les noms auréolés de gloire d'Aragon et d'Elsa Triolet mais aussi de Benoît Frachon, Ethel et Julius Rosenberg ! L'institut maintient néanmoins des relations courtoises avec la municipalité et on ne note aucun heurt – situation qui n'est pas sans rappeler *Hoover* dans le campus ultragauchiste de Stanford !

Les chercheurs sont en majorité des universitaires, ce qui apparenterait cet institut au type "université sans étudiants", toujours comme *Hoover*. La différence, c'est que les chercheurs sont des bénévoles... Pierre Rigoulot, philosophe et produit lui aussi de l'université, travaille à plein temps comme Directeur des Études et des Recherches. À ce titre, il décide aussi des périodiques que la bibliothèque reçoit et met à la disposition du public, il organise les dîners-débats mensuels et le colloque annuel (en fin d'année scolaire). Il parvient en plus à produire des livres dans et hors du cadre de l'institut. Il est connu comme spécialiste de la Corée du Nord.

*L'Amérique des think tanks*

Plusieurs personnalités donnent un lustre et une crédibilité additionnels à ce think tank très sérieux dont les travaux sont d'une grande qualité intellectuelle. Le président, Jean-François Revel, apporte son aura et son soutien moral [à l'heure où nous imprimons ces lignes, nous apprenons le décès de M. Revel]. Il est l'un des rares intellectuels français qui ne soit pas de gauche à être connu dans le monde entier et tout particulièrement aux États-Unis. Il a des relations amicales avec AEI, entre autres. Parmi les autres célébrités : feue Annie Kriegel, Michel Junot, André Bergeron. L'institut accueille aussi Emmanuel Leroy-Ladurie et Alain Besançon, tous deux membres de l'Académie des Sciences Morales, en qualité de conseillers scientifiques.

Les publications comprennent, en plus des livres tous publiés chez les grands éditeurs, des revues et bulletins. Les *Cahiers d'Histoire Sociales* qui regroupent plusieurs essais de haute tenue sont particulièrement intéressants car ils reprennent les actes des colloques. Les titres des livres sont en général très parlants ; ceux de ces dernières années s'intitulent par exemple : *Corée du Nord, État Voyou* (Buchet-Chastel, 2003), *Cuba, Fin de Règne* (SIDM France, 2 00 3 ) ; *Irak, An I* (Édition du Rocher, 2000) – ce dernier étant un ouvrage collectif sous la direction de Pierre Rigoulot et Michel Taubmann, les deux premiers étant de Pierre Rigoulot. Mais le livre le plus célèbre est indiscutablement *Le Livre Noir du Communisme* (Robert Laffont, 1997) ouvrage collectif sous la direction de Stéphane Courtois, très forte personnalité de l'institut. Cet ouvrage connut un succès considérable puisqu'il se vendit à 200000 exemplaires et fut traduit en 40 langues. C'est peut-être aux États-Unis qu'il eut le plus de succès et l'un des récents livres de Pierre Rigoulot, *Les Aquariums de Pyong Yang* (Laffont, 2004) sitôt traduit en anglais a été présenté à George W. Bush, qui, contrairement à la caricature entretenue, lit beaucoup de livres. Le président Bush aurait "dévoré" celui-ci. Il est vrai que le livre traite de l'action de l'aide américaine aux réfugiés de la pire dictature communiste qui survive.

Cette influence, en tout cas intellectuelle, à l'étranger, n'est guère rapportée dans les média. Les chercheurs de l'institut ont certes une certaine visibilité médiatique mais sûrement pas en proportion de l'apport fait au public. À l'occasion de la sortie de leurs livres, ils sont invités par quelques radios (France Culture, Radio Courtoisie...) et par quelques chaînes de télévision. Pierre Rigoulot eut même le privilège de "passer chez Pivot" pour présenter son livre *Les Paupières Lourdes* (sur la cécité intellectuelle des élites en place).

Notre conclusion est donc que cet institut a une influence réelle mais toutefois limitée du fait du système et d'une presse pas assez libre pour promouvoir des ouvrages qui dérangent, même indirectement.

## Le Club de l'Horloge

Il se dit "cercle de réflexion politique", à juste titre. Fondé en 1974 par Henri de Lesquen, Yvan Blot, Didier Maupas, Jean-Yves Le Gallou, Bernard Mazin et Jean-Paul Antoine, il est "indépendant de tout parti politique et de toute association". C'est un club politique bien dans la tradition française, élitiste mais ne montrant aucun dédain pour le peuple ; enfin, il est très clairement conservateur et aimerait pouvoir rassembler "toutes les droites". Le cercle, bien que proche de la droite souverainiste et de la droite nationale idéologiquement, est en même temps tout à fait acquis à l'économie classique ravivée par l'*École de Chicago* – ce que les journalistes français appellent "l'ultra-libéralisme"...

Le *Club de l'Horloge* offre une brochure où on peut lire qu'il travaille "au renouvellement doctrinal de la droite". En cela, il s'apparente aux mouvements conservateurs américains dans leur action depuis 1950 jusqu'à aujourd'hui.

Il organise des conférences, séminaires, colloques et une "université d'été"... qui a toujours lieu à la Toussaint. Comme les think tank américains, il lui arrive d'organiser aussi des soirées élégantes à l'issue d'un colloque et il est bien le seul ! Pluridisciplinaire, il aborde la biologie, la démographie, l'écologie, la linguistique, l'ethnographie, la sociologie, la politologie, la criminologie, la psychiatrie, l'histoire, la philosophie et la morale.

La référence à la morale le distingue de ses collègues français et lui confère une ressemblance supplémentaire avec les think tanks conservateurs américains.

Il publie des revues et des livres mais semble avoir un peu de mal à trouver de "grands" éditeurs, bien que plusieurs livres aient été publiés chez Albin Michel, l'Albatros, Masson. Il lui est plus aisé toutefois d'être édité chez Godefroy de Bouillon, très marqué à droite et donc peu susceptible d'attirer l'attention des média. En conséquence, le club ne connaît pas de grands succès en librairie.

La visibilité médiatique est sans doute ce qui manque le plus à ce club. Quelques radios, rarement, et quelques journaux – dont *Le Monde* lui font parfois une place. La télévision, jamais. Le Club tente donc de développer ses liens avec les milieux de la politique, de la culture, de l'information et de l'économie. Mais ces "élites" ne sont à l'évidence pas favorables au débat d'idées, malgré leurs prétéritions, ce qui est très dommage pour les Français.

Le financement du *Club de l'Horloge* reste un secret si l'on s'en tient à la brochure. Or, ce financement provient exclusivement des cotisations des adhérents et des dons de particuliers. Il est donc privé et indépendant à 100%. Du reste, le Club ne montre pas de signes extérieurs de richesse : locaux assez vétustes, secrétariat apparemment bénévole – tout comme les chercheurs.

Terminons par un signe caractéristique particulièrement original du Club : le Prix Lyssenko. Chaque année ce prix négatif est décerné à "un auteur ou une personnalité qui par ses écrits ou par ses actes a apporté une contribution exemplaire à la désinformation en matière scientifique ou historique", avec des méthodes non scientifiques mais purement idéologiques. Dans la liste des récipiendaires qui, bien qu'invités, ne viennent jamais se défendre, on remarque quelques noms célèbres : Albert Jacquard (1990), Robert Badinter (1992), John K. Galbraith (1994), Pierre Bourdieu (1998), Daniel Cohn-Bendit (2002)...

*Un phénomène quintessentiellement américain...*

## L'IFRAP (Institut Français de Recherche sur les Administrations Publiques)

Créé en 1985 par Bernard Zimmern, polytechnicien et énarque, comme Henri de Lesquen, ce think tank est encore jeune.

C'est un think tank authentique puisque indépendant à 100% des partis et de l'état, politiquement neutre mais résolument en faveur de l'économie libérale classique, ce que les Américains appellent "le conservatisme économique" et les Français improprement "l'ultra-libéralisme". Son domaine de recherches est très ciblé. Sa spécialisation, comme son sigle ne l'indique pas, mais comme son titre complet le laisse entendre sans ambiguïté, c'est de faire l'examen critique des administrations. Ce sujet ardu, presque rebutant, devrait intéresser tous les Français car il s'agit de la bonne ou de la mauvaise utilisation de l'argent de leurs impôts !

L'action de l'IFRAP vise à contrer l'étatisme pesant dont souffre l'économie française. Ses cibles sont la politique économique et la fiscalité. La mission qu'il s'est assignée, c'est de devenir ou au moins d'essayer d'aider à la création en France d'un N.A.O. (*National Audit Office*), autrement dit d'un cabinet national d'audit comme il en existe dans les pays anglo-saxons et scandinaves qui possèdent de véritables think tanks avec lesquels l'IFRAP entretient d'excellentes relations.

Bravement et inlassablement, l'IFRAP tente donc, avec des moyens limités, de faire le travail d'un audit national, mais extérieur à l'état, pour contrôler la légalité de la dépense publique et surtout son efficacité ! La Cour des Comptes fait de son mieux pour ce qui est de la légalité mais ne juge jamais de l'efficacité ni du bien fondé des mesures décidées par les gouvernements successifs. Elle n'a du reste aucun pouvoir de sanction. Son rôle est très limité et les hommes politiques ne la craignent nullement. C'est un organisme d'état, c'est à dire totalement dépourvu d'indépendance. Il est donc tout à fait intéressant qu'un petit think tank dynamique et déterminé puisse avoir, lui, un pouvoir de sanction grâce à la diffusion de ses idées et de ses analyses dans l'opinion publique. Il est vrai que les N.A.O. étrangers jouissent d'un pouvoir de sanction beaucoup plus important car c'est la presse elle-même qui vient les solliciter. On mesure la différence de culture d'une part et le degré de liberté des pays où cela se produit d'autre part. L'IFRAP, comme tous les think tanks, doit aller vers la presse ; il diffuse aussi le produit de ses recherches et ses conclusions par des séminaires et par ses publications.

Par exemple, en octobre 2005, l'institut a fait savoir qu'il avait commencé "une veille parlementaire", c'est à dire une surveillance des textes qui parviennent à l'Assemblée Nationale – le fameux travail de "chien de garde" qu'effectuent les think tanks américains.

Hélas, la France n'offre pas un contexte favorable aux think tanks et en particulier à ceux qui ont un rôle critique vis-à-vis des institutions étatiques. La presse n'a pas non plus la culture d'investigation de la presse anglo-saxonne et semble aux ordres des pouvoirs publics qui de leur côté cultivent leur image médiatique en ne faisant rien pour choquer ou décevoir les média. L'IFRAP s'est tout de même construit une certaine visibilité médiatique mais, là encore, cette visibilité n'est pas proportionnelle aux services rendus à la communauté. Il arrive à l'IFRAP d'être invité par les radios : France Info, RFI, France Culture, BFM. La sortie des livres peut être l'occasion d'un passage à la télévision : TF1, Arte, LCI. Bernard Zimmern fut invité en 2003 par Emmanuel Chain pour la sortie du livre *La Dictature des Syndicats* et avait été invité avant cela par Bernard Pivot pour *Les Profiteurs de l'État* – tiré à 50000 exemplaires. Un autre livre récent au titre tout aussi accrocheur est *Les Fabricants de Chômage*. L'IFRAP connaît de véritables succès de librairie puisque certains ouvrages se sont vendus à plus de 30000 exemplaires. Ce sont des ouvrages collectifs mais ils sont signés par Bernard Zimmern et ils sont publiés chez les grands éditeurs sans difficulté : Plon, Albin Michel...

L'IFRAP réussit aussi à avoir accès aux hommes politiques et aux dirigeants des grandes entreprises. Il est assez souvent cité des les journaux. Certains publient aussi ses articles : *Les Échos, Le Figaro, Le Nouvel Économiste, La Tribune, Capital...* sans compter la presse de province. Comme tous les think tanks, il a bien sûr un site web.

L'IFRAP fonctionne avec un personnel de cinq personnes à temps plein. Ce sont surtout des bénévoles, souvent des retraités. Les contributions intellectuelles sont également bénévoles : universitaires, chefs d'entreprises, syndicalistes.

Le financement est assuré par les 10000 abonnés de la revue mensuelle *Société Civile* et par les abonnements de soutien (beaucoup plus élevés) des entrepreneurs, à titre privé. Bernard Zimmern insiste du reste sur cette distinction importante : pas de financement par des entreprises et donc une plus grande crédibilité car le think tank ne peut être soupçonné de travailler pour des intérêts particuliers comme ceux du monde des affaires. Donc totale liberté intellectuelle et financière. À ces sources, s'ajoutent quelques dons d'entrepreneurs américains et bien sûr la vente des livres.

Bernard Zimmern, qui a la double nationalité française et américaine, a lui-même créé une entreprise aux États-Unis. Il connaît parfaitement le monde des think tanks américains. C'est sans doute pourquoi l'IFRAP, sans aucune imitation servile, est assurément le think tank le plus proche du modèle original. Comme pour tous les think tanks, on ne peut que regretter que recherches, analyses et conclusions soient le fait de bénévoles.

En conclusion, malgré les efforts et le courage des dirigeants des think tanks français, il semble qu'il manque toujours au moins une dimension à ceux-ci pour être considérés comme think tanks authentiques par nos amis d'Outre Atlantique – et par nous-même. Tout travail mérite salaire et pourtant les chercheurs des think tanks français doivent se satisfaire de l'influence et de la reconnaissance par la société qu'ils parviennent à obtenir... sans espoir de rémunération sonnante et trébuchante.

# Chap. VIII - Suprématie des think tanks conservateurs

L'Amérique des think tanks, c'est l'Amérique conservatrice.

Les think tanks dominent le paysage politique par leur nombre d'abord (plus des deux tiers), par leur diversité et par leur savoir-faire. Il ne s'agit pas d'une opinion partisane mais d'un fait indéniable, reconnu par tous les observateurs, et qui n'a fait que se confirmer depuis sans donner aucun signe d'essoufflement. Dès 1991, l'historien James A. Smith parlait d'un "nombre disproportionné de think tanks conservateurs par rapport aux think tanks de gauche à partir de 1970". [Smith, 1991. p. 49] Nous reviendrons sur ce commentaire surprenant chez un intellectuel de la valeur de Smith.

La disparité entre les think tanks conservateurs et think tanks de gauche est encore plus marquée dans les cinquante états que dans Washington D.C.. De plus, les think tanks à recherches multiples (*full service think tanks*), c'est à dire ceux qui traitent de plusieurs sujets de politique intérieure et extérieure, sont beaucoup plus développés à droite, la gauche semblant se tourner vers les think tanks spécialisés.

Smith voit quatre raisons à cette suprématie :

- la mobilisation des entrepreneurs et du monde des affaires – se traduisant par "de nouvelles sources de parrainage favorables aux conservateurs" et le fait que les think tanks conservateurs "dépensent plus".

- la conversion politique et le militantisme "agressif" d'intellectuels néoconservateurs.

- la mobilisation politique des chrétiens pratiquants.

- l'ascendance de la théorie libérale néoclassique, avec les théoriciens de l'offre et la politique monétariste.

Nous pensons que cette analyse n'est pas tout à fait exacte ni complètement impartiale. Elle est même peu honnête puisqu'elle pèche par omission. Il est aisé de démonter les arguments de Smith un à un :

- la mobilisation des industriels et entrepreneurs en 1970 ne faisait que pallier un déséquilibre antérieur qui ne choquait pas Smith. De plus, nous avons vu que les think tanks de gauche ne manquent pas de riches sympathisants et donateurs, y compris dans le monde des affaires.

- la défection à droite d'intellectuels de gauche de grande valeur était due, tout comme leur agressivité supposée, au rejet indigné des excès de la Nouvelle Gauche dans sa condamnation de l'Amérique.

- la mobilisation des chrétiens pratiquants était due, elle aussi, à l'attaque des radicaux de gauche contre les valeurs judéo-chrétiennes traditionnelles, ce qui offusquait toute l'Amérique profonde, et non pas la seule droite, sous développée en tant que formation politique en 1970.

- le retour en force des théories économiques classiques s'amorça en effet, mais également parce que l'État Providence avait montré ses limites et sa non-viabilité à long-terme. De plus, le spectre du Krach de 1929 s'éloignait : il devenait difficile de l'utiliser comme épouvantail.

Mais surtout, Smith ne mentionne pas les désordres entraînés par les mouvements contestataires qui étaient pourtant la première incitation pour créer des think tanks différents de ceux qui existaient, ni le "nombre disproportionné" d'universitaires acquis aux idées radicales occupant la plupart des chaires d'universités, probablement parce que cette disproportion là ne lui apparaissait pas comme telle ! Or, que le monde académique soit le domaine intellectuel préservé de la gauche américaine ne va pas de soi. Ce n'est pas une tradition non plus, bien ou contraire. Jusqu'aux années 1930, l'Université était parfaitement apolitique. Sa neutralité faisait d'elle la Maison de Salomon chère à Francis Bacon, une institution de Sages, et en vertu de sa sagesse supposée, il lui revenait d'influencer le prince.

L'analyse teintée d'humour de David Frum nous semble bien plus exacte. Si le pays s'est tourné vers la Droite après 1970, "ce n'est pas tant parce que les idées conservatrices étaient si convaincantes que parce que la gauche radicale avait fichu une pagaille monstre." [*National Review*, 28 mars 2005, p. 51] Les think tanks conservateurs sont nés du rejet massif de la Contre-culture par l'Amérique profonde. S'ils se sont maintenus et multipliés ensuite, c'est par la force de leurs idées et leurs méthodes de diffusion de ces idées.

*Les raisons de la suprématie conservatrice dans le paysage des think tanks*

Les métamorphoses de l'Université : David Ricci insiste sur le rôle traditionnel perdu des universités et se réfère au *New Atlantis* de 1624 où Francis Bacon démontrait la nécessité d'avoir "une assemblée de sages, à la recherche de la vérité [...] Depuis les années 1960 et encore aujourd'hui, les universités pourraient difficilement passer pour l'équivalent moderne de la Maison de Salomon." [Ricci, 1993. p. 18] C'était vrai en 1993 mais, ajoute David Frum cité ci-dessus, "la gauche académique poursuit sa longue marche vers l'absurdité." Les exemples sont légions mais le plus spectaculaire est sûrement le cas Summers pour 2005. Le président de Harvard, Lawrence Summers, faillit être destitué et évincé de sa chaire pour avoir remarqué publiquement, en janvier 2005, que les professeurs femmes étaient "rares" dans les branches scientifiques des universités d'élite et émis l'hypothèse que la raison en était peut-être biologique. Les féministes, indignées, exigèrent son renvoi. Cet exemple montre admirablement l'intolérance de la Gauche radicale d'une part et le niveau intellectuel des polémiques. Ajoutons que Summers n'obtint le salut (le maintien à son poste) que parce qu'il accepta de faire, pas moins de trois fois, d'humbles excuses ajoutant même qu'il avait prononcé des propos malheureux qui traduisaient mal sa pensée... Nul étonnement donc à ce que les professeurs d'université puissent, pour quelques-uns d'entre eux, éprouver un sentiment de malaise et un désir de fuite, et se tourner tout naturellement vers les think tanks où le terrorisme intellectuel est inconnu [De guerre lasse, début 2006, Summers finit par démissionner – belle victoire pour les féministes…].

John Lenczowski, ancien de AEI, interrogé à ce sujet répond : "Lorsque les cadres politiques démocrates quittent une administration gouvernementale, ils ont toute une variété d'endroits où aller. Les média, les groupes d'intérêt et surtout les universités, pratiquement toutes les universités ! Nous, nous n'avons que quelques universités privées, quelques radios, quelques magazines d'opinion et *Fox News* – ce qui est ridiculement insuffisant pour nos milliers d'experts. Nos think tanks ne parviennent pas, même aujourd'hui où ils continuent de croître, à les abriter tous..." Il faut bien savoir qu'ils ne peuvent pas non plus retourner dans les universités, même s'ils le souhaitaient, "car ils se trouvent fichés par l'Université, dans les faits sinon en théorie, sur une liste noire invisible." [Horowitz, 1997. p. 187] L'on en est arrivé à un fait incontestable, et du reste incontesté, que les universités, traditionnellement conseillères des politiques, sont aujourd'hui complètement éclipsées par les think tanks conservateurs et que leurs présidents, autrefois puissants, n'ont pratiquement aucun rôle vis-à-vis des gouvernements, même pas 1% d'influence. La gauche a une telle emprise sur l'Université que le besoin de think tanks se fait moins sentir, bien que toute la gauche ne se reconnaisse pas dans les idées les plus radicales.

Doit-on en déduire que le poids de l'Université est un frein au développement de think tanks à gauche ? "Oui, sans aucun doute, répond John Lenczowski, d'ailleurs à part *Brookings*, qu'y a-t-il ? IPS est si extrême qu'il n'est pas pris au sérieux et les autres, à vrai dire, leurs noms m'échappent tant ils font peu d'impression, ici, à Washington !" [Interview]

La disparité entre professeurs de gauche et professeurs conservateurs apparaît clairement dans une étude récente du

professeur Daniel Klein, de l'Université de Santa Clara. Respectivement :
- économie : 3 pour 1
- humanités et sciences sociales : 7 pour 1
- anthropologie : 30 pour 1

La raison de ces disparités énormes, qui ne choquent nullement les partisans des quotas et que Smith, dès 1991, devait connaître, est expliquée par le linguiste George P. Lakoff : "Les démocrates radicaux font de meilleurs universitaires que les gens de droite car eux se préoccupent du bien public et de la justice sociale." [Cité dans *National Review*, 27 décembre. 2004. p. 12] Le professeur Lakoff, bien connu pour ses idées où le doute de soi ne transparaît jamais, a du reste maintes fois affirmé que la faiblesse des think tanks de gauche ne venait pas de leurs idées, selon lui séduisantes pour le plus grand nombre : ce n'est pas la doctrine de gauche qui présente une faille, mais la société bien sûr. Le dogme est juste. Ce sont les techniques de marketing qui sont inadéquates.

Ceci nous amène à la deuxième cause de la suprématie des think tanks conservateurs : l'utilisation des théories de marketing.

## *Le marketing des idées, un phénomène propre aux conservateurs*

Le professeur Lakoff a sûrement raison lorsqu'il affirme que les professeurs de gauche sont de meilleurs universitaires mais nous pensons que c'est pour des raisons différentes. Ils sont parfaitement à l'aise dans la sécurité d'emplois fort bien rémunérés, par rapport à l'Europe notamment ; et, par comparaison, la vie dans les think tanks n'est pas une sinécure. Ils se sentent pour la plupart peu enclins à entreprendre. Pourquoi dès lors s'acharneraient-ils à trouver des fonds pour monter des think tanks, ces entreprises hasardeuses, alors qu'ils sont comme des poissons dans l'eau dans l'ambiance politiquement correcte et que leurs postes sont garantis à vie ? Pourquoi s'empoisonneraient-ils l'existence et perdraient-ils leur temps à sans cesse courir après des fonds et à se lancer dans des entreprises de marketing ennuyeuses et dispendieuses alors que les média leur sont tout acquis, ainsi que l'industrie du film, et diffusent gratuitement, directement et indirectement, leurs doctrines ? Un responsable de *Brookings*, interrogé à ce sujet, ne cacha pas son dégoût pour "le marketing, tâche indigne de véritables chercheurs", et son mépris pour les "media-profs", ces experts qui aiment tellement être vus aux informations télévisées... [Interview. Ne souhaite pas être mentionné]

## *Les think tanks et la base*

Autres raisons, et non des moindres, de la suprématie conservatrice en matière de think tanks, on retrouve le même mépris pour l'Amérique profonde (et à vrai dire pour quiconque n'est pas gagné par les Nouvelles Lumières) que pour *l'idée de commerce associé aux idées*.

Néanmoins, puisqu'il faut en passer par la diffusion commerciales des idées, les intellectuels de gauche, conscients d'être distancés, commencent à réfléchir à la question et présentent des divergences. Le Professeur Lakoff, l'une des sommités de l'université de Berkeley, pense que les idées que la gauche entretient depuis près de 40 ans sont les bonnes mais qu'il faut en quelque sorte les "relooker", ou plus précisément les représenter dans un langage certes toujours laïc mais révisé, modernisé, refaçonné pour la nouvelle société multiculturelle. Le professeur, ce faisant, est tout à fait dans l'esprit marketing, ce qui n'est pas un mince exploit pour un universitaire. L'ennui, lui font remarquer ses collègues, est qu'il ne tient pas compte de la religiosité de l'Amérique. Toutefois quelques concessions, ne serait-ce que linguistiques, à la Bible ne résoudraient pas le problème.

Or, si l'épouvantail d'une Droite Religieuse hyperpuissante qui aurait dominé les années 1980 est quelque peu retombé, l'Évangélisme qui touche autant la gauche que la droite semble progresser. De plus, beaucoup de gens qui osent aujourd'hui confesser leur athéisme ou leur agnosticisme, réel progrès pour lequel il faut saluer la gauche non conformiste, ces mêmes athées et agnostiques sont en faveur de règles morales stables, universelles et éternelles. Or, ni les universités, ni les think tanks de gauche ne sont actuellement en mesure d'offrir un code moral solide et susceptible d'être agréé par tous.

C'est peut-être ce mépris pour l'opinion publique, bien que non exprimé, qui différencie le mieux les think tanks de gauche des think tanks conservateurs : les premiers ont adopté une fois pour toutes des théories qu'ils estiment supérieures. Si l'opinion publique ne suit pas, alors il faut changer l'opinion ! Les think tanks conservateurs veulent aussi éduquer et hausser le niveau intellectuel de l'opinion mais tout en tenant compte des aspirations populaires profondes. C'est là l'élément capital dans le succès des think tanks conservateurs : ils sont à la fois des machines intellectuelles et populaires. Tout en ayant un statut intellectuel élevé, ils savent être proches du public qui aime le langage direct, anti-langue de bois, de leurs porte-paroles. Par désir autant que par utilité, et par les valeurs partagées aussi, ils veulent à tout prix rester à l'écoute de la base et ne pas devenir des élites divorcées des réalités. Ils savent enfin que la sagesse n'est pas le monopole des élites mais vient souvent du bon sens populaire. Et pour garder un contact permanent avec la base, quels meilleurs moyens que les techniques de marketing ? "La nouvelle Washington se révéla terrain fertile pour une industrie des idées mais ce sont les conservateurs qui s'y implantèrent d'une manière particulière dont il faut tenir compte si l'on veut comprendre la situation." [Cité par Ricci, 1993. p. 166]

L'histoire en est bien connue : ce sont William Simon et Richard Viguerie, les plus célèbres praticiens du marketing et du mailing direct de la Nouvelle Droite, qui donnèrent l'impulsion avant même la création des premiers think tanks conservateurs. En novembre 1964, après la défaite de Goldwater, Viguerie recopia même, à la main, une liste de 12 500 noms et adresses de gens qui avaient donné 50 dollars ou plus à la campagne de Goldwater. Par ce travail de bénédictin, il parvint à réunir plusieurs milliers de dollars et à monter les Comités d'Action Politique qui allaient se charger de ventiler les sommes recueillies aux divers secteurs de la future infrastructure conservatrice. Viguerie précisa : "Il ne faut pas croire que le mailing direct se réduit à la collecte de fonds. Les lettres que nous envoyons font bien plus que de réclamer de l'argent, elles informent aussi de nos idées, de nos organisations, des causes que nous défendons et de tout ce qui passe à Washington... C'est ainsi que nous avons construit une intelligentsia opposée aux idées dominantes." [Cité par Ricci, 1993. p. 166]

De plus, *Heritage* s'impliqua dès sa création dans la coordination d'un Réseau Politique National regroupant des organisations conservatrices acceptant de mettre en commun leurs informations ; c'est également *Heritage* qui affirma la première que les idées seules pouvaient contrer d'autres idées. Peu à peu, la Guerre Culturelle quitta la rue et se livra dans l'arène privilégiée des think tanks. Mais n'oublions pas que c'est Baroody, le président de AEI qui affirma de son côté que les idées étaient des biens commercialisables, des marchandises intellectuelles certes mais concrétisées dans les publications, les rapports et finalement, aussi, dans la visibilité médiatique.

Les page *op-ed*, c'est à dire le courrier adressé à l'**éd**iteur et nommées ainsi car elles figurent matériellement, pas forcément idéologiquement à l'**op**posé de l'éditorial mais sur la même page, furent inventées en 1970 et prirent rapidement une grande importance pour les milieux politiques à Washington et dans le pays tout entier. Pour les think tanks, cette nouvelle pratique fut une aubaine, un moyen de "mobilisation à long terme" de l'opinion, venant s'ajouter aux livres et monographes. "Les think tanks conservateurs, dès le début, excellèrent dans ce rôle supplémentaire." [Rich, 2004. p. 229] Ils excellèrent aussi à vrai dire dans la "mobilisation à court terme", c'est à dire les passages à la télévision, soit aux informations, soit dans les *talk shows*, ces émissions où un hôte reçoit des gens très différents pour des discussions animées.

Leur combativité prédisposait les experts conservateurs à obtenir aussi de meilleures places dans les colonnes des journaux, notamment dans les sections internationales et économiques. "L'échec relatif des think tanks de gauche n'est pas dû au marketing qui serait inadéquat ; c'est simplement que le marketing leur est étranger et que faire la promotion de leurs produits leur semble ennuyeux au possible." [Rich, 2004. p. 180] Or, la crédibilité et l'influence , c'est à dire le succès pour un think tank, s'obtiennent principalement par un mélange de qualité des produits, d'habileté à les présenter au moment adéquat et de marketing actif. Les think tanks conservateurs vont jusqu'à tenir le compte exact de leurs prestations télévisées, de leurs articles dans la presse, de tout ce qu'ils font à vrai dire. Une étude de 1990 faisait état de 750 articles pour CSIS, 400 pour AEI, 174 pour *Heritage* et seulement 75 pour *Brookings*. Ces comptes sont considérés par les think tanks comme des indicateurs de leur efficacité et de leur influence. Nous reviendrons à la question de l'influence. Toujours est-il que la tendance montrée par ces comptes comparatifs n'a fait que se confirmer jusqu'à aujourd'hui, comme en conviennent plusieurs politologues non-conservateurs. Les think tanks de gauche accusent donc un déficit en savoir-faire et défendent mal leurs idées.

## *Les idées*

Le dernier élément expliquant la suprématie des think tanks conservateurs est justement la question de la matière première : les idées. Or, les conservateurs doivent avoir l'avantage là encore si l'on en croit quelques experts :
-"Les plus brillants et les plus agressifs des think tanks échouent si leurs idées sont peu convaincantes. Ceux qui depuis trente ans attribuent notre succès à nos méthodes de marketing oublient le facteur déterminant : la puissance de nos idées." [Un responsable de *Heritage,* cité par Weaver et Mc Gann, 2000. p. 84]
-"la pensée libérale depuis les années 1960 était réduite à un mélange confus de propositions douteuses qui n'inspiraient pas du tout les fondations et les donateurs modérés." [Ricci, 1993. p. 177]

-"Réduits aux attaques ad hominem et à la réfutation des arguments conservateurs, les think tanks néolibéraux (comprendre : Nouvelle Gauche) n'ont jamais pu atteindre le statut et le prestige des think tanks néoconservateurs, sans parler de leur influence." [Ricci, 1993. p. 172]

Il faut admettre qu'en 1970, le discours conservateur rassurait contre toutes les déviations : l'Amérique était dans le vrai, les femmes étaient des femmes, quiconque travaillait dur pouvait réussir... Le public, comme les élites politiques, apprécie une vision unificatrice et rassurante. En plus d'inquiéter, les intellectuels de gauche apparurent donc comme plus défensifs (et négatifs) que créateurs.

Les think tanks conservateurs surent aussi présenter des sujets ardus de façon plus attrayante et montrer que les sciences sociales, considérées jusque là comme le monopole des progressistes, n'étaient pas rébarbatives du tout quand c'était Charles Murray qui écrivait sur la pauvreté, James Wilson sur la criminalité et Milton Friedman sur l'assurance maladie.

Il faut tout de même reconnaître que les think tanks conservateurs connurent leur meilleur marketing grâce à Ronald Reagan. Sa victoire en 1980 fut décisive : elle marqua une coupure idéologique et rhétorique avec cinquante années de progressisme et amena sur le devant de la scène politique des centaines de nouveaux cadres politiques. Peut-être parce qu'ils n'ont pas connu l'équivalent, les "think tanks de gauche essayèrent bien d'imiter les méthodes énergiques des nouveaux conservateurs mais ne parvinrent jamais à les égaler en nombre et en influence." [Smith, 1991. p. 214]

Dès l'époque de Reagan, les think tanks conservateurs se vantèrent à qui mieux mieux d'être la source des idées motrices de la Contre-révolution reaganienne. *Hoover* célébra même la victoire de Reagan comme un succès personnel. Aujourd'hui chaque think tank conservateur prétend être celui qui a le plus d'influence sur l'administration Bush. Les responsables d'AEI affirment avec aplomb qu'*Heritage* est dépassé et vit sur sa gloire... Les gens de

*Heritage*, lorsqu'on leur demande ce qu'ils en pensent, ont un léger haussement d'épaules et répondent placidement : "Regardez la télévision..."

## *Influence réelle ou supposée ?*

"Ce que l'on entend par l'influence des think tanks reste à définir... Cette influence est rarement directe ou mesurable." [Rich, 2004. p. 49]

"La puissance des think tanks de Washington est impossible à mesurer avec précision, pourtant il ne fait aucun doute qu'ils sont très influents." [Ricci, 1993. p. 3]

"Pour avoir l'impression que vos idées ont de l'influence, il faut que celles-ci soient reprises en écho, répétées, copiées, parodiées..." [Zbigniew Brzezinski. CSIS]

Marc Schoeff, du CSIS, interrogé sur le sujet avoue que "personne ne sait jamais exactement qui a fait quoi". On sait bien sûr quel auteur a écrit quel livre influent mais l'influence d'un think tank est beaucoup plus diffuse car les lois finalement adoptées sont souvent la synthèse des travaux des experts, après des années d'analyses et de projets initiaux jusqu'à des projets plusieurs fois remaniés. De plus, comme le comprit Henry Aaron, de *Brookings*, dès 1978, "les événements politiques peuvent avoir plus d'influence sur les chercheurs que les chercheurs n'en ont sur la politique." ! Sans prendre un événement considérable comme le Onze Septembre en raison duquel bon nombre de recherches déjà avancées durent être interrompues pour faire place au plus urgent, il est certain que les circonstances, les opportunités et les compromis finissent souvent par l'emporter sur les convictions intellectuelles. Les journalistes Diane Stone et Richard Higgott ont même écrit sur ce qu'ils appellent "les limites de l'influence" tandis que Lindquist va jusqu'à parler du "mythe" des think tanks ! Cette notion de "mythe" est pourtant démentie tous les jours par la réalité.

Nous pouvons retenir de tout ceci que les think tanks sont effectivement "puissants", c'est à dire "influents" mais que "cette puissance varie considérablement" [Weaver and Mc Gann, 2000. p. 59] selon les buts définis, le public visé et le type d'influence. Les responsables ont très souvent la certitude ou la conviction que leur think tank est plus influent qu'un autre alors que l'observateur ne peut avoir que des impressions.

Comment les think tanks parviennent-ils à influencer la politique ? Selon Weaver et Mc Gann, ils font à peu près tous la même chose mais avec des stratégies et un style propres à chacun :

- ils témoignent devant le Congrès et les commissions parlementaires. (Pour beaucoup, dont *Heritage*, influencer le Congrès est leur rôle essentiel – à moins bien sûr qu'ils puissent influencer directement la Maison Blanche mais cela n'est jamais explicitement formulé)

- ils cherchent à influencer l'opinion par leurs articles dans les grands journaux et leur présence fréquente à la télévision.

- ils invitent les élus à participer à leurs séminaires.

Une stratégie possible est de se créer une image précise qui les distingue des autres, par exemple en participant à des débats télévisés chez un hôte précis ou dans un type d'émission bien défini, en faisant savoir qu'ils bénéficient de l'approbation d'un homme politique en vue, en faisant préfacer leurs ouvrages par une personnalité politique connue, en parrainant des conférences destinées à des journalistes, des universitaires, des étudiants, des membres éminents du secteur privé.

## Visibilité médiatique

Bien entendu, les think tanks font d'une pierre deux coups puisque les débats importants sont retransmis intégralement sur les chaînes parlementaires. Leur "profil médiatique" dépend en fait de leur "visibilité médiatique", c'est à dire du nombre de fois où le public les voit à la télévision et les lit dans les journaux. Il a été prouvé en d'autres domaines que le matraquage médiatique est ce qui fait ancrer dans les cerveaux des images et des réflexions et qu'avec le temps, les mentalités peuvent être transformées. Toutefois, l'influence ainsi gagnée reste difficile à mesurer avec quelque exactitude selon Weaver et Mc Gann qui préféreraient "la qualité à la quantité" en matière de passages à la télévision, comme si la fréquence devait inévitablement nuire à la qualité. Certes, il y a compétition acharnée pour attirer l'attention du public, mais n'oublions pas que c'est d'abord l'attention des politiques qui est visée, par conséquent les think tanks ont intérêt à soigner tous leurs commentaires – autant qu'ils le feraient pour un commentaire occasionnel.

Les experts des think tanks sont en effets très fréquemment appelés par les grands réseaux pour apporter leur éclairage au sujet de questions très techniques mais d'intérêt capital pour le pays et aussi, de plus en plus, pour commenter l'actualité. De même, les grands journaux les sollicitent pour faire la même chose dans leur page éditoriale, ce qui est tout de même une marque d'influence. Imaginons *Le Monde* offrant la moitié de sa première page à un rédacteur du *Club de l'Horloge* ! Rich donne du reste des tables de statistiques montrant la demande en expertise provenant des média et du Congrès ; aussi, conclut Rich, "autant dans la presse que dans les média électroniques, les experts des think tanks rivalisent à présent avec les hommes politiques dans l'art des petites phrases." [Rich, 2004. p. 164] Ces "petites phrases" (*soundbites*) sont des trouvailles verbales frappantes, destinées à marquer les esprits et à être répétées. Rich est d'ailleurs, de tous ceux qui ont étudié le phénomène des think tanks, celui qui établit une distinction entre "estimations" et "commentaires". Les estimations sont le produit de recherches longues et difficiles ; elles sont donc riches en substance et jouent un plus grand rôle dans l'élaboration du processus politique que les "commentaires" qui sont des arguments fournis *après* que les décisions politiques ont été prises, pour les justifier le plus souvent. La télévision, qui vit dans l'instant, n'a pas de temps pour les estimations qui sont d'ailleurs diffusées par les magazines d'opinion. Elle fait en revanche apparaître les experts comme parfaitement crédibles dans leurs commentaires.

Cette visibilité médiatique croissante connaît bien sûr des pics lors des périodes électorales. "Les années à élections, les experts clament l'influence que leurs travaux et publications vont avoir sur les nouveaux élus et sur l'administration." [Smith, 1993. p. 21] autrement dit, ils saisissent toutes les occasions pour se faire, indirectement et directement, de la publicité. Toutefois, tous ceux qui ont observé de près les think tanks insistent sur le fait que "la visibilité médiatique est bien différente de l'influence véritable." [Rich, 2004. p. 103]

## *L'influence véritable et la part des idées*

Alors quelle est donc l'influence véritable ?

Rich s'est penché plus que les autres sur le sujet, ayant remarqué que nombreux sont les responsables qui affirment que leur think tank exerce une grande influence sans "démontrer" comment il a gagné cette influence. Il s'est donc appliqué à analyser le processus d'influence.

Il rappelle tout d'abord que, pour tout sujet, l'élaboration de la politique ne se fait pas en un temps, en un lieu et avec une seule décision mais qu'entrent en jeu de nombreux acteurs, que cela se passe en phases successives avec parfois des moments de stagnation et d'autres qui traînent en longueur, qu'une décision finale unique est aussi en général l'aboutissement ou la synthèse d'une série de décisions, parfois allant dans le même sens, parfois contradictoires.

Bien entendu ce processus s'étale sur des années. La première phase qui consiste à définir les contours de la question à traiter peut prendre des semaines, au mieux. La deuxième phase, celle des délibérations aux deux chambres, s'étale sur des mois ou des années. D'après Rich, la véritable influence s'exerce à ce moment là, lorsque les experts sont sollicités puis quand les rapports et analyses sont examinés par les élus. C'est également au cours de cette période de réflexion pour tous que des informations supplémentaires sont réclamées et que les experts peuvent suggérer toutes les options possibles et éventuellement conseiller. Vient ensuite la phase d'application au cours de laquelle les décideurs doivent adopter ou rejeter tout ou partie des propositions qui leur sont soumises et se résoudre à prendre des décisions. Enfin, une fois la loi votée, il faut veiller à sa mise en vigueur – ce qui leur nécessite d'autres efforts et l'aide des think tanks. En revanche, les think tanks qui estiment une loi contraire à leurs principes, ou un ensemble de régulations adoptées néfastes, commencent alors à travailler à son abolition... Il est parfois plus important de faire radier une loi ou un règlement que d'en voter de nouveaux...

Ces différentes phases constituent le "cycle politique", la période la plus intéressante étant celle où les discussions sont bien lancées jusqu'au moment où le législateur adopte les propositions émises – ou les rejette, autrement dit "comment les idées deviennent lois." [Rich, 2004. p. 153]

Un exemple connu de tout le monde, en tout cas de tous ceux qui suivent les grands courants politiques, est celui des libertariens et conservateurs associés dans le projet d'abolition des mesures sociales héritées du *New Deal*. Charles Murray écrivit et publia son célèbre *Losing Ground* (décrié ou admiré) en 1984 dans le cadre du *Manhattan Institute*, projet financé conjointement par *Manhattan* et AEI. Le livre eut des retombées considérables aux États-Unis bien sûr mais tout autant en Angleterre, nous l'avons vu. Il faut savoir tout de même que l'argument central de Murray (que les interventions sociales de l'état étaient contre-productives) n'a abouti à "la fin de l'État Providence tel que nous le connaissons", selon la formule utilisée par le président Clinton comme par le Congrès républicain, que douze ans plus tard, en 1996 ! Il avait fallu douze années de délibération pour que des mesures comme la durée limite des allocations chômage, entre autres, prissent effet.

Bien entendu, plus les questions sont techniques, plus le laps de temps entre l'idée et son aboutissement concret, la loi, est long. Cela explique aussi que les questions de sécurité dictées par l'urgence ne bénéficient pas toujours du temps nécessaire à l'examen de tous les détails techniques ; or, les points de détail peuvent prendre une importance non prévue...

Quant aux élus, lorsqu'ils sont interrogés sur l'origine de leurs idées et si par exemple ils les ont développées à la fréquentation des think tanks, ils répondent avec beaucoup de précautions. Les idées, en effet, n'ont souvent pas de source sûre. Ce sont plutôt des ensemble d'idées, parfois anciennes mais revues en fonction des besoins actuels. Peu sont véritablement originales. Ce qui est novateur, c'est plus souvent d'appliquer des idées modernisées à des situations actuelles. Quant à leur influence réelle sur le gouvernement et la politique... La doctrine d'*attaque préventive* employée en Iraq, par exemple, n'est pas le pur produit d'un think tank. C'est Daniel Webster qui l'a énoncée le premier à l'occasion du conflit de 1812 avec l'Angleterre. "Bien entendu, les experts connaissent nos lois et notre histoire dans les moindres détails et puisent dans cet immense trésor." [Richard Allen, Interview] Un autre exemple est celui de l'*Initiative de Défense Stratégique* dit Guerre des Étoiles : là, il s'agit bien du produit d'un seul cerveau, celui du savant Edward Teller, qui était totalement indépendant et qui voulait exposer sa théorie *lui-même* à Reagan, sans intermédiaire, ce qu'il finit par réussir à faire. On aurait pu penser que le SDI provenait d'un think tank futuriste comme le *Hudson Institute*, mais non... En revanche, c'est bien un chercheur du *Foundation for the Defense of Democracies*, Andrew Mc Carthy, qui a démontré le lien entre l'Iraq et le Onze Septembre.

Et lorsque l'on interroge les élus ou les responsables des think tanks sur l'origine de l'idée constante des gouvernements américains depuis 1950 de favoriser à tout prix l'intégration européenne, et de considérer l'Union Européenne comme la première étape vers un gouvernement mondial dirigé par la superpuissance, on rencontre des regards incrédules – même au *Council of Foreign Relations*. Invariablement, la réponse polie est que, oui, l'Amérique a bien un intérêt dans une Europe unie qui entre dans le plan de paix et de stabilité mais la monnaie commune unique, les frontières intérieures ouvertes, et toutes les mesures décidées du reste, ne viennent pas des États-Unis... et l'on devine la partie non exprimée de la réponse, à savoir que les États-Unis ont d'autres chats à fouetter, que ce qui pourrait vraiment les intéresser dans la construction européenne, ce serait une Europe capable de se défendre elle-même militairement si d'autres conflits comme celui du Kosovo éclataient et l'on décèle aussi une certaine commisération mêlée de gêne : n'est-il pas pathétique que les Européens se fassent tant d'illusions sur leur importance réelle ? Autrement dit, il faut se garder de prêter aux think tanks et aux politiciens des idées qu'ils n'ont pas et donc des influences qu'ils ne peuvent avoir. Mais il est vrai que les think tanks fascinent et que l'on ne prête qu'aux riches...

Pour conclure sur l'influence due aux idées, ce ne sont pas les idées pures qui font la puissance d'un think tank, mais les applications qui en sont présentées. "Les idées politiques sont considérées autant que les idées économiques comme propriété individuelle mais on entend peu parler de vol d'idées et il n'y a jamais eu de procès d'un think tank contre un autre." [Mark Schoeff, interview. CSIS]

Ce qui peut en revanche rendre un think tank vraiment puissant, c'est l'utilisation qu'une personnalité de premier plan peut en faire. *Heritage* vit encore sur l'impulsion que lui a donnée Reagan. Bill Clinton, augmentant considérablement les subsides scolaires et le nombre de fonctionnaires dans l'éducation a montré l'influence des think tanks spécialisés de gauche.

Toutefois, influence ou puissance ne sont pas synonymes de crédibilité, insistent tous les auteurs d'ouvrages sur les think tanks. Leur grand nombre, et les méthodes employées, porteraient atteinte à la crédibilité. C'est un avis que nous ne partageons pas. S'il est vrai qu'il existe de plus en plus d'organismes mixtes, ces sociétés de recherche orientées vers le profit qui abritent leur propre think tank interne, ou encore les lobbies assez riches eux aussi pour avoir un think tank maison, tout ceci semble brouiller le jeu mais seulement pour le grand public. Les hommes politiques et les media font parfaitement la distinction et savent où s'adresser.

Du reste, les think tanks ne cessent de proliférer et donc de prouver qu'ils sont influents et crédibles, sans quoi ils ne se maintiendraient pas sur le difficile marché des idées. Un étude de 2004, dont Rich fait mention, donne *Heritage* et *Brookings* comme nettement en tête du point de vue de l'influence. Viennent ensuite *Cato*, AEI et PPI (le *Progressive Policy Institute*). Mais ce n'est qu'une étude... Une tendance qui semble se confirmer pour l'avenir en revanche, c'est l'habitude pour deux ou plusieurs think tanks de former des alliances sur les projets très vastes, comme la sécurité. CSIS travaille déjà relativement souvent avec *Brookings*... Doit-on en déduire que la collaboration entre think tanks d'idéologies opposées offrirait plus de chances d'atteindre un haut seuil de crédibilité ? C'est en tout cas l'avis de beaucoup de démocrates et de républicains modérés qui s'entendent souvent mieux entre eux qu'avec les éléments plus durs de leurs partis respectifs.

## *Suprématie des idées*

Puisque les think tanks conservateurs affirment tous qu'ils vivent grâce à leurs idées, quelle sont les lignes idéologiques de chaque camp ?

### Les idées de la gauche

La suprématie des think tanks conservateurs donnerait à penser que leurs idées "plaisent" davantage et qu'elles sont donc supérieures. Toutefois, si ces think tanks constituent la vitrine de l'infrastructure conservatrice et éclipsent leurs homologues de gauche pour les raisons que nous avons examinées, il ne faut pas croire que la gauche américaine soit dépourvue d'idées. Le constat général fait état d'un vide conceptuel et d'un épuisement intellectuel alors que la gauche ne manque ni de penseurs, ni de spiritualité, ni de gens aussi ambitieux qu'idéalistes. Toutefois, ses idées ne sont pas novatrices. Ce sont les mêmes que celles des années 1960 et elles n'offrent aucune vision d'avenir précise et attrayante. Il y a bien des think tanks comparables en prestige et en influence aux grands think tanks conservateurs : *Brookings* bien sûr et le *Center for Budget and Policy Studies*... Malgré tout, "ils sont différents, plus partisans car tellement plus proches du parti démocrate que nous ne le sommes du parti républicain." [John Lenczowski. Interview] Et justement le parti démocrate aujourd'hui est dominé par l'ultra-gauche, au grand regret des démocrates modérés. Curieusement, cette gauche radicale ne se réclame pas des penseurs et philosophes éminents que furent Herbert Croly (admirateur de l'État Providence bismarckien et fondateur du journal progressiste *The New Republic*) John Dewey, Charles Beard, Reinhold Niebuhr (qui apporta les arguments philosophiques et intellectuels à la doctrine d'endiguement du communisme), William James... Elle est restée dans la ligne floue de la Déclaration de Port Huron (1962) qui marqua le début de la Nouvelle Gauche, soit cinquante pages d'auto flagellation et de mécontentement "du monde qu'on nous lègue..." Les think tanks de gauche reflètent inévitablement l'état d'esprit de gens qui ont délibérément tourné le dos à leur propre histoire pour épouser des théories gnostiques et nihilistes – rien qui puisse entraîner l'enthousiasme et l'adhésion d'un large public. James A. Smith lui-même, notre brillant historien des think tanks et grand intellectuel de gauche, déplore que la Nouvelle Gauche, dans "sa croisade contre la norme" ait abouti à faire table rase de toutes les valeurs. "Nous avons tout détruit et à présent, il ne reste rien à personne." [Cité par Jonah Goldberg dans *National Review*, 23 mai 2005. p. 30/32]

Pourtant, la gauche semble avoir gardé un lien avec le philosophe John Dewey qui avait déclaré : "le libéralisme, au sens où nous l'entendons, est une activité militante en faveur des *économiquement défavorisés*." On est frappé par cette dernière expression, très politiquement correcte avant la lettre et par l'ensemble de la déclaration qui annonce l'obsession égalitaire actuelle de la gauche, et son désir d'avoir un gouvernement "actif" en faveur de tous ceux que l'idéologie de gauche considère comme "défavorisés". Par "action", il faut comprendre "se donner les moyens d'imposer" à la population des règlements et des programmes sociaux ainsi que des préférences "justes" comme les quota ou la discrimination positive.

Ce mouvement qui s'est approprié l'étiquette "libérale" est en fait autoritaire dans l'esprit et contraire à la plupart des principes libéraux classiques établis par John Stuart Mill et auparavant par les penseurs libéraux français. Les gens de la Nouvelle Gauche, ne sont en fait véritablement "libéraux" qu'en matière de mœurs et de style de vie où ils ne tolèrent aucune entrave éthique, étatique ou autre, à leur liberté. Ils sont aussi menés par une sentimentalité et des émotions quasi-spirituelles. Leur "certitude" de faire le bien découle du "sentiment" qu'ils ont de faire le bien – non d'un argumentaire rationnel imparable, et du reste inutile puisque leurs "sentiments" et "intuitions" ne peuvent les tromper. Ils "sentent", par une révélation intuitive, qu'ils ont raison. De même, eux sont capables de se mettre à la place des défavorisés car ils sont naturellement "en sympathie" avec l'Autre. Mieux, ils sont capables, comme le président Clinton l'a souvent montré, de ressentir de "l'empathie", autrement dit, ils "sont" l'Autre. Comme les acteurs de la Méthode de Stanislavski qui donna naissance à l'*Actors' Studio*, ils "ne jouent pas" la compassion mais, par empathie, ils "sont" dans la peau de l'Autre.

Cette attitude psychologique s'apparente à une foi laïque quasi-religieuse qui tend à créer le paradis sur terre, c'est à dire à trouver les délices de l'Au-delà "ici et maintenant". L'ironie, c'est qu'alors même que les démocrates considèrent que le parti républicain est en train de devenir une théocratie qui n'a rien à envier aux ayatollahs du Moyen Orient, ils présentent eux-mêmes tous les signes extérieurs d'une religion, même si c'est une religion laïque ! Si la nature souvent spirituelle, voire mystique, des préoccupations écologiques est parfaitement respectable, sinon les remèdes invoqués, que penser du politiquement correct, ce totalitarisme des temps modernes et des démocraties avancées qui est à la gauche américaine ce que Torquemada fut au catholicisme ?

*Suprématie des think tanks conservateurs*

Les Américains sont, semble-t-il, religieux de nature. Ayant rejeté les dogmes traditionnels et la morale judéo-chrétienne trop contraignante, il fallait bien que les idéologues de gauche fournissent un substitut pour combler le vide spirituel et cette religion laïque moderne séduit encore de larges fractions de la population. L'esprit s'en résume assez bien dans cette chanson bricolée pour une émission de *Saturday Night Live* – émission très engagée à gauche mais dont les producteurs font preuve du meilleur humour, celui qui est dirigé contre soi-même :
"Nous voulons le désarmement unilatéral
Qu'on retire toutes les armes, qu'on les jette à la mer
L'avortement à la demande, des préservatifs à volonté pour les jeunes
Un toit et les droits sociaux pour les sans-abris
Et pas de blâme pour les auteurs de crimes et délits
Car qui peut dire ce qui est bien et ce qui est mal ?
Qui peut dire si le péché existe ?
Et quelle importance que les guerres soient gagnées ou perdues ?"

Utopie, angélisme, relativisme moral et irresponsabilité. Tout y est.

Plus sérieusement, quelle sont les préoccupations de la gauche actuelle et de quoi ses think tanks traitent-ils ?
En tête des priorités, viennent le souci d'accroître "la diversité" (sociale, ethnique et de toutes sortes) et la progression continue du multiculturalisme, puis les problèmes de l'environnement dont les économies capitalistes, avec l'Amérique en tête, sont responsables et contre lesquelles il faut élaborer des mesures radicales. La gauche aimerait ne s'occuper que d'affaires sociales et raciales, et limiter la politique étrangère à la lutte contre les multinationales et contre la pollution. En conséquence, elle souhaite non pas l'isolationnisme traditionnel mais l'affaiblissement nécessaire d'une Amérique omnipotente – omniprésente et maladroite – qui fait honte par son manque de considération pour les autres cultures.

Pour cela, il faut donc une politique étrangère multilatérale, des organismes de droit international et des organismes supranationaux seuls capables de faire barrage à l'étendue démesurée de la puissance américaine. Le Onze Septembre 2001 a été perçu par l'ultra-gauche comme une conséquence aisément compréhensible de "l'arrogance américaine". Un professeur de linguistique a, à l'occasion, dénoncé "les tours du World Trade Center comme symboles du pouvoir phallique", condamnant donc une Amérique vue comme patriarcale et pas seulement par les féministes... Il faut "restituer au social" les énormes budgets investis dans l'armée et dans d'absurdes politiques expansionnistes. L'armée américaine doit rester assez puissante pour intervenir dans les problèmes humanitaires et assurer le maintien de la paix mais elle ne devrait pas agir sans visa préalable de l'ONU...

On reconnaît là tout ce qui était en gestation dans les années 1960, à l'exception de l'intervention étatique en économie qui était bien plus ancienne. Beaucoup de démocrates traditionnels déplorent que leur parti n'ait pas su se servir de l'échec de Jimmy Carter en 1980 pour se débarrasser de l'image négative formée dans les années 1960 et qui culmina avec la désastreuse présidence Carter justement. Périodiquement, des démocrates d'envergure comme Sam Nunn ou Joe Biden dénoncent ce qu'ils appèlent "la dérive" de leur parti "qui n'est plus celui de Roosevelt et de Kennedy". À ce sujet, on ne peut que recommander l'excellente biographie de Zell Miller : *A National Party No More* (2004).

Le Onze Septembre est peut-être la chance historique pour les think tanks de gauche d'égaler en prestige et en influence leurs homologues conservateurs. Certains déjà, déplorant l'emprise néoconservatrice sur l'actuelle administration, profitent habilement des difficultés rencontrées en Iraq pour renouer avec les valeurs sûres que sont les legs intellectuels de Niebuhr et de Morgenthau, tous deux ardents patriotes mais "réalistes" quant à la puissance américaine et le degré d'engagement soutenable pour le pays. Ils prônent une "éthique du réalisme" qui peut séduire tous ceux qui s'effraient des positions prises par les néoconservateurs et les faucons démocrates. Ils sont crédibles car ils présentent des arguments solides, dénués de toute naïveté pacifiste et de l'idéalisme des années 1960. Ils sont persuadés, tout comme les néoconservateurs auxquels ils s'opposent, d'être les représentants de la supériorité morale. Il y a véritable débat d'idées. Pour la première fois depuis leur émergence, les néoconservateurs rencontrent une opposition sérieuse, un défi majeur et des adversaires de leur stature intellectuelle. Selon un article de Kurt Campbell du CSIS et de Michael O'Hanlon de *Brookings*, paru dans *The National Interest* de l'été 2005, le parti démocrate, et donc les think tanks, car il ne faut pas compter sur l'université pour cela, "doivent apprendre que l'emploi et le système de santé ne font pas le poids à côté d'une stratégie de sécurité nationale." Ils reprochent aux démocrates de ne présenter que des projets vagues sans jamais donner le détail de l'exécution de ces projets et d'être devenus des détracteurs systématiques dans leur rhétorique : "l'élection présidentielle de 2004 a démontré que les slogans ne peuvent pas remplacer les idées". Malheureusement, on ne sait pas lequel des deux experts châtie les démocrates. Logiquement, ce devrait être celui de *Brookings* car qui a intérêt à ce que la gauche retrouve un statut de partenaire intellectuel égal ? L'article déplore également que la gauche ramène finalement tout au social : ainsi ce qui l'intéresse dans l'armée, c'est que les *gays* puissent servirent "en étant reconnus comme tels" et que les femmes aient accès aux unités de combat, tout cela bien sûr en vertu de l'égalité et des droits inscrits dans la constitution. L'article conclut que les démocrates, et donc les experts des think tanks doivent "retrousser enfin leurs manches et se mettre à produire des idées véritables." La gauche ne doit pas s'étonner d'être à la traîne et d'avoir perdu la confiance du public. Les conservateurs eux-mêmes pourraient bénéficier de leur redressement, car "ce n'est que lorsque deux adversaires sérieux et forts de leurs convictions croisent le fer dans les débats constructifs"... que la nation parvient à produire des politiques efficaces. [Idem, p. 101]

## Les idées conservatrices

Les think tanks conservateurs continuent leur entreprise de restauration du caractère national et des valeurs. Ils produisent quantité de dossiers très documentés sur la famille, l'école, le travail, les mœurs.

En gros, ils veulent abroger progressivement les ingérences étatiques et privatiser tout ce qui peut l'être, de façon graduelle mais irréversible, y compris les retraites, le système de santé et bon nombre de postes gouvernementaux occupés actuellement par des fonctionnaires. Autrement dit, ils veulent "privatiser la bureaucratie" et y instaurer la promotion au mérite, ce qui devrait aboutir à la réduire en quantité et à l'améliorer en qualité.

Ils veulent aussi développer l'actuelle "société d'investisseurs" qu'est l'Amérique, en intéressant tous les citoyens aux mécanismes du marché. Ils veulent moins d'impôts et ont déjà remporté d'importants succès sur ce plan. Ils veulent la fin de "l'activisme judiciaire", autrement dit que le pouvoir judiciaire reprenne sa juste place et ne s'occupe plus de cas qui relèvent du législateur. Rapports, dossiers, livres, le sujet produit d'abondantes études qui démontrent les positions militantes de trop de juges. Les think tanks sont presque tous en compétition sur les moyens de faire cesser les procès abusifs (*frivolous lawsuits*) où des plaignants cupides, encouragés par des avocats sans scrupules, s'attaquent à des secteurs professionnels considérés comme "riches" : les compagnies de tabac bien sûr mais aussi, les compagnies de restauration rapide, les compagnies pharmaceutiques, les médecins...

Pour résumer, la ligne générale commune est de ramener la population au bon sens et à la responsabilité en supprimant tout ce qui encourage les dérives de toutes sortes. Le but ultime est une Amérique plus unie culturellement, moins tendue sur les questions raciales et soudée autour des grands principes fondateurs justement interprétés.

*Suprématie des think tanks conservateurs*

En politique extérieure, l'accent est mis sur l'intérêt national (source de divergences parmi les conservateurs et les républicains), sur l'utilité des idéaux nationaux comme moteurs de l'action gouvernementale, ici nécessaire – sauf pour les libertariens. Conservateurs et républicains se montrent très sceptiques envers les discussions multilatérales et les institutions internationales. L'idée d'un droit international primant sur le droit américain et d'institutions supranationales non élues est rejetée comme hérésie pure.

Il a été reproché aux think tanks conservateurs, notamment par l'historien des think tanks, James A. Smith, de s'annoncer comme tels à leur création, un think tank devant en principe être neutre... Mais, avec le recul, l'éminent journaliste John O'Sullivan s'est formé une théorie sur le sujet, apportant à ces think tanks une justification supplémentaire, si besoin était. Selon sa théorie, appelée Loi Première, toute organisation (et donc les think tanks) qui ne se dit pas explicitement conservatrice tend à glisser à gauche tôt ou tard. Il cite comme exemple probant *Amnesty International* dont la neutralité politique originelle s'est transformée en tiers mondisme et en agit-prop internationale. Il serait intéressant d'avoir une analyse de ce phénomène de glissement à gauche, voire à l'extrême gauche. Curieusement, le parcours inverse n'a jamais pu être observé...

Il n'est pas dans notre sujet de définir le conservatisme. Rappelons simplement que la "fusion" sembla parfaite, ou presque, pendant l'ère reaganienne. Tous étaient en faveur de "l'inaction gouvernementale", c'est à dire du laissez-faire. "Les conservateurs estimèrent que l'inaction fédérale, y compris dans les questions morales, servirait le pays au mieux." [Ricci, 1993. p. 178]

Les think tanks conservateurs, par contraste, ne restèrent pas inactifs, bien au contraire. Tous produisirent des analyses visant à démontrer que l'action gouvernementale devait se limiter à "supprimer les obstacles" : programmes sociaux utopiques, impositions "punitives" décourageant l'investissement, régulations paralysantes dans l'industrie et dans les média. L'idée dominante, qui perdure aujourd'hui, était de libérer le marché, seule véritable source de sagesse. Certains projets et études mis en marche il y a trente ans viennent à maturité et sont applicables maintenant. C'est le cas des réformes fiscales et de la privatisation des retraites et du système de santé. Au bout de trente années de diffusion des idées, on doit constater que le public est plus instruit des questions politiques et économiques et qu'il se montre plus sophistiqué dans ses jugements. On constate aussi que le crédit de confiance penche toujours du côté des think tanks conservateurs.

## L'impact du Onze Septembre 2001

Or, depuis le Onze Septembre, la belle unité conservatrice semble remise en question. Du fait de la politique extérieure, les conservateurs présentent aujourd'hui des divisions, voire des oppositions majeures. Cela se traduit dans l'immédiat par une radicalisation des positions et pourrait amener la création de nouveaux think tanks ad hoc.

Le désaccord, qui pourrait aussi entraîner la fin de la suprématie des think tanks conservateurs, se situe essentiellement entre les néoconservateurs et les conservateurs "réalistes" qui semblent avoir oublié la doctrine de Reagan : "Pas d'ennemis à droite".

Jusqu'au Onze Septembre 2001, les néoconservateurs et les libertariens étaient les vedettes incontestées des think tanks. Les paléoconservateurs, nostalgiques de l'isolationnisme d'antan, n'avaient qu'une influence réduite. Avec le Onze Septembre ils retrouvèrent un rôle et un public pour les entendre et des think tanks prêts à travailler sur leurs thèses : l'Amérique avait attiré sur elle les attaques terroristes par ses turpitudes diverses et son laxisme envers les pornographes, les revendications *gay* ou féministes, par l'extension de son hégémonie et surtout son soutien à Israël. Pat Buchanan était parti avec fracas de son parti et avait fondé son propre think tank. Les paléoconservateurs furent écoutés avec beaucoup d'intérêt par la gauche américaine, par les journaux de gauche européens mais aussi par une grande partie de la droite américaine modérée.

Tous les opposants aux néoconservateurs, jugés souvent plus à tort qu'à raison comme les instigateurs de la politique de l'Administration Bush, affirmèrent entre autres que les néoconservateurs de la deuxième génération étaient loin d'avoir la grande culture et la profondeur philosophique de leurs aînés. Bref, ils étaient intellectuellement inférieurs et les néoconservateurs qui avaient guidé la politique étrangère de Reagan n'avaient rien de commun avec le ramassis de va-t'en-guerre actuels.

Il faut tout de même rappeler que la politique étrangère de Reagan fut critiquée en son temps – par les mêmes. De plus, on observe une tendance récente qui consiste à appliquer l'étiquette néoconservatrice à quiconque se dit satisfait de la politique étrangère actuelle et de la justesse du plan de démocratisation du Moyen Orient, or l'ascendant des néoconservateurs sur la politique actuelle et l'administration Bush est réel mais relatif. D'une part ils s'inscrivent dans une des traditions de l'Amérique en politique étrangère : internationalisme, devoir moral d'intervenir par la force si nécessaire. Pour eux, la légitimité provient de l'engagement à défendre la démocratie – non de décisions d'organismes internationaux où siègent quelques états-voyous. D'autre part des néoconservateurs comme Richard Perle et Paul Wolfowitz qui faisaient partie des faucons sous Reagan ne sont qu'à des postes de second rang dans l'Administration Bush. Il faut reconnaître que les néoconservateurs, critiqués de tous côtés et dont l'influence réelle est sans doute surestimée, ne médisent de personne, fidèles au sage principe de Reagan. De plus, même s'ils ne parviennent pas toujours à cacher leur agacement, ils s'efforcent de répondre avec courtoisie et patience à des questions auxquelles ils ont déjà dix fois répondu. Surtout, ils sont toujours partisans du dialogue avec leurs opposants, conservateurs ou non-conservateurs.

Pour résumer, les différents courants politiques représentés dans les think tanks peuvent être simplifiés comme suit :

## L'Amérique des think tanks

- les néoconservateurs : ils sont en faveur de la suprématie de l'Amérique et du leadership mondial, perçu comme un devoir moral. Ils pensent que la démocratie est universelle et peut s'appliquer partout, *même sous des formes éloignées du modèle*. Pour eux, l'impérialisme est une nécessité. Leur idée la plus marquante de ces dernières années est que la politique de stabilité suivie par les gouvernements américains successifs au Moyen-Orient est dépassée, tout comme l'était la politique de détente vis-à-vis de l'URSS en 1980. Forts d'avoir eu raison contre tous dans le passé, ils se montrent peu ébranlés par les critiques dont ils sont la cible. L'objectif de l'ONU semblant être d'éternels débats et non plus la sécurité collective, les États-Unis sont amenés à prendre des décisions unilatérales.

- les conservateurs "réalistes" : ils sont persuadés aussi de la bonté foncière de l'Amérique mais pensent que toutes les hégémonies se terminent tôt ou tard. Préserver l'impérialisme politique est illusoire et ne sert qu'à "isoler" le pays de ses alliés. Eux se contenteraient de la "stabilité" au Moyen-Orient et, du reste, dans les autres régions du monde. Leur argument de choc contre les néoconservateurs est que la surévaluation de la puissance réelle de l'Amérique est dangereuse.

- les paléoconservateurs : ils pensent comme les précédents mais vont plus loin, souhaitant "un désengagement progressif" de l'Amérique à l'étranger en vue d'un "repli" ultérieur définitif.

- les démocrates faucon : à l'intérieur, ce sont des démocrates traditionnels attachés aux mesures progressistes héritées du *New Deal*. À l'extérieur ils se rangent au côté des néoconservateurs.

- les démocrates modérés : ils pensent comme les précédents pour les questions domestiques et comme les conservateurs "réalistes" en politique étrangère.

- la gauche ultra : elle pense que l'Amérique doit revoir entièrement sa politique intérieure et extérieure. Depuis le Onze Septembre, elle exprime avec virulence son idée majeure, à savoir que le problème dans les questions de terrorisme et de sécurité nationale, ce n'est ni le totalitarisme islamique ni les états abusivement appelés "voyous". Le problème, c'est l'Amérique...

*Suprématie des think tanks conservateurs*

Les divisions dans le camp républicain-conservateur sont-elles des guerres intestines menaçant d'implosion la droite américaine à terme et donc la suprématie des think tanks conservateurs ? La plupart des responsables des think tanks interrogés sur la question répondent qu'ils ne le pensent pas car les facteurs de cohésion et de rassemblement sont tout aussi importants sinon davantage, même si la presse n'en fait pas état. Ils rappèlent que tous les courants conservateurs sont d'accord sur plusieurs points capitaux :

- l'ONU n'est pas une institution qualifiée pour défendre la liberté ni pour décider de la légitimité des États-Unis d'utiliser leurs forces militaires.

- les opposants au président Bush, à l'intérieur et à l'étranger, ne mesurent pas le poids des menaces qui pèsent sur l'Amérique.

- le libre marché ne peut fonctionner que si la sécurité est assurée. Donc, la sécurité, prérogative du gouvernement, prime sur le marché (bien entendu, les libertariens sont violemment opposés à cette dernière idée. Eux pensant que le marché seul peut venir à bout du terrorisme. Ils se sont du reste tellement isolés des autres courants et des autres think tanks depuis le Onze Septembre qu'ils font désormais figure de marginaux).

Malgré ces développements récents, il n'y a pour le moment aucun signe de fléchissement de la suprématie des think tanks conservateurs. La prise de conscience des think tanks de gauche de leur retard et de leur déficit d'influence est une bonne chose mais on peut tout de même se demander quand et grâce à quoi ils pourront se dire à égalité avec leurs adversaires. Aussi, pour le moment, et dans l'avenir prévisible, l'Amérique des think tanks reste bel et bien l'Amérique conservatrice.

# Chap. IX - Les think tanks dans la Guerre Culturelle

La Guerre Culturelle n'est pas aisée à définir. De plus, pour réelle et palpable qu'elle soit, aussi bien en Amérique où elle a commencé que dans les démocraties occidentales où elle s'est propagée presque instantanément à partir de 1968, cette guerre n'est pas vraiment perçue comme telle par la plupart des gens alors qu'elle devrait logiquement ne laisser personne indifférent. À l'inverse, dans tous les pays concernés et bien plus encore aux États-Unis à gauche comme à droite, les élites en ont une conscience aiguë. La tension est exacerbée par l'importance des enjeux économiques et civilisationnels d'autant plus qu'il est actuellement impossible de prévoir avec certitude la victoire d'un camp ou de l'autre. Les think tanks sont bien sûr des avant-postes stratégiques.

*À l'origine, les divisions créées par la Guerre Froide et les assauts contre le credo américain*

Jusqu'à 1960, les deux courants qui s'affrontaient dans la vie politique américaine étaient relativement faciles à cerner. D'un côté, une droite traditionnelle attachée au capitalisme et à l'ensemble des croyances américaines, de l'autre une gauche à l'origine progressiste , c'est à dire en faveur d'un état fédéral se mêlant des affaires économiques et sociales du pays. Pour autant, personne ne parlait ni ne raisonnait en termes de droite ou de gauche. Il n'était pas question non plus de Guerre Culturelle.

Dès les années 1920 toutefois, dans le sillage de la Révolution d'Octobre, des idées étrangères à l'Amérique comme le marxisme, le trotskisme et le nihilisme étaient venues déborder le courant progressiste sur sa gauche. La Guerre Froide commencée officiellement en 1947 radicalisa les deux grands courants. Si l'ensemble du pays rejetait viscéralement le communisme, le nombre de sympathisants du modèle soviétique était impressionnant dans les "élites" : gouvernement, monde du spectacle et Hollywood en particulier, universitaires. Pour eux, le danger soviétique était un mythe, un épouvantail créé de toutes pièces par les tenants du capitalisme, démocrates ou républicains. Le sénateur Joseph Mc Carthy, nous l'avons déjà mentionné, dénonça l'entreprise de subversion anti-américaine menée par les "élites"et sembla être parvenu à stopper l'infiltration communiste.

En fait, à la mort de Mc Carthy en 1957, cette infiltration communiste, volet interne de la Guerre Froide, avait tout simplement "muté" en plusieurs courants contestataires qui devraient se révéler cette fois-ci "de front", et non plus de manière "sournoise", au cours des turbulences qui affectèrent les années 1960. Ces courants contestataires avaient tous en commun le rejet de l'ordre établi et du mode de vie conventionnel partagé par les démocrates et les républicains, qu'ils fussent partisans ou détracteurs du *New Deal*. C'était une révolte contre le conformisme à l'intérieur, contre la politique étrangère des États-Unis et contre le modèle occidental en général. Si quelques assauts contre l'Amérique étaient très ciblés, par exemple les revendications des minorités, la plupart étaient très diffus mais tous concoururent à saper les fondements de la société américaine et à bousculer le confort de certitudes anciennement ancrées.

## *De la fierté nationale à l'éthique du doute*

L'attaque contre le caractère national vient en tête. Comme le fit remarquer l'historien Sydney E. Ahlstrom, la Grande Époque Puritaine commencée en 1558 à la mort de Mary Tudor, dernier monarque à avoir régné sur une Angleterre officiellement catholique, apostolique et romaine, prit fin en 1960 avec l'élection de John Fitzgerald Kennedy, premier président catholique des États-Unis. JFK prit grand soin de faire comprendre qu'il n'irait pas pour autant consulter le Saint Siège et bien que lui-même fût un keynésien convaincu, il aida indirectement à faire admettre que catholicisme et capitalisme n'étaient nullement incompatibles.

Malgré tout, c'était un défi majeur lancé à l'establishment jusque là essentiellement WASP, autrement dit les blancs, protestants et d'origine anglo-saxonne, ceux qui avaient conquis et "fait" l'Amérique. Les caractéristiques de l'Anglo-américain avaient été définies dès avant l'Indépendance par Benjamin Franklin puis réaffirmées au cours du XIXè siècle par de grandes figures nationales comme Emerson puis Théodore Roosevelt. L'Américain de l'époque coloniale était naturellement enclin à la tempérance, à la vertu, à la sincérité et à l'épargne, rendue possible par sa détermination, sa frugalité et son acharnement au travail ; il appréciait, sans doute en raison de ses origines bourgeoises et calvinistes, la propreté, la décence, la retenue. Plus tard, l'Américain achevé archétypique, modèle pour toutes les sociétés qui aspiraient à la liberté et à l'état de droit, était naturellement optimiste, audacieux, regardant résolument vers l'avenir. Il avait l'esprit d'entreprise mais, tout en étant aventureux, il montrait des qualités de prudence et de contrôle de soi. Il savait rester imperturbable en toutes situations. Il était évidemment pieux et patriote et, bien qu'individualiste, possédait l'esprit critique et le sens du bien public.

À vrai dire, ce type n'est pas un mythe. Il existe encore beaucoup de gens aux États-Unis qui, WASP et non-WASP, possèdent ces qualités dites nationales, tout simplement parce que ce sont autant des valeurs inculquées par l'éducation ou par l'exemple que des traits innés. Mais il est indéniable que depuis 1970, les WASPs sont en déclin. L'élection de JFK qui avait remis en cause la suprématie absolue du protestantisme fut suivie de l'affirmation d'autres religions, cette fois-ci non chrétiennes comme le judaïsme puis plus récemment l'islamisme. Le monopole WASP établi depuis trois siècles dut céder en moins de trois décennies à la diversité religieuse et à la diversité ethnique, la minorité noire réclamant et obtenant (à juste titre) l'égalité civique mais permettant à d'autres minorités qui n'avaient pas les mêmes doléances de s'engouffrer dans la brèche : Indiens, Latinos, Asiatiques et plus récemment Arabes. Puis, suivirent des minorités de tous ordres qui imposèrent l'idée selon laquelle étant donné que toutes les races étaient égales, toutes les religions, toutes les cultures et toutes les orientations sexuelles l'étaient aussi.

On vit donc apparaître de nouveaux types d'Américains, dits Américains à particule ou à trait d'union : les Américains africains, les Américains de souche (*Native Americans*, que l'on avait jusque là improprement désignés comme les Indiens), les Américains d'Asie, les Américains vietnamiens, les Arabo-américains... Ainsi naquit le multiculturalisme, avec son corollaire, le relativisme moral. Il devint possible pour les minorités d'organiser des manifestations pour affirmer leur fierté d'appartenir à tel ou tel groupe et quasiment impossible pour les WASPs d'afficher quelque fierté que ce fût. Peut-être le pourront-ils de nouveau lorsque leur déclin continu les aura réduits au stade d'espèce en voie de disparition. Il faut préciser à ce sujet que depuis les années 1960, les WASPs sont muselés par le politiquement correct et aussi par un fort sentiment de culpabilité qui leur a été inculqué par les contempteurs du modèle WASP. L'ironie est que ce sont d'abord des WASPs, et non les ethnies diverses, qui sont à l'origine de cet état de fait. Dérive de l'idéologie égalitaire, ce phénomène d'auto flagellation est unique et sans précédent dans l'histoire de l'humanité, semble-t-il. Exception occidentale !

L'éducation publique se livra donc, à partir des années 1960 à l'assaut contre l'histoire et la littérature d'abord, remaniant les manuels scolaires afin de gommer les mythes fondateurs du caractère national et de réfuter du reste qu'il pût y avoir un caractère national. Les enfants furent amenés à réfléchir à la place à ce que pouvait avoir de bon une nation coupable d'esclavagisme dans le passé et de discriminations dans les temps modernes contre des minorités ethniques ou religieuses mais aussi contre des groupes humains comme les féministes ou les homosexuels. Le modèle capitaliste menait aux soupes populaires, comme l'avait démontré le Krach de 1929. La cruauté WASP se retrouvait dans Hiroshima, l'offensive du Têt et les répressions policières brutales dans les ghettos urbains. Les théoriciens "postcoloniaux" inventèrent à l'époque "l'orientalisme" qui tournait en dérision et condamnait sans nuances comme "fascistes" toutes les "attitudes coloniales" de l'homme blanc. Pour comble, cette même société, apprenait-on, causaient des dommages considérables à l'environnement tout en exploitant les pays du Tiers-Monde. Non, il n'y avait pas lieu d'être fier. Le doute et la haine de soi furent donc ainsi inculqués à la population américaine, puis à tout l'Occident car les peuples d'origine européenne étaient tous collectivement coupables vis-à-vis du reste du monde. On était entré dans la culture du doute et de la culpabilité.

## *De la morale traditionnelle aux morales inversées*

L'entreprise de démoralisation n'eut peut-être pas été aussi aisée aux tenants de la Contre-culture si l'éthique puritaine n'avait pas déjà été ébranlée depuis les années 1950 par la société de consommation. L'affluence économique ayant succédé à la subsistance économique, l'ascétisme d'antan faisait place à la soif inextinguible d'acquisition de biens matériels. Une Amérique qui vivait à crédit s'était substituée à l'Amérique qui épargnait. Cette nouvelle culture du crédit, de la consommation et de la dépendance que cela entraînait semblait installée pour durer. Un retour aux mœurs de jadis n'était pas pensable et la frugalité n'avait plus sa place dans l'économie de croissance même si l'on déplorait la perte de foi dans les valeurs transcendantales, supérieures aux plaisirs matériels à court terme et à la surabondance de marchandises non nécessaires.

Bien que consommatrice elle-même, la frange contestataire eut ainsi beau jeu d'attaquer la société américaine tout entière d'abord sur le terrain de la morale, critiquant la consommation "effrénée" comme une dérive de plus du capitalisme honni.

L'Amérique traditionnelle était aussi déstabilisée par le fossé qui s'était creusé entre conservateurs religieux et modernistes, entre les créationnistes qui croyaient dur comme fer à toutes les histoires bibliques et les naturalistes athées qui ne juraient que par Darwin. Darwin ayant tué Dieu, il n'y avait plus de vérité absolue ni de règles morales absolues. Ceux qui croyaient en Dieu ou seulement en une Loi Naturelle d'où découlaient le bon sens et les droits fondamentaux n'étaient pas qualifiés pour critiquer les dissidents. Si les péchés existaient, ce n'était pas forcément ceux que la bible condamnait explicitement mais plutôt ceux qui se créaient au fur et à mesure que la société évoluait. Déjà, dès 1952, avec son célèbre Rapport Kinsey, le Dr Kinsey avait fait beaucoup pour libérer la société américaine de ce qu'il appelait les tabous sexuels – directement imposés par la civilisation judéo-chrétienne. Donc, des Évangiles, on pouvait tout au plus retenir la doctrine sociale. En revanche, les interdits religieux étaient considérés comme néfastes car contraires à l'épanouissement de l'être humain. Si le péché existait, ce n'était plus *contre Dieu* mais *envers les autres* : manque de sensibilité ou jugements vexatoires. Parmi les nouveaux péchés : racisme, homophobie, sexisme...

Cet état d'esprit donna naissance à d'innombrables factions morales ; la vérité devenant ce que chacun voulait qu'elle fût, chacun était libre de décider de sa propre morale. L'ère du relativisme moral avait commencé et avec elle une confusion extrême. L'Amérique se trouvait acculée à se remettre en question sur tout et découvrait qu'il y avait des interprétations conflictuelles sur des points de la Constitution qui avaient toujours paru très clairs, autant que sur les sujets d'actualité particulièrement épineux qui surgissaient. Les accusations émises par les critiques virulents contre l'Amérique traditionnelle déstabilisaient bon nombre de citoyens qui ne savaient plus que penser. Les actualités télévisées montraient journellement des émeutes raciales dans les ghettos urbains, la rébellion sur les campus de la côte est et de la côte ouest, une pornographie omniprésente, des problèmes sociaux gagnant la jeunesse comme l'usage de la drogue, la promiscuité sexuelle et l'avortement comme moyen de contraception, des minorités bruyantes qui réclamaient des droits spéciaux *en vertu de la constitution*, une criminalité galopante et ainsi de suite. Autant de fléaux que l'establishment s'était infligés à lui-même et au pays.

En politique étrangère, la situation n'était pas moins déprimante. La doctrine Truman d'endiguement du communisme et de "guerre limitée" (les États-Unis se bornaient à repousser l'envahisseur communiste qui avait commis une agression militaire mais s'interdisaient d'aller l'attaquer chez lui) se trouvait mise en faillite au Vietnam où l'agresseur nord-vietnamien parait ses visées de l'habit respectable du nationalisme – ce qui lui valait la sympathie d'une bonne partie de la planète ainsi que de pans entiers de la population américaine elle-même.

Que faisaient alors les think tanks existants ? Rien. À l'exception de *Brookings* qui s'orienta vers les idées nouvelles et de l'*Institute for Policy Studies* qui fit à lui seul le travail de plusieurs think tanks pour favoriser la Contre-culture. Dès 1963, armé de pragmatisme existentiel, il contribua grandement à l'élaboration de la Grande Société, ce legs que Johnson rêvait de laisser à l'Amérique, avec des programmes sociaux aux noms évocateurs : "les Cités Modèles" pour l'urbanisme, "Un Corps des Enseignants" (pénétré de la philosophie de Dewey) pour l'éducation... Il publia aussi un manuel, *Le Lecteur Vietnamien* qui prêchait dès 1965 contre "l'immoralisme de l'armée et de la guerre en général". IPS afficha clairement ses positions en faveur de l'URSS tout au long de la Guerre Froide et soutint officieusement les Viêt-congs pendant la Guerre du Vietnam. En 1968, Raskin (président de IPS), en compagnie du célèbre Dr Spock et du Révérend William Coffin, fut traduit devant le tribunal de Boston pour encouragements à résister à la conscription. Pour beaucoup, les trois accusés firent figure de héros. Jamais think tank n'avait été ni ne serait – en tout cas jusqu'à ce jour – plus militant ! IPS, *Brookings* et leurs homologues de moindre importance n'avait pratiquement aucun think tank en face d'eux et pouvaient compter sur les bastions solidement acquis à leur idéologie qu'étaient les média : les réseaux de télévision alors en pleine ascension, la grande presse quotidienne, Hollywood, le monde de l'art et même des sympathisants nombreux dans les sphères de la justice, de la politique et des affaires. Mais surtout, les think tanks instruments de la Contre-culture se faisaient les porte-paroles du monde académique qui, depuis les maternelles publiques jusqu'aux grandes universités, était la source vive de la nouvelle idéologie, issue, entre autres, de la philosophie de Dewey.

Cette époque de turbulences vit aussi le déclin des partis politiques, inaptes à répondre au désarroi général, et la montée des activités procédurières liées aux inévitables et fréquentes infractions à la correction politique, véritable fléau des temps modernes et paradoxe absolu au pays de la liberté d'expression. Si les minorités affranchies se tournaient massivement vers le parti démocrate, la majorité silencieuse ne comptait plus sur les partis ni sur les institutions. La Contre-culture avait produit une société pluraliste et des problèmes accablants. Si elle avait en grande partie réussi son entreprise de démolition et si elle se présentait comme moralement supérieure au modèle traditionnel, "quelle sorte d'ordre social en sortirait ne fut jamais clairement exposé". [Ricci, 1993. p. 71]

## La réaction conservatrice

En fait, à la fin des années 1970, la Contre-culture aboutit à une implosion morale et intellectuelle. Mais dès 1970, la réaction, œuvre des conservateurs, avait commencé à se faire sentir. Une infrastructure conservatrice s'était mise en place en quelques années qui devait aboutir à la création de think tanks conservateurs. "Les think tanks se développèrent en réponse à la confusion morale" qui régnait. [Ricci, 1993. p. 48]

Les think tanks conservateurs furent créés pour apporter un diagnostic clair de la situation, décider quelles revendications protestataires étaient fondées et désigner celles qui ne relevaient que de l'opportunisme et de l'agit prop. Ils s'attachèrent aussi à sortir le pays de la confusion morale en rétablissant le bien fondé de valeurs anciennes éprouvées. L'aspect politique de Washington en fut radicalement transformé en quelques années, bien que les désordres ne prissent véritablement fin qu'avec l'issue du conflit vietnamien.

Les think tanks avaient devant eux un travail titanesque : amener un pays divisé à une restauration morale, culturelle et intellectuelle, lui donner des directives claires et une vision d'avenir. Lui redonner fierté et bon moral. À long terme, il s'agissait de faire cesser l'état de guerre civile qu'est en fait la Guerre Culturelle et de rétablir la concorde entre tous les Américains. Si les think tanks conservateurs ne sont pas encore parvenus à ce but, tant s'en faut, "on remarque ce fait durable qu'est le malaise des gens de gauche dans tout débat sur les idéaux et les valeurs morales", déplore James A. Smith. [Smith, 1991. p. 216]

Les théoriciens conservateurs dénoncèrent donc les utopies et le nihilisme propres à la Contre-culture. Léo Strauss, de l'Université de Chicago réaffirma l'importance des idéaux élevés transcendants, du droit naturel et de la morale traditionnelle dans l'élaboration de la politique. Déjà, en 1948 dans *Ideas Have Consequences*, Richard Weaver avait démontré "que la science moderne "avait fait de l'homme un idiot sur le plan moral et dans *The Conservative Mind*, en 1953, Russell Kirk reprenait les affirmations d'Edmund Burke selon lequel les philosophes athées des Lumières, en niant l'existence de Dieu (ou d'un principe supérieur à l'homme), avaient porté un coup fatal à la morale, qui découlait, selon lui, de la religion. Bref, les morales inversées de la Contre-culture provoquèrent un retour en force de l'élément moral indissociable de toute politique. "Dans les années 1970 et 1980, bon nombre de think tanks, de droite mais aussi de gauche, s'efforcèrent de déplacer le combat intellectuel sur le terrain élevé de la morale". [Smith, 1991. p. 216] Mais Smith ne cite en exemple de think tanks préoccupés en premier de morale que des think tanks conservateurs.

Créé en 1976, le *Ethics and Public Policy Center* (EPPC) annonça sa mission sans ambages : "clarifier et renforcer le lien entre la tradition morale judéo-chrétienne et la nation d'abord..." Son président, Ernest Lefever, rendit un hommage appuyé aux néoconservateurs qui avaient réagi les premiers, et avaient su le mieux redéfinir les valeurs de l'Amérique et de la civilisation occidentale. C'était aussi eux qui, les premiers, avaient commencé à démanteler un par un les arguments de la Contre-culture et encore eux qui avaient présenté une vision claire et réaliste du monde et proposé des objectifs séduisants, réalisables, à une opinion privée de ses repères. Lefever insistait du reste sur la nécessité d'avoir des idéaux en politique même si l'on devait souvent se contenter du possible. Enfin, rappelait Lefever, l'agressivité en politique n'était pas une invention conservatrice mais elle s'imposait comme nécessité en face d'adversaires qui vous assaillaient, eux, avec tant d'agressivité. Il ne fallait pas adopter la haine qui animait les contempteurs de l'Amérique mais "rendre coup pour coup", par des démonstrations dignes, dans le calme. Think tank favori des Évangélistes, le EPPC peut surprendre par son principe de tolérance envers les hommes politiques qui semblent faire des concessions ou des écarts par rapport à la ligne morale fixée "si ceux là sont néanmoins fermement du bon côté dans la Guerre Culturelle."

Le *Rockfort Institute* fut créé en 1976 aussi, dans l'Illinois, donc au cœur de l'Amérique profonde, mais ouvrit une branche à New York en 1984 puis continua ainsi de se ramifier dans tout le pays. Il s'affirme "défenseur des principes moraux qui découlent de la religion et combattant acharné du relativisme moral sous toutes ses formes...". Il soutient sans relâche les institutions que sont la famille, l'école, l'armée et bien sûr l'église ou les églises. Le *Rockford Institute* a donc un aspect plus populiste qu'élitiste.

Nous ne saurions trop insister sur le fait que si par "valeurs morales", l'opinion publique en Amérique comme en Europe pense d'abord avortement, euthanasie, mariage entre personnes du même sexe, manipulations sociales et ainsi de suite, ces valeurs morales ne sont que l'un des volets de la Guerre Culturelle et surtout que la morale elle-même n'est pas confinée à quelques questions de société. De plus, les conservateurs, bien qu'ennemis du relativisme moral, présentent eux-mêmes en la matière une certaine diversité.

Même l'économie semble associée à des principes moraux et à des idéaux fondamentaux. À l'opposé des réformateurs sociaux qui considèrent l'intervention de l'état dans l'économie et le social comme "morale", les libertariens voient toute ingérence étatique comme "immorale" (en particulier la redistribution et les impôts "punitifs" considérés comme du vol pur et simple) et les mesures keynésiennes ou les régulations commerciales comme des "hérésies politiques". La morale libertarienne s'appuie sur le libre arbitre, la responsabilité et le choix. Malgré tout, les plus intransigeants des libertariens (que quelques journaux appèlent les "conservateurs en économie") semblent avoir assimilé l'enseignement de l'École de Chicago qui reconnaît la nécessité de composer avec certaines mesures du *New Deal*, un retour au capitalisme sans frein des années 1920 étant impossible. Toujours ce différentiel à prendre en compte entre le souhaitable et le possible.

Les libertariens luttent sans relâche contre les "aberrations" du keynésianisme. La bureaucratie pléthorique de "l'état obèse", coûteuse et inefficace est une de leurs cibles favorites. Pour Ed Crane, le président du *Cato Institute*, le plus célèbre des think tanks libertariens, la bureaucratie est un fléau moderne et les ingérences étatiques "des infractions commises contre le commerce, l'industrie, les libertés individuelles". Elles sont, dit Ed Crane, "le mal absolu". Les solutions imposées sont "coupables" de fausser le marché avec leurs règlements divers et leurs subventions à quelques secteurs de l'industrie ou bien aux individus. Les politiciens prouvent ainsi leur faillibilité alors que les mécanismes du marché, tellement supérieurs, peuvent résoudre tous les problèmes. Les libertariens sont particulièrement hostiles aux thèses écologistes et se font "les champions de la protection de l'environnement par l'économie de marché". L'économiste anglais

Ralph Harris, du *Institute of Economic Affairs*, compare les marchés du monde entier à "tout un ensemble d'ordinateurs reliés entre eux, capables d'analyser les renseignements fournis jour après jour, les estimations et les modifications de l'offre et de la demande". C'est la rencontre de la technologie de pointe et de la morale naturelle du marché.

Notons aussi que les libertariens ne voient pas la société comme divisée en deux (droite et gauche) mais en quatre : gauche, droite, populistes et libertariens !... Leur extrémisme anti-gouvernemental va jusqu'à nier à l'état les prérogatives régaliennes que sont l'armée et certaines fonctions de la police... Les valeurs morales religieuses défendues par les conservateurs traditionnels ne sont pas leurs préoccupations et ils condamnent les interventions militaires américaines qui, elles aussi, faussent le marché. Pour eux, la morale comme tout le reste est établie par le marché. Ainsi, le maintien de la souveraineté nationale ou les freins à l'immigration sont à leurs yeux dénués de sens...

Malgré tout, l'existence du *Madison Group*, association commerciale récemment créée qui rassemble plusieurs think tanks libertariens et conservateurs tendrait à prouver que les libertariens penchent tout de même du côté conservateur dans la Guerre Culturelle. Du reste, c'est l'action conjuguée des think tanks des deux tendances qui est responsable du plus beau succès remporté dans la Guerre Culturelle contre la gauche. En Amérique, en Angleterre et dans bon nombre de démocraties, le keynésianisme apparaît comme failli et indéfendable à long terme. Des partis de gauche eux-mêmes, comme le parti travailliste anglais, entreprirent leur conversion dès les années 1980 – ce qui permit à Madame Thatcher de proclamer lors d'un Congrès conservateur : "Nous avons gagné le volet économique".

La morale néoconservatrice s'attaqua surtout, dès le début au problème économique majeur représenté par le communisme, soviétique ou autre, démontrant que le keynésianisme était la version édulcorée du socialisme et le communisme sa version la plus dure. Ce système économique était absurde et intrinsèquement mauvais. Comme système social, c'était une imposture et le gouvernement américain devait cesser les tentatives de détente visant à amadouer l'hydre communiste. La morale exigeait que le camp occidental se donnât enfin les moyens de gagner la Guerre Froide – ce qui se produisit plus tôt que les prévisions les plus optimistes ne le laissaient espérer. Les think tanks conservateurs estimèrent que cette victoire dont les artisans les plus célèbres étaient Lech Walesa et le Pape Jean-Paul II d'une part, Reagan et Mme Thatcher d'autre part – que cette victoire donc était aussi la leur et l'aboutissement de près de vingt années d'analyses, de recherches, d'études comparatives, de travail de persuasion.

## *L'infrastructure conservatrice au cœur de la Guerre Culturelle*

Les think tanks conservateurs n'auraient sans doute pas remporté le volet économique à l'intérieur et la Guerre Froide à l'extérieur s'ils n'avaient pu compter que sur eux-mêmes. Ils n'auraient du reste seulement pas existé si une infrastructure n'avait été mise en place, véritable réseau associatif regroupant des fondations, des groupes de pression, des relais médiatiques (après les dérégulations obtenues par Reagan en 1987) et surtout, depuis le début de la résurgence conservatrice, un ensemble de revues de très haute tenue intellectuelle : *National Review*, créé en 1955 fut suivie de *Commentary, The Weekly Standard, The American Spectator, The American Conservative, The Atlantic Monthly, The American Enterprise*... sans oublier la page éditoriale du *Wall Street Journal* et beaucoup d'autres organes d'opinion publiant notamment des articles écrits dans les think tanks. Aujourd'hui, face à l'infrastructure de gauche, les conservateurs sont tout de même moins démunis matériellement. Après les radios interactives et les émissions de télévisions comme *Firing Line*, dédiées au débat d'idées, ils ont enfin leur propre chaîne de télévision, *Fox News*, voulue et financée par Rupert Murdoch. Grand sujet d'hilarité pour les gens de la Nouvelle Gauche, *Fox News* adopte le principe partisan des grands réseaux et donne parole aux siens. Elle scrute aussi la *blogosphère* (l'ensemble des *blogs* qui prolifèrent sur l'Internet) afin de réutiliser, après soigneuse vérification, toutes les informations et points de vue susceptibles de faire avancer les opérations – et la Guerre Culturelle bat son plein.

L'infrastructure conservatrice se caractérise par son attitude sereine face à l'avenir, voire optimiste. Après 1970, ses think tanks prirent de l'importance parce que, face au vide conceptuel de la Contre-Culture et grâce à la confusion doctrinale qui régnait, les présidents de ces think tanks avaient la conviction d'avoir à offrir "des analyses crédibles et des solutions qui les démarqueraient des lobbies de gauche, des grands média, du monde académique et des agences gouvernementales." [Ricci, 1993. p. 24] De plus, "ils purent facilement discréditer les utopies de la gauche car celle-ci ne présentait rien qui fût irréfutable..." Par contraste, ils purent prouver au cours de la présidence Reagan "que les sentiments moraux et le marché, laissé à lui-même grâce à une inaction fédérale voulue, pouvaient produire de bonnes décisions..." et des résultats tangibles. [Ricci, 1993. p.180] Ils démontrèrent que si l'on n'entravait pas le marché, y compris pour ce qui concernait les relations sociales, la sagesse reprenait ses droits.

Il faut bien sûr mentionner l'importance des PACs, ces Comités d'Action Politique organisés spontanément après 1964 pour aider à la création de dizaines d'organisations – dont les fondations nouvelles, si nécessaires à l'installation et au maintien des think tanks. Ricci fait état de quelques chiffres concernant les trois années précédant l'arrivée de Reagan. "De 1977 à 1980, les PACs conservateurs rassemblèrent 17,725,00$ tandis que les PACs de la Nouvelle Gauche ne réussirent à trouver que 3,225,697$", tout cela grâce au mailing direct. "Finalement, apparut un réseau de fondations et d'associations conservatrices sans égal dans le camp adverse." [Ricci, 1993. p. 168] Toutes ces organisations entreprirent de construire leur propre "establishment", prêt à opérer en cas de victoire électorale.

*Les think tanks dans la Guerre Culturelle*

En 1987, se créa un think tank spécialisé, le *Media Research Center,* qui se montra rapidement efficace à dénoncer, preuves rigoureuses à l'appui, les fausses informations (ou désinformations) diffusées par les grands réseaux. Autre exemple très concret, l'*American Conservative Foundation* et son université privée, fondées dès 1961, s'attachèrent à "transformer la philosophie conservatrice en actions". L'université se distingua tout spécialement en rétablissant les cours de civilisation occidentale supprimés dans les grandes universités. Son but : éduquer de futurs cadres conservateurs. Cette défense de l'ethnocentrisme européen fut organisée en réponse à la haine de soi instaurée par les intellectuels de gauche – WASPs et non-WASPs – ceci par le rappel politiquement très incorrect de tout ce qui fit la grandeur de l'Ouest, acceptant en bloc, avec fierté mais sans arrogance, ses aspects négatifs autant que ses aspects positifs, affirmant que les seconds dépassaient de beaucoup les premiers. Travaillant pour convaincre l'Amérique mais aussi l'étranger, ils offrirent la vision d'un Occident encore capable d'apporter beaucoup à l'humanité. L'on aboutit ainsi à ce que Ricci appelle "la configuration conservatrice", un ensemble stratégique puissant dans la Guerre Culturelle, moins puissant que son adversaire mais supérieur à bien des égards. Nous y reviendrons. Ricci pense même qu'ils réussirent à changer la face de la capitale Washington, non plus ville ennuyeuse mais cœur politique palpitant .Selon Ricci toujours, le nouveau Washington façonné par les conservateurs commençait à ressembler à la Maison de Salomon par "sa recherche obstinée de la vérité". Fort bien, mais qu'en est-il de la Guerre Culturelle dans laquelle les think tanks sont engagés ?

Remarquons qu'on parle toujours de think tanks "conservateurs", "de gauche" ou "neutres", jamais de think tank républicains ou démocrates. Tout comme les *liberals* (les socialistes)dans le parti démocrate, les "conservateurs" ne sont qu'une grosse minorité dans le parti républicain. Par vocation, les think tanks présentent des idées neuves et audacieuses plutôt que des idées modérées, c'est en tout cas l'impression générale. Il est certain que la Guerre Culturelle se joue principalement entre conservateurs et gauche radicale. Toutefois, bien qu'elle soit à l'origine de l'existence des think tanks conservateurs et au cœur de leurs préoccupation, la Guerre Culturelle n'est pas confinée aux seuls think tanks.

## *Bilan provisoire*

Où en sont donc les hostilités ? Bien que les conservateurs aient remporté la victoire économique par think tanks interposés, et que leur assise dans le pays soit désormais égale à celle de la Gauche, rien n'est joué. John Lenczowski est un ancien de AEI et le fondateur de l'*Institute of World Politics* qui n'est pas un think tank à vocation géopolitique comme son nom pourrait le laisser supposer mais une école supérieure privée enseignant la diplomatie. Interrogé sur l'état actuel de la Guerre Culturelle et sur la question de savoir si les think tanks conservateurs ont vraiment aidé à inverser les propositions de la Contre-Culture, il répond sans hésiter : "Certes oui ! Leur aide est inestimable. Ils ont réussi à démontrer clairement la dégradation générale qui découle du relativisme moral dans l'art, la culture, les mœurs, l'éducation – relativisme moral qui trouve lui-même sa source dans la révolution sexuelle prônée par le Dr Kinsey, vous savez. Par exemple, ils ont réussi à démontrer par des études très sérieuses et des statistiques irréfutables et non-manipulables le tort fait aux enfants – et aux femmes – par l'absence des pères dans les foyers où le chef de famille est une mère célibataire. Ils ont également osé parler de l'égoïsme carriériste des féministes. En fait, ils ont abordé toutes les pathologies sociales modernes ! Ils les ont d'abord identifiées puis délimitées avec leurs causes, effets et conséquences sur le long terme. Puis, ils ont fait connaître aux élus et à la nation les retombées négatives des théories abstraites utilisées depuis des décennies, apportant une base intellectuelle solide et des concepts nouveaux – tout cela sans mettre en avant une religion ou une moralité particulières, simplement en rappellent *la nécessité de ne pas séparer la chose politique des principes moraux traditionnels* –

*Les think tanks dans la Guerre Culturelle*

juste des faits avérés et des statistiques. Ils n'ont pas cherché non plus à endoctriner le public. C'est en fait le public qui peu à peu a découvert leur philosophie politique, à la lueur des révélations communiqués et des travaux publiés..." [Interview]

Mais quand on lui demande si les conservateurs sont par conséquent en train de gagner la Guerre Culturelle, John Lenczowski se fait réticent : "Et bien, les personnes attachées aux valeurs traditionnelles et à un ordre moral semblent avoir repris le dessus pour le moment, mais ce n'est pas grâce aux seuls think tanks..." À la même question, Sam Kazman, du *Competitive Entreprise Institute* qui ne s'occupe ni de mœurs ni de morale mais de dérégulations, d'activisme judiciaire et d'environnement, répond que les conservateurs sont loin d'être gagnants pour le moment : "La gauche ne domine plus tout, absolument tout, comme dans les années 1970 mais elle reste très puissante et même maîtresse du jeu." Il ajoute que "le pire ce sont toutes ces grandes compagnies, en particulier les multinationales, pas du tout amies des conservateurs comme trop de gens s'imaginent, qui ne se soucient que de leurs intérêts à court terme n'hésitant pas pour cela à faire bloc avec l'ennemi !" [Interview] Et avec les think tanks libertariens extrêmes, pourrait-on ajouter.

Donc, la Guerre Culturelle, "guerre à mort" selon le mot de Midge Dexter [Edwards, 1997. p. 121], est loin d'être gagnée par un camp ou par un autre.

De l'avis général, les think tanks conservateurs sont beaucoup plus nombreux, plus variés, plus influents aussi que leurs homologues de Gauche mais la Guerre Culturelle fait rage sur d'autres fronts. De plus, si les conservateurs avaient bon espoir de l'emporter à la longue jusqu'à 2000, les attaques terroristes du Onze Septembre 2001 ont complètement bouleversé la donne en politique étrangère et provoqué des réactions variées à l'intérieur si bien que la Guerre Culturelle dépend désormais en partie de la Guerre contre la Terreur.

## Chap. X - Gros plans sur quelques think tanks

Les douze think tanks passés en revue ci-dessous sont tous conservateurs ou neutres. Cette atteinte à la diversité est délibérée. En effet, la face politique du Washington d'aujourd'hui est l'œuvre des think tanks conservateurs. Ce sont eux qui lancent les modes dans le monde changeant de la politique, eux qui présentent une étonnante variété, eux qui font de Washington une capitale politique unique en son genre.

Par opposition, les think tanks non-conservateurs manquent de lustre ou d'énergie et, à part le très marginal IPS, sont tous assez semblables. De plus, nous l'avons vu, les think tanks conservateurs constituent un contrepoids au monde académique, aux média, à Hollywood, aux avocats procéduriers, autant de bastions si puissants à eux tous que la gauche et les démocrates pourraient pratiquement se passer de think tanks. Enfin, les think tanks conservateurs présentent actuellement, et surtout depuis le renversement de Saddam Hussein, des divergences sérieuses entre libertariens, néoconservateurs et pragmatistes réalistes.

Les think tanks de gauche, à eux tous, n'ont qu'une influence réduite et, mauvais perdants, affichent souvent du mépris pour leurs concurrents conservateurs en les assimilant, sans fondement justifiable, à des lobbies.

Quant aux think tanks subventionnés par des contrats gouvernementaux, ils sont à part et ne sont en compétition qu'entre eux et non avec ceux qui bataillent sur le marché des idées.

## The Hoover Institution on War, Revolution and Peace – Hoover

C'est l'un des plus anciens centres de recherche puisqu'il fut fondé en 1919 par Herbert Hoover qui devait devenir ultérieurement le 31e président des États-Unis. Situé dans l'enceinte de l'Université de Stanford, en Californie, le centre, très nettement conservateur, se maintient depuis les années 1960 dans un environnement immédiat particulièrement hostile. À l'origine, il recevait des subventions de l'université mais il est aujourd'hui totalement indépendant financièrement et intellectuellement. La liberté de décider de telle ou telle recherche étant acquise, les conseils d'administration successifs n'ont jamais cherché à couper les liens avec Stanford et résistent toujours aux offres d'ouvrir un bureau à Washington.

*Hoover* fut d'abord crée comme centre d'archives. Il posséderait les archives privées sur toutes les guerres du XXe siècle les plus complètes du monde.

Le centre compte une centaine de chercheurs, universitaires pour la plupart, dont près de 70 résidents. Certains sont connus au niveau national et même international : Victor David Hanson, Michael Novak, Robert Conquest. Détail intéressant : Condoleeza Rice, l'actuel Secrétaire d'État, diplômée de Stanford, fit un stage à *Hoover* tout en étant *provost* de son université (poste administratif élevé).

*Hoover* est un institut-à-sujets-multiples type puisqu'il traite des comptes que le gouvernement a à rendre aux citoyens, de sécurité nationale, de sciences politiques pures, d'histoire, d'économie, de questions sociologiques comme les retraites, de relations internationales.

*Hoover* publie des livres à un rythme impressionnant et un magazine trimestriel, le *Hoover Digest* qui "permet la recherche académique honnête" – en opposition avec les recherches "orientées" des idéologues anti-américains du monde académique. Après s'être totalement investi dans la Guerre Froide, *Hoover* est aujourd'hui du côté des faucons dans la Guerre contre la Terreur et fait partie des combattants les plus acharnés dans la Guerre Culturelle.

*Hoover* jouit d'une grande visibilité médiatique : nombreux passages à la télévision et articles *op-ed* ou colonnes régulières dans de grands journaux, tout particulièrement dans le *Washington Times*. Michèle Horaney, responsable des Affaires Publiques, estime que *Hoover* se classe dans les dix premiers think tanks d'Amérique, même dans les périodes les moins favorables, mais un article de 2003 dans *The Economist* classait *Hoover* premier "pour la profondeur de ses analyses".

## *The Manhattan Institute for Policy Research*

Fondé en 1979, l'institut aujourd'hui présidé par Lawrence J. Mone, vit essentiellement de dons privés (déductibles d'impôts) d'individus, de fondations et d'entreprises. Sa brochure, très bien faite, renseigne sur sa mission et ses activités dans le détail. L'institut combine "le sérieux intellectuel à la sagesse pratique grâce à un marketing intelligent et un militantisme ciblé". Son but est d'amener les citoyens à participer aux affaires publiques, donc d'éduquer et d'encourager la société civile. Entièrement dévoué au libre marché (n'oublions pas qu'il a abrité Charles Murray et de célèbres théoriciens de l'offre), *Manhattan* est libertarien dans l'esprit mais favorable à un état fort en matière de sécurité, bien que réduit par ailleurs.

Son conseil d'administration est surtout composé de dirigeants de grosses sociétés mais compte aussi des journalistes célèbres comme Fareed Zakaria de *Newsweek International* et William Kristol, fils de Irving et éditeur de *The Weekly Standard*, une revue d'opinion.

Il est spécialisé dans presque tout sauf la politique étrangère puisque ses quelques 35 experts planchent sur les taxes locales, les droits des états, la réforme de "l'industrie procédurière" (les "pères fondateurs" de cette réforme seraient Walter Olson et Peter

Huber),les problèmes raciaux et l'immigration (souvent en collaboration avec *Hoover*), la réforme de l'État Providence "qui croit compenser les faiblesses humaines à coups de subsides", l'économie digitale, la sécurité intérieure, l'innovation civique... Toutefois, *Manhattan* est particulièrement engagé dans les problèmes d'éducation et d'environnement urbain. Jay P. Green, Ph.D. et *senior fellow*, est le seul chercheur cité dans la Décision de la Court Suprême [Zelman contre Simmons-Harris] sur la constitutionnalité du chèque scolaire. L'institut est aussi célèbre pour son influence décisive dans la réforme de l'État providence.

Mais c'est sans doute pour ses idées en matière de criminalité et d'urbanisme que *Manhattan* a acquis une célébrité mondiale. La politique de la vitre brisée et de la tolérance zéro, expérimentées par Rudy Giuliani, l'ancien maire de la ville, sont reprises dans le monde entier. C'est peut-être la raison pour laquelle *Manhattan* tient à rester à New York où il possède pourtant des bureaux exigus qui semblent peu propices au travail et ne font rien pour l'image de marque de l'institut. On est même enclin à partager l'avis de la brochure qui vante "sa compétence immense par rapport à ses ressources" et son habileté à "transformer l'intellect en influence".

L'institut est très engagé dans la Guerre Culturelle. Il publie de nombreux livres et une revue trimestrielle, *City Journal*, créée en 1990 au cœur de la période de pourrissement des grandes métropoles. Il décerne un prix lors de sa soirée de gala annuelle à l'Hôtel Pierre de New York : *Le Manhattan Insitute's Alexander Hamilton Award*.

*Manhattan* a déjà prouvé très concrètement son influence. Sa crédibilité est tellement au-dessus de tout soupçon que même les journaux de gauche lui réclament des articles : le *New York Times*, le *New York Post*, le *Washington Post*, le *Los Angeles Times*... *Manhattan* figure aussi très souvent là où l'on s'attend à le trouver, c'est à dire dans le *Wall Street Journal*.

## The American Enterprise Institute – AEI

Ce think tank qui se dit "université sans étudiants" est l'un des plus influents et célèbres. Il occupe plusieurs étages d'un immeuble cossu et impressionne le visiteur par une entrée élégante qui ressemble un peu à une bibliothèque, sur les rayonnages de laquelle figurent *tous les livres publiés depuis quarante ans* ! Il y a aussi un espace aménagé en plateau de télévision privée, des salles de conférence et beaucoup d'autres signes extérieurs de richesse. Pourtant AEI court lui aussi après les fonds et ne s'en cache pas. On peut dire que AEI touche à tout et ne compte pas moins de 15 départements de recherche.

AEI peut aussi se vanter d'avoir ou d'avoir eu en son sein un très grand nombre de célébrités, plus que *Hoover* et peut-être même que *Heritage*, autant que CSIS. Voici pêle-mêle quelques noms associés à l'institut : Charles Murray, venu tout naturellement à AEI en déménageant de New York pour s'installer à Washington, le Président Ford, Irving Kristol, Lynne Cheney, Christopher DeMuth (l'actuel président et auteur), David Frum, Newt Gingrich, Richard Perle, Robert Kagan, Dick Cheney (l'actuel vice-président des États-Unis), Jeanne Kirkpatrick, Lamar Alexander, William J. Bennett, Michael Novak, Fred Thompson...

AEI, dont nous avons beaucoup parlé, est donc célèbre aussi pour ses monographes. Tout comme *Hoover* et *Brookings*, avec lesquels il lui arrive d'avoir des projets communs, AEI publie plusieurs livres par an qui se révèlent souvent succès de librairie. Notons à ce propos que la plupart des livres publiés, bien que succès nationaux, sont rarement traduits – c'est pourquoi nous avons écarté l'idée de les mentionner, non sans regret.

AEI publie aussi une revue mensuelle : *The American Enterprise*. Notons ici que la plupart des revues des think tanks américains, à la différence des publications périodiques des think tanks français, ne sont pas disponibles que sur abonnement mais s'achètent, pour la plupart, dans les librairies et les kiosques à journaux.

AEI organise un séminaire annuel de deux jours terminé par un dîner de gala où le président des États-Unis ne dédaigne pas de paraître. Bien que conservateur et lié à de célèbres néoconservateurs, AEI réitère sa neutralité. L'un des *scholars* (qui ne souhaite pas être mentionné) précise même : "nos liens d'amitié avec de nombreux néoconservateurs ne nous rendent pas spécialement proches de l'administration Bush", ce qui tendrait à confirmer que cette administration n'est pas un "repère de néoconservateurs" selon l'idée répandue. Mais comment alors AEI peut-il affirmer qu'il est le think tank le plus influent, loin devant *Heritage* par exemple ? Certes, AEI bénéficie d'une grande visibilité médiatique (il est très fréquent de voir ses experts sur les grandes chaînes de télévision) mais l'influence ultime est tout de même celle que l'on a auprès du prince. Rappelons qu'AEI est très proche d'une grande quantité d'élus du Congrès et des cadres de la politique pour lesquels il représente un véritable foyer.

## *The Hudson Institute – Hudson*

Fondé en 1961 par le brillant futuriste Herman Kahn, *Hudson* a gardé le même esprit de futurisme optimiste et s'occupe toujours de défense, de relations internationales, d'économie, de culture, de science, de technologie et de droit. Sa mission est de "guider les décideurs mondiaux" en matière de gouvernement. *Hudson* a étendu son champ d'activités de recherche à la culture, la démographie et le leadership politique.

Ses priorités actuelles sont : la Guerre Contre la Terreur et le futur Islam, la montée en puissance du continent asiatique et ses relations avec les États-Unis, les droits de l'homme en Afrique, la réforme de la justice civile, la politique agricole et biotechnologique, la société civile et la philanthropie mondiale et enfin la réforme de l'État Providence au XXIe siècle.

*Hudson* a souligné que ce que l'on appelle "l'activisme judiciaire", le fait que les juges s'arrogent des droits et usurpent les prérogatives du législateur, n'était pas un problème uniquement américain mais un problème mondial. Du reste, *Hudson* a cette particularité de voir les choses au niveau planétaire et d'avoir grâce à cela des perspectives à beaucoup plus long terme que AEI ou *Heritage*.

*Hudson* se montre très radical dans la Guerre Contre la Terreur mais plutôt libertarien en économie et attentif à tout ce qui favorise la croissance économique. *Hudson* publie une revue bi-annuelle destinée aux élites et aux gens cultivés et beaucoup d'articles dans les revues amies. Comme les grands think tanks, il lui arrive aussi de s'offrir une page de publicité sous forme de publi-reportage dans les mêmes revues amies. Sa visibilité médiatique est assez élevée (télévision et pages *op-ed*).

À la question : "Quels sont les plans de l'Amérique pour l'Europe ?", la réponse est immédiate et catégorique : "*Nonsense* ! Nous aurions aimé voir l'Union Européenne plus performante en économie, pour le reste..."

Néanmoins, Hudson qui a des contacts directs avec les think tanks du monde entier, et notamment en France, déplore la détérioration des relations franco-américaines et vient d'ouvrir une subdivision, appelée *The Atlantic Partnership* qui doit se charger de proposer des solutions pour réparer les dommages récents et plus anciens.

Une cinquantaine de chercheurs travaillent à *Hudson*, les plus connus étant le juge Robert Bork (transfuge de AEI), Kenneth Weinstein et Hillel Fradkin, spécialiste des différentes mouvances islamistes.

## *The Heritage Foundation*

Nous en avons également beaucoup parlé. Rappelons simplement que depuis 1980 *Heritage* a son propre immeuble, tout près du Congrès, de *C-Span* et de *Fox News*. Sa cible avouée est du reste le Congrès et sa mission éduquer les élus car "ce qui nous intéresse, c'est que les choses évoluent, que les mauvaises lois disparaissent et que le législateur les remplace par de bonnes lois, en accord avec les principes fondateurs". *Heritage* affirme être le think tank n°1, c'est à dire celui qui est actuellement le plus proche du pouvoir : "nous allons fréquemment au Capitole rappeler aux élus ce que les Pères Fondateurs voulaient..."

*Heritage* veut aussi éduquer le public. Pour cela, il honore l'une des directives de Reagan, grand expert en communication et grand conciliateur : "ne pas traiter la presse en ennemie." Et il faut reconnaître que *Heritage* a énormément de succès avec la presse de tous bords même si c'est à *Fox News* qu que ses experts sont le plus souvent vus.

*Heritage* se situe entre interventionnisme et isolationnisme. "En fait, nous sommes internationalistes, partisans de la prudence et de risques calculés, ce que nous appelons le nationalisme éclairé, dans la défense de la liberté et de la démocratie à l'étranger." Bien que fier à juste titre de ses idées qui ont montré son degré élevé d'influence, *Heritage* est le premier à souligner le fait que d'excellentes idées et un excellent marketing ne mènent à rien s'il n'y a pas d'hommes politiques courageux et charismatiques pour les traduire en programmes politiques et assurer l'application de ces programmes.

Quant à la sempiternelle accusation selon laquelle *Heritage* ressemblerait à un lobby : "*Nonsense* ! La ligne entre l'analyse politique et le lobbying est très nette. C'est une ligne que nous ne franchissons jamais." [Chris Kennedy . Interview]

À ceux qui font observer que le personnel des think tanks reste plutôt masculin, *Heritage* répond que les femmes n'ont rien à prouver d'une part et que, d'autre part, le vice-président de *Heritage* est une vice-présidente, Rebecca Hagelin.

Par ailleurs, *Heritage* publie de nombreux livres et une revue : *Heritage Members News*. Ses brochures sont très complètes, en papier glacé, avec des photos en couleur. Son rapport annuel, lui aussi très complet, fait apparaître le pourcentage exact (comme du reste les rapports de tous les think tanks américains) des revenus et des dépenses. L'esprit de transparence étant de rigueur, les moindres détails sont portés à la connaissance du public. Pour 2003, Heritage comptait 17% de dépenses consacrées au travail de collecte de fonds, 80% de dépenses consacrées aux programmes de recherche et 3% de frais généraux. Les revenus accusaient 52% de contributions individuelles, 18% d'apport des fondations et 8% provenant des entreprises. Les rentrées comptaient 18% en intérêts sur les investissements, 2% seulement pour les produits et 1% de rentrées dues aux programmes – preuves supplémentaires que le véritable salaire, c'est l'influence gagnée.

*Heritage* est bien sûr un think tank-à-sujet-multiples. Comme *Hoover* et CSIS, il suit actuellement de très près la commission sénatoriale qui enquête sur le *Oil for Food Scandal* ; Nile Gardiner est chargé des commentaires fournis aux grands réseaux de télévision sur ce scandale qui concerne l'usage fait par de hauts cadres de l'ONU de l'argent qui était destiné à la nourriture et aux médicaments contre du pétrole dans l'Iraq de Saddam Hussein. Sont impliqués Kofi Annan lui-même mais aussi des personnalités comme Charles Pasqua...

Faut-il préciser que ce think tank s'est donné le nom de *Heritage* en honneur de l'héritage laissé par les Pères Fondateurs ?

## *The Cato Institute – Cato*

C'est Edward Crane le président de l'institut qui décide des sujets de recherche. *Cato*, fondé en 1997, est le prototype et l'archétype du think tank libertarien. Il est respecté pour sa loyauté aux principes économiques fixés qui sont ceux du plus pur libéralisme économique et pour son refus de tout compromis. Son rival déclaré à gauche est le *Center for Budget and Policy Priorities* dont il relève toutes les "inepties". *Cato* plaît au public car sa mission est non seulement de l'éduquer en économie mais aussi sur ses droits qui sont entre autres le droit à la propriété "et à la transmission de celle-ci sans imposition scélérate", ainsi que le droit d'avoir toujours "plusieurs choix pour tout", y compris et surtout en matière de retraites, de santé, d'éducation...

*L'Amérique des think tanks*

En matière d'éducation politique du citoyen, *Cato* a publié en 2004, sous la direction du professeur Ilya Somin, une étude montrant le fossé entre la profondeur de l'expertise politique et la compréhension qu'en a le citoyen moyen, accusant ainsi indirectement les "commentaires" télévisés d'être superficiels. Selon cette étude, 5% seulement du public auraient la faculté d'attention et de concentration nécessaire pour comprendre ce qui est exposé, 70% des Américains ne sauraient dire exactement en quoi consiste la législation des dernières années et cela même dans les domaines qui les touchent de plus près. L'étude cite les exemples du *Patriot Act,* voté après le Onze Septembre dans le cadre de la sécurité nationale, et de la réforme des retraites des fonctionnaires. L'étude considère que cette ignorance n'est pas la faute des citoyens mais celle "du gouvernement qui intimide et décourage par sa taille et les prérogatives démesurées qu'il s'est arrogées."

Le rapport annuel de *Cato* présente un profil assez semblable à celui de *Heritage* mais avec des rentrées provenant des recherches s'élevant à 7% et un nombre record de dons individuels : 73%. Il donne aussi la liste intégrale des quelque 200 plus gros contributeurs (sur les 12000 contributeurs individuels) qui forment le *Cato Club* 200. Parmi les sociétés (34 en 2003) de taille mondiale qui donnent des subsides à *Cato*, il n'y a presque que des noms et marques mondialement célèbres. *Cato* est aussi aidé par une trentaine de fondations. Bref, *Cato* est riche ! Du reste, il possède son propre immeuble, vaste et fonctionnel mais sans rien de l'aspect cossu de celui de *Heritage*.

En plus de ses livres (qui font presque tous de grosses ventes en librairie) et de ses rapports destinés au Congrès, *Cato* publie plusieurs revues : *Regulation Magazine, Cato Journal, Cato Policy Report* et *Cato Review of Business and Governement.*

Ce think tank se distingue aussi par son indépendance féroce qui lui fait refuser toute affiliation avec d'autres groupes pourtant

*Gros plans sur quelques think tanks*

proches idéologiquement. *Cato* ne donne pas de galas mais organise des séminaires et des croisières "éducatives".

Ed Crane résume l'esprit de *Cato* ainsi : "Nous sommes dans le business des idées, nous promouvons nos idées ; nous ne soutenons que nous-mêmes et assurément jamais aucun homme politique ! Nous ne nous alignons jamais sur une ligne politique officielle. En fait, nous sommes *fiscalement conservateurs et socialement libéraux*..." [Interview] Comprendre : "Nous réussissons le grand écart droite/gauche."

*Cato* organise des conférences dans les capitales du monde entier dans le but d'éclairer les sociétés civiles des bienfaits de l'économie de marché : Londres, Mexico, Moscou, Shanghai...

*Cato* jouit d'une excellente visibilité médiatique. Les spectateurs français recevant CNBC-Europe peuvent voir tous les soirs le programme Kudlow et Cramer qui n'est jamais ennuyeux et qui ne ressemble à rien de ce que montre la télévision française. En plus de ses nombreux passages à la télévision, de ses pages *op-eds*, de ses revues et de ses conférences, *Cato* produit *Catoaudio*, une revue mensuelle sur CD ou cassettes et a ouvert la *Cato University* pour tous ses contributeurs, même les plus modestes, qui ressentent le besoin d'une formation économique et boursière.

Que l'on partage ou non ses convictions, *Cato* est un think tank passionnant à tous égards. Sa brochure principale, très complète et très élégante, rappelle que *Cato* lui aussi est "enraciné dans la tradition" bien que résolument tourné vers l'avenir. L'institut, comme beaucoup de ses collègues, est subdivisé en chaires ou "centres" chargés respectivement des différents sujets de recherche. Sur la brochure, en exergue de la partie consacrée aux Études Constitutionnelles, James Madison, le Père Fondateur préféré de *Cato*, est cité : "La vérité c'est qu'il faut se méfier de tous les hommes investis de pouvoir." Et de fait, plus peut-être (si c'est possible) que ses homologues, *Cato* se caractérise par sa méfiance du pouvoir...

## The Competitive Enterprise Institute – CEI

Fondé en 1984 par Fred Smith et sa femme, CEI utilisa l'appartement des Smith comme siège social pendant les premiers mois de son existence. Fred L. Smith, Jr. est toujours le président de cette entreprise qui n'est plus "familiale" mais désormais petit think tank libertarien penchant plus du côté conservateur que *Cato*. Lui ne rejoint pas les experts de gauche dans leur critique virulente contre l'engagement en Iraq par exemple, ni les tenants du libéralisme total en matière de mœurs. Il ne compte tout simplement pas ces sujets à son ordre du jour.

CEI est vraiment un think tank sympathique, très dynamique et débordant d'énergie. Son quartier général, dans Connecticut Avenue au 2e étage d'un immeuble très ordinaire, n'a rien pour épater le visiteur. Du reste, l'incessante course aux fonds est une obsession que l'on ne cherche pas à dissimuler. Et pourtant, CEI se maintient très honorablement sur le marché des think tanks puisqu'en 2003 son rapport annuel affichait un revenu de 3.1 million de dollars pour 2.6 million de frais et dépenses, accusant donc un bénéfice de plus de 500,00 dollars.

Les revenus proviennent essentiellement des fondations (52%), des entreprises (31%) et de contributeurs individuels (16%). Les dépenses sont plus caractéristiques et traduisent bien quelle sorte de créneau CEI s'est trouvée : 11% consacrés à la politique d'abrogation des régulations diverses, 27% à la politique de l'environnement, 15% de frais de procédures visant toutes à condamner les infractions faites au libre marché, 14% pour les frais de publication et le site web et 14% rien que pour rassembler des fonds...

Sa philosophie c'est un humanisme optimiste et le renouveau du rêve américain. Fidèle à feu Julian Simon, l'économiste qui pulvérisa l'idée malthusienne selon laquelle la civilisation moderne n'était économiquement pas soutenable, CEI adhère à la vision lancée par Simon : les ressources naturelles ne sont pas limitées puisqu'elles sont créées par l'intellect de l'homme – ressource, elle, éternellement renouvelable. Donc, profond mépris pour le malthusianisme, le nadérisme (de Ralph Nader) et tous les groupes qui prétendent que les ressources naturelles de la planète sont limitées. Inversement, immense confiance en la créativité et l'ingéniosité humaines : "l'Homme est la ressource ultime". Dans la foulée, CEI nie aussi qu'il y ait surpopulation ! Il n'y aurait que de mauvaises gestions...

Les cibles de CEI sont donc les régulations de toutes sortes qui étouffent l'industrie et les citoyens, les alarmistes de tous poils comme les écologistes militants qui montrent, en haïssant le capitalisme et la croissance économique, qu'en fait ils haïssent le genre humain.

CEI se distingue pour sa combativité et son zèle à poursuivre en justice quiconque – particuliers, entreprises (petites, moyennes ou colossales), agences gouvernementales, conseils municipaux – absolument toux ceux qui lui semblent porter atteinte aux droits constitutionnels ou bien se servir abusivement de lois scélérates : "Nous pouvons intenter un procès à n'importe qui en nous faisant représenter par une organisation qui porte plainte elle-même ou représente déjà des plaignants. Ou bien nous pouvons être représentés par un ou deux particuliers qui sont eux-mêmes des plaignants. Mais si nous présentons d'abord une requête en vertu de la loi sur la Liberté d'Information et que nous ne recevons pas de réponse, alors nous pouvons porter plainte en notre nom. Ce sont nos avocats-maison (qui font partie de notre personnel) qui nous défendent. Les litiges nous coûtent fort cher mais c'est notre image de marque... Quand nous sommes représentés par une organisation, c'est elle qui assure les frais de procédure." [Sam Kazman, Interview] En 1989, CEI remporta sa première grande victoire de ce type en obtenant en appel la révocation de la loi bloquant les loyers à New York et beaucoup d'autres victoires suivirent. Bien entendu, le gibier n'est pas toujours aussi gros : CEI attaque en majorité des groupes de pression lorsque ceux-ci bafouent les droits constitutionnels ou bien en arrivent à présenter des menaces pour la sécurité générale, ou bien encore entraînent les élus dans des affaires de corruption.

CEI se fait aussi chien de garde des menées des entrepreneurs "que l'on ne doit pas laisser libres de faire n'importe quoi". Là encore, CEI se distingue de ses homologues libertariens en invoquant la protection de l'état fédéral en la matière. Il est même en faveur "d'états souverains forts, pourvu que leurs frontières soient ouvertes au marché" ! En revanche, il affiche son scepticisme pour les organisations collectives internationales qui prétendent avoir des remèdes "aux méfaits supposés de la mondialisation".

CEI s'est rendu célèbre pour ses recherches et son action concernant les plaintes dirigées, par l'Union Européenne notamment, contre les récoltes biotechniques, arguant du fait qu'il n'y a pas de risque zéro et que le "principe de précaution" en vertu duquel rien (médicaments, récoltes, machines...) ne devrait être tenté "jusqu'à preuve de sécurité" (c'est à dire preuve de l'innocuité du produit) est en fait "une recette pour la stagnation économique". Selon CEI, ceux qui s'abritent derrière ce principe de précaution se moquent bien que le monde soit plus sûr ; ils suivent en fait une idéologie anti-capitaliste. Aussi, CEI n'hésite-t-il pas à harceler poliment le législateur, lui rappelant sans cesse l'absurdité – et le dommage pour l'humanité à long terme – de pénaliser les produits issus de techniques innovatrices. CEI s'enorgueillit d'être le premier think tank libertarien à avoir obtenu un statut de consultant auprès des Nations Unies – ceci dans plus de 1000 Organisations Non Gouvernementales accréditées. CEI se dit du reste "think tank écologiste" – de "l'écologie bleue" bien sûr, celle qui est en harmonie avec l'économie de marché – et donc à l'opposé des "Verts".

À dire vrai, le succès et l'influence de CEI sont tout à fait hors de proportion avec sa taille et ses moyens. Il ne compte qu'une vingtaine de chercheurs dont seize sont des "adjoints", non des permanents. Il est vrai que, contrairement à *Cato*, il multiplie les recherches en coopération avec d'autres think tanks. Comme *Cato* en revanche, il travaille activement à préserver le réseau informatique des régulations et des impôts. CEI s'est en particulier fait remarquer pour son action en faveur de la sauvegarde de la propriété intellectuelle – problème qui semble beaucoup plus aigu aux États-Unis qu'en Europe. Comme *Cato* et les think tanks libertariens en général, il est à la fois apprécié des élites et très populaire. Peut-être parce que les analyses qu'ils produisent ont des effets directs sur la vie concrète des gens, les think tanks libertariens semblent plus proches ou plus efficaces. Michael Greve rappelle à ce sujet que "le monde politique est toujours de 20 ans à la traîne du monde de la pensée... et que CEI s'évertue à réduire cet écart." [Interview]

Michael Greve ajoute que la relation avec les média, vitale, est partie intégrale du travail de CEI (11%des dépenses). Les articles *op-eds* paraissant dans tous les grands journaux nationaux et régionaux et les analystes de CEI apparaissant régulièrement à la télévision sur les chaînes nationales et internationales. Il faut noter aussi que depuis 2000 et l'arrivée de George W. Bush à la présidence, la visibilité médiatique de CEI a triplé.

Enfin, CEI publie des livres qui ont toujours beaucoup de succès en librairie et une *Lettre Mensuelle* qui est en fait une vraie revue. Il a aussi un programme d'éducation pour les futurs journalistes spécialisés en économie. Il organise un dîner annuel (pas obligatoirement en tenue de soirée) et, depuis 2001, il décerne tous les ans la Julian SIMON Award. En 2003, la récompense est allée à un jeune professeur de statistiques danois, Bjorn Lamborg, pour son livre *The Skeptical Environmentalist*.

## *The Middle East Institute – MEI*

Ce think tank fut créé en 1946 dans le but de promouvoir la connaissance du Moyen Orient et d'aider les Américains, héritiers malgré eux des protectorats britanniques, à comprendre la mentalité arabe. D'abord intégré à l'université Johns Hopkins, le think tank sut devenir un organisme totalement indépendant – comme *Hoover*. Think tank interdisciplinaire depuis le début, MEI lança plusieurs programmes de recherche couvrant tout un arc régional allant du Maroc au Pakistan. Son cahier des charges promettait d'œuvrer pour "une meilleure connaissance réciproque des citoyens du Moyen-Orient et des citoyens américains". On peut légitimement se demander, au vu de la situation actuelle, si ce think tank a véritablement honoré ses promesses... MEI affirme néanmoins avoir grandement "facilité" les discussions entre chefs d'états arabes et leaders américains.

MEI publie une revue depuis 1947, *The Middle East Journal* et organise des séminaires et des conférences annuelles.

Il semble que MEI ait véritablement un rôle de conciliateur et de modérateur et qu'il ait prouvé son utilité lors des chocs pétroliers successifs, au point d'être considéré par les milieux d'affaires concernés comme un "service".

Depuis une dizaine d'années, le MEI offre la possibilité d'apprendre le Farsi, L'Hébreu, l'Arabe, le Turc...

Naturellement, le Onze Septembre 2001 a forcé MEI à redéfinir sa mission... Ce think tank hyper spécialisé est considéré comme non-partisan et véritablement objectif – ce qui le différencierait de l'*Arab American Institute*, fondé en 1985, dédié en premier lieu à "l'émancipation des Américains d'origine arabe", et surtout du *Middle East Studies Association* qui se distingue par son anti-américanisme postmoderne et chic...

Il faut savoir que les think tanks de ce dernier type se multiplient à Washington et dans tous les États-Unis. Un scandale en cours a mis à jour que les centres spécialisés dans le Moyen Orient, bien que parrainés par l'état fédéral pour la plupart, étaient plus ou moins activement anti-américains...

## The Nixon Center

"Les communistes ont perdu la Guerre Froide – mais l'Ouest ne l'a pas encore gagnée." [Richard Nixon]

Cette réflexion de feu Richard M. Nixon fait évidemment allusion à la Guerre Culturelle, le volet interne de la Guerre Froide. C'est Nixon lui-même qui annonça la création de ce nouveau think tank en janvier 1994, seulement trois mois avant sa mort. Bien qu'officiellement non-partisan, ce think tank est considéré comme conservateur. Or, sa philosophie, qui est celle "d'une poursuite éclairée de l'intérêt national" et que l'on retrouve exactement dans la revue trimestrielle du même nom, *The National Interest*, est partagée autant par les experts de *Brookings* que par ceux du *Nixon Center*.

Ce think tank s'attache à guider les élites, avec des principes "éprouvés", dans l'engagement mondial – jugé excessif – des États Unis. Le Centre affirme qu'il "combine un pragmatisme réaliste aux valeurs américaines fondamentales". Il est financièrement totalement indépendant, soutenu principalement par des fondations, des milieux d'affaires et des dons privés. C'est un organisme très spécialisé puisqu'il s'occupe exclusivement de politique étrangère et de questions "régionales" : relations Chine - États-Unis, Russie - États-Unis, sécurité nationale, immigration et bien sûr tout ce qui a trait au Moyen Orient et aux "états-voyous". Il estime présenter un point de vue considérablement plus "réaliste" que ceux de AEI ou *Heritage*, en fait une "vision à long terme pour les États-Unis à l'ère de la mondialisation".

Le président en est Maurice Breenberg mais Henri Kissinger, qui a décidément le don d'ubiquité, est tout de même Président Honoraire. Bien entendu, ce "vanity tank" type reçoit d'anciennes et même d'actuelles stars de la politique qui rendent hommage à l'ancien président en assistant, ou en étant conférenciers eux-mêmes aux fréquents séminaires, conférences, symposia et autres manifestations qui sont généralement retransmises sur *C-Span* – la chaîne parlementaire. Les articles *op-ed* du *Nixon Center* sont également très nombreux dans les principaux journaux du pays, et souvent non seulement face à l'éditorial mais aussi à côté de et *en opposition* à un article *op-ed* néoconservateur...

Lors d'un dîner de gala annuel, le Centre décerne le *Architect of the New Century Award*, récompense attribuée à un dirigeant politique, américain ou étranger, "ayant contribué à donner forme au monde du XXIe siècle."

À notre humble avis, la plus belle réussite du *Nixon Center* est la revue *The National Interest* qui rivalise avantageusement avec *Foreign Affairs* et les autres revues du même style et de même tenue (*Foreign Affairs* est publié par un think tank vieille manière, le *Council of Foreign Relations*, créé en 1921).

Le centre entend développer des projets de recherche démontrant "les racines intérieures de la politique étrangère des États-Unis", comme par exemple "la dimension économique de l'intérêt national. Conscient de son élitisme naturel, le Centre cherche, depuis le Onze Septembre en fait, à accroître son influence et son rôle éducatif à un public plus large. Bien entendu, le *Nixon Center*, en se différenciant très nettement des think tanks néoconservateurs, a vu son importance et son influence grandir considérablement depuis le Onze Septembre, autant auprès des politiciens de gauche que de droite.

## *The Project for the New American Century – PNAC*

Ce think tank est récent puisqu'il fut créé en 1997 à Washington par William Kristol, le fils d'Irving Kristol, l'un des chefs de file du mouvement néoconservateur dans les années 1970, et créateur de la revue *Commentary*, aujourd'hui disparue. William Kristol est le digne fils de son père puisqu'il assume totalement l'héritage néoconservateur et cherche même à le renforcer par tous les moyens. Lui-même journaliste de talent, il est l'éditeur en chef de la revue *The Weekly Standard* (qui est effectivement inférieure à ce qu'était *Commentary*), et aussi le créateur du seul think tank s'affichant dès le départ non pas conservateur mais néoconservateur – bien que cela ne soit pas mentionné sur sa brochure. Le cahier des charges du PNAC stipule que le Centre a pour mission d'éduquer le public sur quelques "propositions fondamentales" : le *leadership* américain est bon pour l'Amérique mais aussi pour le reste du monde car qui d'autre a la puissance militaire, l'énergie diplomatique et surtout la dévotion nécessaire à la liberté et aux idéaux démocratiques pour assurer ce rôle mondial ? Par "énergie diplomatique", le PNAC pense "rencontres bi-latérales fréquentes entre les États-Unis et ses divers interlocuteurs" mais se montre hostile aux discussions multilatérales stériles, coûteuses et qui débouchent rarement sur quelque chose de concret. Le multilatéralisme a déjà été essayé, il a prouvé son inefficacité. L'Amérique de l'Après Onze Septembre ne peut plus se permettre le luxe de perdre du temps.

Nous ne saurions trop insister sur cet élément nouveau dans la politique internationale des États-Unis depuis le Onze Septembre : le temps. Les conservateurs "réalistes" du *Nixon Center* et de beaucoup de think tanks conservateurs pensent sur ce point comme les gens de *Brookings*, à savoir que la prudence est de passer "le temps nécessaire" à parler et à réfléchir avant de s'engager dans une action militaire. Cela semble élémentaire, en effet. Or, les néoconservateurs, dont le propre est d'être à la pointe de la réflexion, font valoir que le Onze Septembre a bouleversé la donne politique et a forcé l'Amérique à adopter d'autres stratégies. Il est impératif, "le temps gagné" devenant synonyme de sécurité, de limiter les rencontres et les discussions au strict nécessaire et de savoir agir *avant* que des menaces que personne ne conteste ne se traduisent en actes destructeurs. Chaque côté voit donc le temps comme un facteur de sécurité mais à partir de deux approches diamétralement opposées – ce qui est passionnant à suivre.

En septembre 2000, à la fin de l'ère Clinton et un an avant les attaques du Onze Septembre, le PNAC publia un projet détaillé appelé "Reconstruire les Forces Américaines : Stratégie, Forces et Ressources pour le Nouveau Siècle". Le plan indiquait clairement les lignes majeures à suivre pour le pays : repositionner de façon permanente les forces basées dans le bassin méditerranéen, en Asie du Sud-Est et au Moyen Orient, moderniser les forces armées, reprendre le projet de défense anti-missiles mondial commencé sous Reagan et s'assurer la domination stratégique de l'espace, contrôler l'espace cybernétique – ces mesures exigeant bien sûr un accroissement du budget accordé à la défense...

Ces idées rencontrèrent l'approbation de nombreux cadres du Pentagone, du ministère de la Défense et de la Maison Blanche. Du reste, plusieurs personnalités de la nouvelle administration étaient liées plus ou moins étroitement avec le PNAC : le vice-président Dick Cheney, l'un des membres fondateurs du PNAC, le Secrétaire à la Défense Donald Rumsfeld, le sous secrétaire à la défense Richard Perle... et beaucoup d'autres, moins connus des Européens, qui avaient servi sous Reagan.

Comme l'on peut s'en douter, le PNAC se trouva au premier plan après le Onze Septembre. Il est néanmoins fallacieux de penser que l'administration Bush suit à la lettre toutes les recommandations du think tank néoconservateur et d'inverser les rôles en imaginant que le président est l'outil d'un ou de quelques think tanks alors que c'est l'inverse : l'administration "fait son marché" idéologique dans plusieurs think tanks.

Néanmoins, suivant le cycle de provocation-réaction que nous avons déjà observé, l'existence même du PNAC suscite la création de think tanks violemment hostiles à l'idéologie néoconservatrice qui, notons le, se distingue des autres courants conservateurs principalement sur la politique étrangère. Ainsi le *Center for American Progress*, créé en 2003 à Washington, est un exemple parfait de think tank de gauche réactif. Il avoue du reste avoir été créé "pour contrer point par point l'idéologie catastrophique pour l'Amérique" des conservateurs de tous poils, et en particulier des néoconservateurs…

## The Anglosphere Institute

C'est l'un des plus récents think tanks puisqu'il est né en 2004 à l'initiative de James C. Bennett, dont le cerveau fécond est la source unique d'un nouveau concept de géopolitique. Bennett a donc ouvert son propre think tank pour promouvoir sa propre théorie. En désaccord total avec l'idée "du choc des civilisations" de Samuel Huntington, Bennett pense que la langue anglaise est un lien plus fort que la race ou la civilisation. La langue, mais aussi une culture commune, celle de l'état de droit et de l'économie de marché dans des sociétés civiles libres et ayant réussi à constituer une bourgeoisie. Bennett englobe donc dans son Anglosphère tous les pays de langue anglaise ayant adopté des institutions et des caractéristiques semblables à celles de l'original : États-Unis, Iles Britanniques, Canada, Australie, Nouvelle Zélande mais aussi l'Inde, démocratie véritable avec un système de gouvernement représentatif. En fait, l'Anglosphère reprend l'idée d'un Commonwealth restreint aux démocraties de langue anglaise et de culture anglo-américaine. Bennett a de nombreux adeptes, en particulier parmi les Américains déçus par "l'ingratitude" de certains alliés traditionnels et ceci depuis les années 1960...

Ce tout jeune think tank entend donc faire connaître le nouveau concept au public et faire apprécier des élites cette alternative possible.

L'idée peut séduire car elle tient pour négligeables certains paramètres comme la race, l'ethnie, la religion, la culture d'origine... Pour faire partie de l'Anglosphere, il faut simplement avoir "assimilé" la langue et les valeurs anglo-américaines. Bennett est persuadé que son idée peut battre le politiquement correct sur son terrain de prédilection, le multiculturalisme.

Les Anglosphèristes voient donc d'un œil favorable tous les immigrants, quels que soient leur nombre et leurs origines pourvu qu'ils adhèrent à "cette branche distinctive de la civilisation occidentale qui est actuellement en train de devenir une civilisation à part entière". Aussi, le think tank propose-t-il des projets de coopération intensive entre les pays de l'Anglosphère tout en repoussant vigoureusement l'idée même d'une 'intégration" à l'Européenne. Ce qu'il entend développer, ce sont les relations commerciales bien sûr, mais aussi les échanges culturels. Il envisage un élargissement possible de l'Anglosphère à l'Asie du Sud Est, aux Caraïbes...

Nous n'avons évidemment par le recul nécessaire pour juger seulement des chances de succès du nouvel institut et donc encore moins de son influence future.

## *The Center for Strategic and International Studies – CSIS*

Nous en avons déjà abondamment parlé. C'est un think tank énorme, très important et très influent, peuplé de personnalités de premier plan. Il a la réputation d'être "sage et modéré". Ses experts sont très souvent invités sur les chaînes nationales et internationales et leurs articles paraissent dans les grands journaux et les revues de politique internationale comme *Foreign Affairs* et *National Interest*. La philosophie de CSIS se résume par cette phrase : "Il faut distinguer le désirable du possible pour tout ce qui concerne la nature humaine aussi bien que les objectifs politiques..." [Smith, 1993. p. 15] Le centre se dit aussi "marié à la tradition mais ouvert au changement" et n'a pas d'idéologie précise ; il se dit simplement "réaliste" et rejette les bouleversements radicaux et toutes les visions utopiques. Ses domaines de recherche sont les problèmes de sécurité, intérieure et extérieure, l'économie et surtout les stratégies possibles en politique extérieure.

CSIS fut d'ailleurs fondé en 1962 parce que jusque là, "la stratégie était trop souvent l'oubliée du processus politique". Créé essentiellement dans le cadre de la Guerre Froide, CSIS collabora très souvent avec des centres de recherche européens. Marc Shoeff, directeur des relations internationales, précise : "CSIS a toujours considéré une Europe unie comme une priorité stratégique pour les États-Unis durant la Guerre Froide. L'Amérique, aujourd'hui, n'a

*Gros plans sur quelques think tanks*

pas de politique européenne et aucun intérêt dans la construction de l'Union Européenne." [Interview]

Dès la fin de la Guerre Froide, CSIS devint une sorte de think tank international étant donné "la nécessité de parvenir à une politique de coordination et de collaboration entre des nations de plus en plus interdépendantes à l'ère de la mondialisation." Délibérément élitiste, CSIS n'a pas pour mission d'éduquer le public et n'a été conçu ni pour l'immédiat ni pour le court-terme. Réellement neutre et non partisan – c'est son image de componction et de modération courtoise qui le fait ranger du côté conservateur – CSIS opère à distance et à froid. Pour cela, il est évidemment très respecté au Capitole et dans les média. Il cultive son image rassurante de think tank "pragmatique et prudent".

Depuis le Onze Septembre, comme tous les think tanks s'occupant de sécurité et de stratégies géopolitiques, CSIS est l'objet de beaucoup d'attention, les sujets de politique brûlants revêtant une importance décuplée. À la question : "Y a-t-il véritablement urgence à ouvrir un nouveau think tank proposant une nouvelle stratégie ?", Mark Shoeff répond sans hésiter : "Absolument pas ! CSIS et plusieurs de ses homologues offrent déjà tout ce qu'il est possible d'offrir. En revanche, nous devons changer de diplomatie..." [Interview]

Il est vrai qu'en 2002, CSIS a fêté avec éclat ses quarante années "d'analyses stratégiques fines et de solutions innovantes" et que la même année il a lancé son *Academy on Leadership*, école supérieure dont la vocation est de former de futurs leaders ayant "du caractère, de la créativité et une vision stratégique".

CSIS est riche, très riche, mais pas grâce aux revenus provenant des contrats gouvernementaux (12% en 2002). La liste de ses contributeurs est particulièrement impressionnante mais ce sont les fondations qui assurent la part du lion (41%) et qui permettent à CSIS d'avoir des "chaires" généreusement dotées si bien que le centre pouvait, en 2004, mener de front seize "programmes" et une quinzaine de "projets". CSIS possède trois "Tables Rondes", noms donnés à ses trois centres régionaux : Washington bien sûr, Dallas et Houston. Le bureau de Washington est confortable et luxueux, l'atmosphère feutrée, les secrétaires et les standardistes aimables et discrètes. À l'évidence, le mot d'ordre est la courtoisie. Du reste, les experts de CSIS ne se permettent jamais un commentaire négatif ou un mot désobligeant sur leurs homologues – ce qui mérite d'être souligné. L'esprit de tolérance, de courtoisie et l'excellent genre du personnel administratif donnent son cachet à CSIS. C'est peut-être aussi là une explication possible au fait que des chercheurs aux idées très différentes, voire opposées, puissent cohabiter si harmonieusement dans ce cadre.

Le service d'imprimerie de CSIS, qui publie ses très nombreux livres et la revue trimestrielle *The Washington Quarterly* (énième concurrent de *Foreign Affairs*), précise que "CSIS ne défend pas de position politique particulière et que les opinions exprimées par ses 190 chercheurs, dans les publications comme dans les commentaires télévisés, sont celles des auteurs et n'engagent qu'eux-mêmes".

Il est intéressant de noter que ce think tank très sérieux s'intéresse, tout comme *Heritage*, au scandale Pétrole contre Nourriture qui éclabousse aujourd'hui l'ONU. Ses experts sont régulièrement appelés pour témoigner du résultat de leurs investigations devant le comité sénatorial, *Oil for Food Investigation*. Le 29 mars 2005, les Français qui regardent CNN - Europe ont pu voir Patrick Cronin, du CSIS , faire des révélations qui ne laissaient aucun doute sur le degré de probité des principaux dirigeants de l'ONU, à commencer par son président. Cela à deux jours d'intervalle de révélations presque identiques de Nile Gardiner de *Heritage*. L'enjeu de l'enquête n'est rien moins que la crédibilité de l'ONU et l'éventualité de son indispensable réforme !

Cet exemple à lui seul suffirait à démontrer le sérieux de ces instituts où l'on étudie en profondeur, avec une rigueur scientifique, tous les problèmes affectant la vie des citoyens.

# Conclusion

Les think tanks, nés aux États-unis dans une culture particulière au début du XXe siècle, forment aujourd'hui une industrie dans laquelle le nombre toujours croissant de concurrents et la compétition sévère n'ont pas encore atteint leurs limites. La compétition et les nouvelles techniques devraient, selon les estimations des intéressés, entraîner un abaissement des coûts et un accroissement de l'efficacité, ainsi que l'accès à un public plus large. Après s'être trouvé une niche, ou un créneau particulier, chaque think tank doit s'attacher à développer une image de marque distincte, immédiatement reconnaissable, et à accroître son savoir-faire médiatique.

Les think tanks, à vrai dire les think tanks conservateurs, sont aujourd'hui plus influents que toutes les autres sources d'expertise, celles des services gouvernementaux comprises. Il n'est pas exagéré de dire qu'ils sont au sommet de la hiérarchie de l'expertise. Certains think tanks sont très puissants et influents individuellement, mais c'est la totalité des think tanks, le fait qu'ils soient à eux tous devenus une institution à part, qui les rend si puissants. Ils sont aussi une preuve éclatante de la vitalité politique du pays et de l'existence d'un véritable débat d'idées.

Connaître les think tanks permet de mieux comprendre l'Amérique, comment elle raisonne et fonctionne. L'histoire des think tanks montre comment la Maison Blanche et le Congrès ont évolué au cours des dernières décennies, réclamant toujours plus d'expertise, académique ou autre. James A. Smith, l'historien des think tanks et "l'expert des experts" selon l'expression de Christopher DeMuth, actuel président de AEI, concluait à ce sujet, d'une façon assez désabusée, que "la nouvelle classe d'experts", les think tanks, s'était interposée entre le gouvernement et le citoyen moyen, cherchant d'abord à attirer l'attention des politiques et des média et sans se soucier de donner une éducation civique aux masses. Il nous semble que cela était déjà inexact en 1991. C'est parfaitement insoutenable en 2005.

Bien au contraire, l'Amérique peut se louer d'avoir des instituts qui facilitent considérablement la compréhension des rouages politiques aux profanes. Les chercheurs des think tanks, bien que semblables à ceux de l'université par leur formation académique, sont libres de toute contrainte, académique ou autre, en théorie, mais aussi très largement dans la pratique et c'est qui fait leur force et leur donne autorité et crédibilité.

Par ailleurs, les think tanks cherchent de plus en plus à établir un dialogue avec la nation, et pas uniquement avec leurs pairs. Leur propension à se montrer très nettement élitistes dans leurs travaux et dans leurs publications ne les empêche nullement d'exceller dans leurs communications destinées au grand public. Tout comme Ricci, nous pensons qu'il n'y a pas de raison de douter de leur désintéressement et de leur honnêteté intellectuelle.

L'Amérique des think tanks, c'est pour le moment l'Amérique conservatrice certes mais c'est aussi l'Amérique dans ce qu'elle a de meilleur, celle dont toute vraie démocratie devrait s'inspirer.

# Bibliographie

AHLSTROM, Sydney E., *A Religious History of the American People* (Yale University Press, 1972)

ABELSON, Donald E., *American Think Tanks and their Role in U.S. Foreign Policy* (New York, St Martin Press, 1996)

ANDERSON, Walter T., *Reality Isn't What It Used To Be : Theatrical Politics, Ready-to-Wear Religion, global Myths, Primitive Chic and Other Wonders of the Postmodern World.* (New York : Harper & Row, 1990)

AMBROSE, Stephen E., *Nixon : The Triumph of a Politician 1962-72* (New York, Simon & Schuster, 1989)

AMBROSE, Stephen E., *Rise To Globalism American Foreign Policy since 1938* (Penguin Books, 1993)

BUCHANAN, Patrick, *A Republic Not an Empire : Reclaiming America's Destiny* (Regnery Publishing Inc., 1999)

BERRY, Jeffrey M., *The New Liberalism : The Rising Power of Citizen Groups.* (Washington D.C. : Brookings Institution Press, 1999)

BIRNBAUM, Norman, *Radical Renewal : The Politics of Ideas in Modern American* (New York : Pantheon, 1988)

CHRISTOPHER, Robert C., *Crashing the Gates : The De-Wasping of America and the Rise of the New Power Elite in Politics, Business, Education, Entertainment and the Media.* (New York : Simon & Schuster, 1989)

COLLINS, Robert M., *The Business Response to Keynes, 1924-64* (New York : Colombia University Press, 1962)

EDWARDS, Lee, *The Power of Ideas* (James Brooks, Inc. Ottawa, Illinois, 1997)

FOSDICK, Raymond B., *The Story of the Rockefeller Foundation.* (New York : Harper and Brothers Publishers, 1952)

FRIEDMAN, Milton, *Capitalism and Freedom.* (Chicago : University of Chicago Press, 1962)

HELLEBUST, Lynn, *Think Tank Directory : A Guide to Nonprofit Public Research Organizations.* (Topeka, Kans. : Government Research Service, 1996)

HOROWITZ, David, *Radical Son* (The Free Press, 1997)

HOROWITZ, David, *The Politics of Bad Faith* (Simon & Schuster, 1998)

HOROWITZ, David, *Hating Whitey and Other Progressive Causes* (Spence Publishing Company, 1999)

JUDIS, John B., *The Paradox of American Democracy.* (New York : Pantheon Books, 2000)

KAPLAN, Fred, *The Wizards of Armageddon.* (New York : Simon & Schuster, 1983)

KRISTOL, Irving, *Neoconservatism : the Autobiography of an Idea.* (The Free Press, 1995)

LUNCH, William M., *The Nationalization of American Politics* (University of California Press, 1987)

MILLER, Zell, *A National Party No More* (Stroud and Hall Publishing, 2003)

MURRAY, Charles, *Losing Ground, American Social Policy.* (New York. Basic Books, 1984)

NASH, George, *The Conservative Intellectual Movement in America.* (Basic Books, 1982)

NISBET, Robert, *The Twilight of Authority.* (New York : Oxford University Press, 1975)

NOVAK, Michael, *The Rise of Unmeltable Ethnics : the New Political Force of the Seventies* (New York : Mac Millan, 1972)

POSNER, Richard A., *Public Intellectuals : A Study of Decline.* (Cambridge, Mass. : Harvard University Press, 2001)

*Bibliographie*

SMITH, James A., *The Idea Brokers : Think Tanks and the Rise of the New Policy Elite*. (New York : Free Press, 1991)

SMITH, James A., *Strategic Calling* (CSIS, 1993)

STEFANCIC, Jean, and DELGADO, Richard, *No Mercy : How Conservative Think Tanks and Foundations Changed America's Social Agenda* (Philadelphia : Temple University Press, 1996)

STEINFELS, Peter, *The Neoconservatives : The Men Who Are Changing America's Politics*. (New York : Touchstone Books, 1979)

STONE, Diane, *Capturing the Political Imagination : Think Tanks and the Policy Process*. (Portland, Ore. : Frank Cass, 1996)

STRAUSSMAN, Jeffrey D., *The Limits of Technocratic Politics*. (New Brunswick, N.J. : Transaction, 1978)

RICCI, David M., *The Transformation of American Politics : The New Washington and the Rise of Think Tanks*. (New Haven, Conn. : Yale University Press, 1999)

RICH, Andrew, *Think Tanks, Public Policy and the Politics of Expertise* (Yale University, 1999)

ROTHENBERG, Randall, *The Neoliberals : Creating the New American Politics*. (New York : Simon & Schuster, 1984)

THATCHER, Margaret, *Statecraft* (Harper Collins Publishers, 2002)

WEAVER, Kent R. and Mac Gann, James G., *Think Tanks and Civil Societies*. (Transaction Publishers, 2000. Paperback)

WEISS, Carol H., *Using Social Research in Public Policy Making*. (Lexington, Lexington Books, 1977)

# Index

## A

Abshire, David, *108, 119*
Actors' Studio, the, *186*
Administration Bush, the, *73, 94, 176, 193, 220, 234*
*advocacy tanks*, *69, 83*
AEI = American Enterprise Institute, the, *7, 41, 42, 44, 45, 52, 57, 58, 59, 60, 62, 63, 65, 66, 67, 68, 73, 81, 85, 90, 93, 96, 97, 102, 103, 106, 108, 110, 112, 115, 117, 124, 125, 127, 129, 135, 160, 170, 174, 175, 176, 181, 184, 212, 219, 220, 221, 231, 239*
Allen, Richard, *20, 96, 182*
*American Conservative*, the, *209, 211*
*American Spectator*, the, *209*
Anglosphere Institute, the, *73, 235*
Arab American Institute, the, *72, 230*
*Atlantic Monthly*, the, *209*
Ayn Rand Institute, the, *18*

## B

Bacon, Francis, *101, 168, 169*
Barnet, Richard, *47, 48, 96*
Baroody, William J., *58, 59, 65, 67, 106, 174*
Beard, Charles, *185*
Bell, Daniel, *62*
*Beltway Bandits*, the, *82*
Bennett, James C., *235*
Bennett, William J., *219*
Beveridge, Rapport, *37*
Bill of Rights, the, *104, 136*
Bing, Steven, *130*
Bismarck, *25*
Bork, Judge Robert, *110, 111, 221*
Bozell, Brent, *56*
*brain trust*, *35*

*Brookings Institution, the*, 32, 241
Brzezinski, Zbigniew, 96, 97, 119, 177
Buchanan, Pat, 66, 67, 72, 192, 241
Buckley, William F., 56, 60
*Bureau of Municipal Research*, 28, 30
Burke, Edmund, 57, 205
Bush, President George W., 160, 229

## C

Campbell, Glen, 65, 66, 189
*Carnegie Foundation, the*, 27, 32
Carnegie, Andrew, 27
*Carter Institute, the*, 70
Carter, Jimmy, 44, 70, 96, 188
*Cato Institute, the*, 21, 64, 69, 84, 85, 102, 111, 112, 115, 184, 207, 223, 224, 225, 226, 228, 229
*Center for American Progress, the*, 73, 138, 234
*Center for Budget and Policy Priorities, the*, 223
*Center for National Policy, the*, 70

*Center for Strategic and International Studies – CSIS*, 7, 70, 72, 81, 86, 94, 96, 97, 98, 103, 105, 107, 108, 110, 112, 116, 117, 118, 119, 126, 135, 140, 175, 177, 183, 184, 189, 219, 223, 236, 237, 238, 243
*CERI*, 155, 156
Cheney, Dick, 96, 219, 234
Cheney, Lynne, 219
Chomsky, Noam, 49
*Claremont Institute, the*, 138
Clinton, Bill, 69, 71, 97, 181, 183, 186, 233
Club de l'Horloge, 151, 161, 162, 179
CNRS, 152, 155
*Commentary*, 62, 97, 209, 232
*Committee for Economic Development, the*, 17, 41, 124
*Competitive Enterprise Institute – CEI*, 7, 108, 226, 227, 228, 229
Concorde, l'avion supersonique, 67
Conquest, Robert, 216
Constitution américaine, 61
Contre-Culture, la, 210, 212

*Council of Foreign Relations, the,* 17, 66, 70, 103, 112, 182, 232
Courtois, Stéphane, *160*
Crane, Ed, *69, 207, 223, 225*
Croly, Herbert, *185*
C-Span, *221, 231*

### D

Darwin, Charles, *202*
Déclaration de Port Huron (1962), *185*
Dewey, John, *185, 204*
Dexter, Midge, *213*

### E

*Economic Policy Institute, the,* 18, 70, 102
Eisenhower, Dwight, *47, 50, 55, 56*
endowment, *17, 118*
Ethics and Public Policy Center, *63, 206*

### F

Fauriol, Georges, *94*
Feulner, Ed, *67, 69, 128*
*Ford Foundation, the,* 58, 124, 125, 154
Ford, Gerald, *59, 63, 90, 96, 129, 219*
Ford, Henry, *122, 125, 146*

*Foreign Affairs,* 112, 232, 236, 238
*Foreign Policy Institute, the,* 70
*Foundation,* 18, 62, 102, 103, 126, 130, 182, 211, 256
*Fox News,* 170, 209, 221, 222
Frankfurter, Felix, *35*
Franklin, Benjamin, *199*
Friedman, Milton, *56, 65, 75, 176, 242*
Frum, David, *169, 219*

### G

Gates, Bill, *120, 241*
Georgetown, *7, 70, 86, 97*
Gingrich, Newt, *71, 96, 219*
Goldwater, Barry, *55, 56, 58, 67, 173*
Grande Dépression, *34*
grant, *118, 119*
Greve, Michael, *229*
Guerre Culturelle, la, *49, 55, 65, 126, 143, 144, 147, 174, 197, 205, 206, 207, 208, 209, 210, 211, 212, 213, 217, 218, 231*
Guerre des Étoiles, la, *182*
Guerre Froide, la, *10, 44, 47, 48, 49, 55, 57, 60,*

70, 71, 76, 86, 120, 158, 197, 198, 203, 209, 216, 231, 236, 237

## H

Hague, William, *147*
Hanson, Victor David, *216*
Harriman, E. H., *27*
Hayek, Friedrich von, *53, 56, 66, 146*
Heinz-Kerry, Theresa, *130*
*Heritage Foundation, the, 21, 54, 57, 59, 67, 221*
*Hoover Institution, the, 18, 33, 34, 35, 57, 65, 66, 67, 68, 72, 76, 81, 84, 90, 96, 102, 103, 117, 118, 159, 176, 216, 217, 218, 219, 223, 230*
Hoover, President Herbert, *7, 33, 34, 36, 216*
Horowitz, David, *60, 61, 62, 170, 242*
*Hudson Institute, the, 7, 41, 42, 43, 44, 45, 46, 47, 52, 102, 116, 118, 125, 182, 220, 221*
Huntington, Samuel, *235*

## I

IFRAP, *7, 163, 164, 165*
Institut d'Histoire Sociale, *158*
*Institute for Contemporary Studies, 63, 126*
*Institute for Policy Studies – IPS, 47, 48, 49, 50, 66, 74, 96, 116, 124, 125, 126, 130, 170, 203, 215*
*Institute of Defense Analysis, 98*
*Institute of Governmental Research, 32*

## J

James, William, *185*
Johns Hopkins, Université de, *230*
Johnson, Lyndon B., *44, 50, 51, 52, 53, 75, 203*

## K

Kagan, Robert, *219*
Kahn, Herman, *42, 43, 44, 220*
Keith, Joseph Sir, *147*
Kennedy, President John Fitzgerald, *15, 44, 45, 46, 47, 188, 199*
Keynes, John Maynard, *35, 37, 241*
*Kinsey Sex Institute, the, 49*
Kinsey, Dr Alfred, *49, 202, 212*
Kirk, Russell, *205*

Kirkpatrick, Jeanne, *63, 96, 97, 219*
Kissinger, Henry, *96, 97, 119, 231*
Kristol, Irving, *62, 63, 71, 126, 219, 232*
Kristol, William, *71, 73, 217, 232*

## L

Lakoff, George, *171, 172*
Lamborg, Bjorn, *229*
Lefever, Ernest, *206*
Lenczowski, John, *7, 170, 185, 212, 213*
Lesquen, Henri de, *161, 163*
libertarien, *56, 60, 64, 69, 75, 83, 85, 102, 137, 144, 181, 191, 192, 195, 207, 208, 215, 217, 221, 223, 226, 228, 229*
*Lilly Foundation, the, 125, 126*
Lippman, Walter, *31*
Lipsett, Donald, *67*
*lobbies, 9, 13, 19, 67, 79, 106, 108, 128, 131, 145, 183, 210, 215*

## M

Machiavel, *101*
Manhattan Institute for Policy Research, *the, 21, 64, 96, 112, 115, 181, 217, 256*
Marshall, Will, *69*
Mazarin, *101*
Mc Carthy, Eugene, *120, 182, 198*
Mc Namara, Robert, *51, 52*
*Media Research Center, 70, 211*
Meese, Edwin, *64, 67, 96*
Mencken, Henry, *30*
*Middle East Institute, the – MEI, 72, 229, 230, 256*
*Middle East Studies Association, the, 72, 230*
Mises, Ludwig von, *56*
*Mitre Corporation, the, 98*
Montbrial, Thierry de, *154*
Mumford, Lewis, *98*
Murdoch, Rupert, *209*
Murray, Charles, *64, 96, 176, 181, 217, 219, 242*
Myrdal, Gunner, *32*

## N

*National Audit Office – NAO, 163*
*National Bureau of Economic Research, the, 17, 33*
*National Interest, the, 73, 189, 231, 232, 236*

*National Review*, 56, 169, 171, 185, 209
*New Deal*, 15, 35, 36, 37, 38, 44, 45, 47, 55, 56, 68, 74, 181, 194, 198, 207
*Newsweek International*, 217
Niebuhr, Reinhold, 185, 188
*Nixon Center, the*, 71, 231, 232, 233, 256
Nixon, Richard Milhous, 50, 59, 66, 68, 71, 124, 231, 232, 233, 241, 256
Nouvelle Gauche, la, 38, 48, 49, 60, 69, 71, 74, 76, 147, 168, 176, 185, 186, 209, 210
Novak, Michael, 63, 216, 219, 242

## O

Onze Septembre, *10, 72, 73, 76, 177, 182, 188, 192, 194, 195, 213, 224, 230, 232, 233, 234, 237, 254, 255*
O'Sullivan, John, 7, *191*

## P

Packard, Hewlett, *118*
Patman, Wright, *121, 122, 123, 124*

Pères Fondateurs, les, 57, *137, 222, 223*
Perle, Richard, *193, 219, 234*
Podoretz, Norman, *62*
Pollock, Jackson, *45*
Pritzker, Linda, *130*
*Progress and Freedom Foundation, the*, 71
*Progressive Policy Institute, the*, 69, 70, 184
*Project for the New American Century – PNAC*, 17, 73, 232, 233, 234, 256
*Public Policy Center, the*, 71

## R

*RAND Corporation*, 15, 17, 39, 40, 41, 42, 43, 46, 47, 50, 66, 73, 74, 76, 82, 85, 86, 98, 116, 123, 124, 130
Raskin, Marcus, 47, 48, 49, *203*
Reagan, President Ronald, 44, 59, 63, 64, 65, 66, 67, 68, 97, 124, 130, 176, 182, 183, 192, 193, 209, 210, 222, 234
réforme fiscale, *120, 121, 123, 132, 254*
Revel, Jean-François, *160*

*Index*

Rice, Condoleeza, *216*
Rigoulot, Pierre, *7, 159, 160, 161*
*Rockefeller Foundation, the, 27, 46, 49, 119, 242*
Rockefeller, John, *27, 46, 49, 119, 122, 242*
*Rockford Institute, the, 63, 206*
Roosevelt, Président Franklin Delano, *24, 35, 44, 52, 71, 75, 188, 199*
Rumsfeld, Donald, *64, 234*
Rusher, William, *56*
Rusk, Dean, *46*
*Russell Sage Foundation, the, 27, 28, 36*

## S

Sage, Olivia M., *28*
Salomon, *168, 169, 211*
*Scaife Family Charitable Fund, the, 125*
Scaife, Richard, *126*
Shea, Nina, *71*
Simon, Julian, *226*
Simon, William, *62, 63, 173*
Smith, Adam, *25, 33, 147*
Smith, Fred, *226*
Soljenitsyne, Alexandre, *66*
Sorman, Guy, *63*
Soros, George, *130, 146*
Sowell, Thomas, *65*

statut fiscal, *18, 58, 121, 141*

## T

Taft, William, *31, 32*
taylorisme, le, *30, 31*
Thatcher, Lady Margaret, *64, 146, 147, 208, 209, 243*
*think tanker, 18, 80, 93, 94, 95, 96, 254*
Truman, Harry, *56, 203*
*Twentieth Century Fund, the, 17, 32*

## U

*Urban Institute, the, 50, 116, 130*

## V

*vanity tank, 84, 231, 254*
Védrine, Hubert, *155*
Vieille Gauche, la, *48*
Vierick, Peter, *56*
Vietnam, Guerre du, *44, 52, 60, 122, 203*
Viguerie, Richard, *173, 174*

## W

*Wall Street Journal, the, 209, 218*

251

*Washington Quarterly, the,* 238
WASPs, les, *199, 200, 211*
Weaver, Richard, *7, 12, 19, 56, 80, 81, 82, 83, 85, 104, 109, 115, 135, 141, 143, 144, 145, 146, 149, 151, 153, 175, 178, 179, 205, 243*
*Weekly Standard, the, 209, 217, 232*
Weinberger, Caspar, *64*
White, General Thomas, *52*
*whizkids, 46*
*William Donner Foundation, the, 125*
Wilson, Woodrow, *31, 33, 143*
Wolfowitz, Paul, *193*

## Z

Zakaria, Fareed, *217*
Zimmern, Bernard, *141, 163, 164, 165*

# Table des matières

Remerciements .................................................................. 7
Prologue ............................................................................. 9
  *Pourquoi ce livre ?* ...................................................... 9
  *Pourquoi ce titre ?* .................................................... 13
**Chap. I - Réflexions autour du mot** ........................... 15
  *Le terme lui-même : traductions, périphrases et signification*. 15
  *L'impossible définition de la chose sinon du terme* ............ 18
**Chap. II - Historique des think tanks** ....................... 23
  *La 1ère génération (1907 - 1932)* ............................... 24
    Des pionniers aux idéaux progressistes ...................... 24
    Le rôle des fondations philanthropiques ..................... 27
    Le culte de l'efficacité ................................................ 30
    La Première Guerre mondiale et les think tanks ........... 33
    Le Krach de 1929 ..................................................... 34
    FDR et la neutralité détournée (1932-1945) .............. 35
    Le revers de la médaille ............................................ 36
  *De l'Après-Guerre aux années 1960 : la 2ème génération de think tanks* ..................................................................... 38
    Un nouveau type de think tank – Des liens contractuels avec l'État .................................................................. 39
    Modernisation de la politique et modernisation des think tanks : AEI et Hudson .................................................. 41
    Dans le sillage de FDR : JFK, LBJ et les experts 'engagés' . 45
    La gauche américaines et ses think tanks ................... 47
    L'expertise politique à la fin des années 1960 : bilan ..... 51
    Le renouveau ............................................................ 53

*Les think tanks de la 3ème génération et la prééminence conservatrice* ............................................................................... 55
    La renaissance conservatrice ............................................... 55
    L'infrastructure conservatrice .............................................. 57
    Les néoconservateurs ........................................................... 59
    Les think tanks de la contre-révolution conservatrice .......... 63
    Hoover .................................................................................. 65
    Heritage ................................................................................ 66
    Spécificité de Heritage ......................................................... 68
    Les années 1980 et la fin de la Guerre Froide ..................... 70
    Les think tanks et le bras de fer entre Bill Clinton et Newt Gingrich ............................................................................... 71
    Le Onze Septembre 2001 et la Guerre contre la Terreur ...... 72
    *Conclusion* ........................................................................... *74*

**Chap. III - Typologie** ............................................................. **79**
    Les "universités sans étudiants" .......................................... 80
    Les think tanks sous contrats ............................................... 82
    Les think tanks engagés ....................................................... 83
    Les vanity tanks ................................................................... 84
    Autres catégories ................................................................. 85

**Chap. IV - Le personnel des think tanks** ............................. **89**
    Les titres .............................................................................. 89
    Profession : think tanker ..................................................... 93
    Des refuges politiques ......................................................... 95

**Chap. V - Activités, fonctions et productions des think tanks** ............................................................................................... **101**
    Le choix des domaines de recherche ................................. 102
    Rôles des think tanks ......................................................... 103

**Chap. VI - Les think tanks et l'argent** ................................ **115**
    Les diverses sources de financement ................................. 115
    Les différents types de dons .............................................. 118
    Les fondations philanthropiques ........................................ 119
    La réforme fiscale de 1969 et son incidence sur le monde des think tanks ......................................................................... 120
    Les nouvelles sources de financement .............................. 125

| | |
|---|---|
| Le recours au marketing | 127 |
| Les think tanks non-conservateurs défavorisés ? | 129 |
| La concurrence des lobbies | 131 |

## Chap. VII : Un phénomène quintessentiellement américain et ses imitations à l'étranger .......................................................... 135

| | |
|---|---|
| L'environnement politique et institutionnel | 136 |
| La tradition philanthropique et les lois fiscales | 141 |
| La tradition culturelle | 142 |
| Les think tanks hors contexte américain | 144 |
| L'Europe | 145 |
| L'Angleterre | 146 |
| Le cas de la France | 149 |
| Portrait de quelques think tanks français | 154 |

## Chap. VIII - Suprématie des think tanks conservateurs ....... 167

| | |
|---|---|
| Les raisons de la suprématie conservatrice dans le paysage des think tanks | 169 |
| Le marketing des idées, un phénomène propre aux conservateurs | 171 |
| Les think tanks et la base | 172 |
| Les idées | 175 |
| Influence réelle ou supposée ? | 177 |
| Visibilité médiatique | 178 |
| L'influence véritable et la part des idées | 180 |
| Suprématie des idées | 184 |
| L'impact du Onze Septembre 2001 | 192 |

## Chap. IX - Les think tanks dans la Guerre Culturelle .......... 197

| | |
|---|---|
| À l'origine, les divisions créées par la Guerre Froide et les assauts contre le credo américain | 197 |
| De la fierté nationale à l'éthique du doute | 198 |
| De la morale traditionnelle aux morales inversées | 201 |
| La réaction conservatrice | 204 |
| L'infrastructure conservatrice au cœur de la Guerre Culturelle | 209 |
| Bilan provisoire | 212 |

**Chap. X - Gros plans sur quelques think tanks**................... 215
    The Hoover Institution on War, Revolution and Peace – Hoover.................................................................................. 216
    The Manhattan Institute for Policy Research ..................... 217
    The American Enterprise Institute – AEI ........................... 219
    The Hudson Institute – Hudson.......................................... 220
    The Heritage Foundation..................................................... 221
    The Cato Institute – Cato.................................................... 223
    The Competitive Enterprise Institute – CEI ...................... 226
    The Middle East Institute – MEI ........................................ 229
    The Nixon Center ................................................................ 231
    The Project for the New American Century – PNAC ........ 232
    The Anglosphere Institute .................................................. 235
    The Center for Strategic and International Studies – CSIS 236
**Conclusion**................................................................................ 239
**Bibliographie** ........................................................................... 241
**Index**........................................................................................ 245
**Table des matières**.................................................................. 253

Questions contemporaines à l'Harmattan

**MARCHÉ DE DUPES. Analyse anthropologique du néolibéralisme**
*SAUZET Jean-Paul*
Explosion de la violence, impossible éducation, fracture sociale, perte de la crédibilité des grandes institutions sociales, catastrophe écologique, inflation du Droit et de la répression, montée des extrêmes, sectes, terrorisme... Ces phénomènes ne seraient-ils pas autant de symptômes d'une nouvelle forme d'aliénation ? Cette aliénation se développe comme ferment de destruction qui prend les visages de la dépression, de l'addiction et de la violence. Tel saturne dévorant son fils, l'échange marchand non régulé destructure les cultures pour se nourrir de leur cadavre.
*(Coll. Questions contemporaines, 15 €, 172 p)*          *ISBN 2-7475-7139-4*

**UN SOCIOLOGUE DANS LA CITÉ. Chroniques sur le Vif et propos Express**
*BOLLE DE BAL Marcel*
Ce recueil de contributions offre les réflexions d'un citoyen-sociologue sur divers thèmes d'actualité allant des sciences à la philosophie en passant par la politique, l'économie, le travail, les loisirs, les sports et les médias. Ces textes brefs nous montrent que la sociologie peut être accessible et proche des préoccupations de chacun d'entre nous.
*(Coll. Questions contemporaines, 21.50 €, 249 p)*        *ISBN 2-7475-5979-3*

**QUEL ALTERMONDE ?**
*LEFEBVRE Jean-Pierre*
L'orée du millénaire s'immerge dans le pessimisme et la régression. En dépit de l'essor du mouvement altermondialiste, la leçon essentielle du tragique vingtième siècle n'a pas été tirée : le socialisme étatique est pis que le mal capitaliste. Face au totalitarisme marchand qui oppose tragiquement le Nord et le Sud et détruit la planète, l'autogestion de l'économie et le dépérissement de l'Etat sont les seules bases envisageables pour un altermonde solidaire et son développement durable.
*(Coll. Questions contemporaines, 24.20 €, 281 p)*        *ISBN 2-7475-6278-6*

**ECOLE EN DÉBAT : LE BAROUD D'HONNEUR?**
*PERUISSET-FACHE Nicole*
L'école attire périodiquement à son chevet des experts de tous ordres. Aujourd'hui c'est un débat national qui est convoqué afin d'engager les français à établir un diagnostic partagé. Premier budget de l'Etat en terme de personnel, elle attire tous les regards à l'heure des plans d'ajustement structurel, alors que parallèlement, l'introduction des Nouvelles Technologies de l'Information et de la Communication excite la convoitise de l'industrie privée, américaine notamment. Les enseignants, " l'humain", feront-ils bientôt figure d'archaïsmes ridicules face à la modernité?
*(Coll. Questions contemporaines, 12.20 €, 122 p)*        *ISBN 2-7475-6376-6*

**LA DÉSTABILISATION DES ETATS MODERNES**
**Essai de sociologie politique comparée**
*TURPIN Pierre*
Ce livre n'est pas tout à fait comme les autres. Il mêle sans complexes la science politique et la poésie, le détachement de l'analyste et la passion militante, l'autobiographie et l'histoire. Il est à l'image de son auteur, inclassable et dérangeant. Pierre Turpin était un "révolutionnaire" au sens où il se battait pour changer le monde et inventer ce qu'il appelait "une alternative aux injustices sociales". Ce texte est

l'ultime version du travail qu'il comptait présenter, couronnement d'une carrière universitaire consacrée à l'extrême gauche révolutionnaire et en particulier aux trotskistes.
*(Coll. Questions Contemporaines, 19.50 €, 218 p)*     *ISBN 2-7475-5846-0*

**QU'EST-CE QUE LE POUVOIR ? Le pouvoir à visage nu**
*DIANGITUKWA Fweley*
Le pouvoir est un problème central et crucial qui concerne chaque individu et qui préoccupe chaque Etat. Mais qu'est-ce que le pouvoir ? Quel est le bon Etat ? Quelles sont les causes profondes des conflits et quels sont les moyens de les résoudre ? C'est à ces questions que s'attache le concept de pouvoir toujours nouveau et jamais maîtrisé dans la recherche sociale. De Sun Tzu aux théoriciens modernes du pouvoir, en passant par Machiavel, Mills, Dahl, Arendt, Crozier, Foucault, Hobbes, Locke, Rousseau, Pareto, etc., cet ouvrage permet de maîtriser les idées fondatrices du pouvoir.
*(Coll. Questions Contemporaines, 24 €, 276 p)*     *ISBN 2-7475-6813-X*

**DÉCENTRALISATION "L'EXCEPTION FRANÇAISE"**
*FRESSOZ Denis*
La décentralisation est au cœur des débats. En haut, on a fait de la démocratie le cheval de bataille de la décentralisation. En bas, le débat se cristallise sur le devenir de la commune et de l'intercommunalité. Quel avenir pour nos 36000 communes et surtout de nos 24500 de moins de 1000 habitants ? L'enjeu communal est pour le citoyen comme pour l'élu un enjeu d'intérêt et de passion. L'aménagement urbain et l'aménagement rural doivent-ils obéir aux mêmes règles en terme d'analyse ? Autant d'interrogations auxquelles l'auteur tente de répondre.
*(Coll. Questions Contemporaines, 12 €, 116 p)*     *ISBN 2-7475-7411-3*

**DIALOGUE AVEC MARC AUGÉ**
**Autour d'une anthropologie de la mondialisation**
*BESSIS Raphaël*
C'est avant tout à un voyage dans l'œuvre d'un des plus importants anthropologues contemporains que nous convie ce dialogue autour d'une anthropologie de la mondialisation dont le programme pourrait s'énoncer ainsi: "il ne s'agit plus d'ethnographier des sociétés "pures", constituées en totalités closes et autonomes, mais d'étudier le phénomène même de la coexistence entre des mondes différents au sein d'un même espace temps, celui qui nous est contemporain et dont nous sommes à la fois acteurs et spectateurs." (M. Augé)
*(Coll. Questions contemporaines, 14 €, 152 p)*     *ISBN 2-7475-7481-4*

**LA RAISON DÉMOCRATIQUE AUJOURD'HUI**
**Le "Principe de Puissance Un". Débats et combats**
*BRAIBANT Patrick*
Sur le plan de la théorie sociale, l'ouvrage affirme le caractère nativement clivé des sociétés de la modernité, doublement et contradictoirement structurées et mises en mouvement par "l'antinomie de la raison économique et de la raison démocratique", entre logique de polarisation sociale et logique d'abolition de toute domination (ou "Principe de Puissance Un". Sur le plan politique, il développe l'idée que tout projet en faveur du "pouvoir du peuple" doit se concevoir comme lutte en vue d'un "renversement d'hégémonie" au profit de la raison démocratique.
*(Coll. Questions contemporaines, 21 €, 240 p)*     *ISBN 2-7475-5710-3*

**VÉRITÉ DE L'HISTOIRE ET DESTIN DE LA PERSONNE HUMAINE**
*COLY Abbé Léon*
Ce petit essai se veut une brève lecture de l'histoire dans la perspective personnaliste d'Emmanuel Mounier où il est possible de saisir la problématique de l'histoire, plus sensible à la structure dynamique de l'homme qui agit dans l'histoire et qui s'interroge sur la destinée humaine quant à son issue. Si l'histoire comme milieu humain abrite l'expérience existentielle de l'homme, elle constitue, à travers le temps et l'espace, une dimension existentielle de l'homme dans son mouvement d'humanisation et de personnalisation.
*(Coll. Questions contemporaines, 39,50 €, 506 p)*       ISBN 2-7475-6086-4

**LA DISPARITION DU TRAVAIL MANUEL**
**Vers une métamorphose de la société**
*MARIE Gilles*
L'évolution observée dans les usines nous permet d'affirmer que le travail manuel cède le pas au machinisme. L'expression généralisée de ce constat pourrait être que le travail manuel est une forme d'occupation provisoire, inventée par l'homme. Nous devons nous attendre à ce que la nature façonnée par lui, le réalise à sa place. Partant de cet axiome, nous affirmons que ce travail est voué à disparaître. Le présent ouvrage fait découvrir le chemin intellectuel qui a développé cette idée.
*(Coll. Questions contemporaines, 14,50 €, 164 p)*       ISBN 2-7475-6010-4

**QUI SONT LES TROTSKYSTES (d'hier à aujourd'hui)**
*EROUVILLE Daniel*
Après le rejet massif de la "Gauche plurielle" en avril 2002, c'est le même rejet massif de l'UMP et du MEDEF en mars 2004. Qu'en pensent les différentes organisations se réclamant du Trotskysme en France, notamment la LCR, LO et le Parti des Travailleurs ? Pourquoi ces différentes organisations ? D'où viennent-elles ? Quelles sont leur Histoire, leurs histoires ? Quelles sont leurs perspectives ? Leurs divergences ? Peut-on parler de "famille trotskyste" ? L'heure n'est-elle pas venue de construire un grand Parti des Travailleurs, section française de la Quatrième Internationale, qui manque dans ce pays ?
*(Coll. Questions Contemporaines, 27.00 €, 318 p)*       ISBN 2-7475-6617-X

**LA CRISE DE LA PSYCHOLOGIE À L'UNIVERSITÉ EN FRANCE**
**1. Origine et déterminisme**
*JALLEY Emile*
Il existe aujourd'hui un contraste entre la vitalité expansive de la psychologie en dehors de l'université et sa situation critique à l'intérieur de l'université. A propos de cette "crise de la psychologie à l'université", deux ouvrages répondent au même titre mais avec des angles différents. Dans ce premier volume, on s'interroge sur le réseau des toutes premières raisons historiques d'une telle crise dès 1945 puis 1968, jusqu'en 1990.
*(Coll. Questions contemporaines, 39 €, 530 p)*       ISBN 2-7475-6400-2

**LA CRISE DE LA PSYCHOLOGIE À L'UNIVERSITÉ EN FRANCE**
**2. Etat des lieux depuis 1990**
*JALLEY Emile*
Il existe aujourd'hui un contraste entre la vitalité expansive de la psychologie en dehors de l'université. La formation universitaire des psychologues fonctionne aujourd'hui dans une institution de structure "dissymétrique", construite au détriment durable de la psychologie clinique, et largement inadaptée aux besoins réels de la

demande sociale. Dans ce second volume, on étudie les mécanismes actuels de la crise de la "Psychologie à l'université" depuis les années 1990.
*(Coll. Questions contemporaines, 39 €, 514 p)*   *ISBN 2-7475-6401-0*

## L'ENGRENAGE DE LA VIOLENCE
### L'escalade vers la violence dans les relations interpersonnelles
*BAILLEUX Jean-Marc*
Comment les différents dysfonctionnements de la communication sont-ils des précurseurs de l'acte violent, et quel engrenage mène ces dysfonctionnements à la violence ? S'appuyant sur la théorie systémique de la communication, l'ouvrage présente le concept de passage à l'acte comme outil de discrimination entre communication et violence. Il souligne la coresponsabilité des partenaires dans la construction d'une relation, aussi dysfonctionnelle soit-elle. Une étude qui concerne les relations interpersonnelles privées, et les relations entre groupes humains : la géopolitique.
*(Coll. Questions contemporaines, 26.50 €, 300 p)*   *ISBN 2-7475-6195-X*

## EUTHANASIE, L'ALTERNATIVE JUDICIAIRE
*ANTONOWICZ Gilles*
Chaque individu est-il oui ou non maître de sa vie et de sa mort, peut-il choisir l'heure et les circonstances de son départ ? La société doit-elle reconnaître ce droit et, dans certaines circonstances limitativement et précisément définies par la loi, prêter assistance à ceux qui en feraient la demande ? Ce livre veut attirer l'attention sur la dangerosité et la perversité de la situation actuelle qui, d'une part, porte atteinte à la liberté individuelle et, d'autre part, génère quotidiennement des euthanasies clandestines.
*(Coll. Questions contemporaines, 14 €, 149 p)*   *ISBN 2-7475-5868-1*

## L'ILLUSOIRE PERFECTION DU SOIN. Essai sur un système
*VELUT Stéphane*
Le terme de "système de soins" est le plus judicieux des termes consacrés par le langage qualifiant le dispositif sanitaire des pays industrialisés. Il n'y a pas de procédés performants à grande échelle sans système. Soigner efficacement n'échappe pas à cette règle. Mais tout système appliqué à l'humain le déshumanise. D'abord parce que systématiser c'est voiler la singularité. Aussi parce que la technique a scindé l'être en entités sur lesquelles l'acteur de santé n'est compétent que ponctuellement. De cette parcellisation résulte une incompétence à saisir l'être.
*(Coll. Questions contemporaines, 9.50 €, 53 p)*   *ISBN 2-7475-6009-0*

## LA STRATÉGIE ET SON DOUBLE
### Autonomie du sujet et emprise idéologique dans l'entreprise
*Coordonné par Eléonore MOUNOUD*
L'ensemble des travaux présentés dans cet ouvrage relève d'une réflexion qui cherche à relier la conduite des organisations au quotidien aux projets stratégiques des entreprises. Cet ouvrage présente les travaux effectués à partir de la Journée d'étude sur "les Représentations et le Management stratégique" organisée au C.N.A.M., qui ont permis d'aborder, d'une part la dimension idéologique des représentations du management et, d'autre part, à travers différentes recherches sur la représentation de soi au sein des organisations, la question de la constitution de la subjectivité des individus.
*(Coll. Questions contemporaines, 24.00 €, 282 p)*   *ISBN 2-7475-6678-1*

645806 - Mars 2016
Achevé d'imprimer par